不平等のコスト

ラテンアメリカから世界への教訓と警告

Diego Sánchez-Ancochea
ディエゴ・サンチェス＝アンコチェア
谷　洋之・内山直子 訳

東京外国語大学出版会

This translation of *The Costs of Inequality in Latin America: Lessons and Warnings for the Rest of the World, First Edition* is published by arrangement with Bloomsbury Publishing Plc.

Japanese translation rights arranged with Bloomsbury Publishing Plc through Japan UNI Agency, Inc., Tokyo

不平等のコスト　ラテンアメリカから世界への教訓と警告　目次

凡例

- 原著者による括弧書きは訳文でも（ ）で示した。
- 原著者による補筆は訳文でも［ ］で示した。
- 原著の引用符は訳文では「 」で記した。
- 原著の斜体（イタリック体）は以下のように取り扱った。①書名および紙誌名は『 』で括った。②原著者による強調は該当箇所に傍点を付した。③英語以外の語句は該当箇所を「 」で括った。
- 原注は、1等と章ごとに通し番号を付した上で、巻末にまとめて記載した。
- 訳注は、〔 〕で括った割注とした。ただし割注にしたときに長くなるなど本文を読み進める妨げになると訳者が判断した場合には、該当箇所に●1等と章ごとに通し番号を付した上で、各章末にまとめて記載した。
- 訳者による補筆は、日本語の特性上、また日本語と英語の表現のずれを埋めるために訳者が行ったものについては、読みやすさを優先し、原則として括弧を付さなかったが、括弧があった方が分かりやすいと訳者が判断した場合には〔 〕で括った。
- 本書の理解に当たり、鍵となる概念については、原文の扱いに関わらず「 」で括った。例：「解放の神学」「制限された民主主義」「階層横断的な同盟」
- 日本語にしたときにひとまとまりの語句であることが判りにくい場合には、原文での扱いに関わらず〈 〉で括った。例：〈規模の経済〉
- 人名については、姓名の間は「・」で、姓や名が複数で構成されている場合には、それぞれの間を「=」で結んだ。例：ディエゴ・サンチェス=アンコチェア
- 原著者が引用した部分に既存の邦訳がある場合でも、特記なき限り、それを参考にしつつ訳者が新たに訳出した。
- 本文中に記載の人物の肩書は、いずれも原著の記述に従っている。
- 原文の記述に明らかな誤りがある場合には、特記なき限り、訳者の分かる範囲において特に断ることなく訂正して訳出した。

謝辞

本書の執筆も間もなく終えようという今、世界は新型コロナウイルス感染症の感染拡大によって引き起こされた予期せぬ保健衛生上の、そして経済上の大混乱のさなかにある。ここ数か月の間、私たちの多くは、膨大な数の命を救う一方で、それに伴う大きな経済的打撃をもたらしたロックダウンの下にあったが、本書が書店に並ぶ頃にも、多くの人々が自らの生活、自らの国、そして世界全体に対してパンデミックがもたらした影響ばかりに目を向けていることだろう。ほんの数か月前には政策課題の中心にあった不平等のような問題に、私たちが注意を払わなくなってしまうリスクが目の前に存在しているのである。

こうした反応は、理解できないわけではないが、明らかに間違っている。実際、パンデミックは所得と権力の集中を強めることで、私たちの民主主義にさらなる脅威を与え、私たちの経済モデルにさらなる異議を唱えているようであるからである。それ故にこそ、所得格差のコストについて検討し、それを克服する方策について議論することが、かつてなく重要なものになっているのである。そのためには、六億人以上の人口とヨーロッパ連合加盟国の四倍の面積を持つラテンアメリカの歴史上の経験が、とりわけ役立つものとなるだろう。

不平等がもたらす課題がますます大きくなってきている以上、研究者も大学のキャンパスを出て、公の場での討論に加わっていかなければならない。本書は、筆者によるその最初の試みである。その試みは、妻ロサのいつも変わらぬ助力なしには成し遂げることができなかった。妻は、一般読者を対象とする本の執筆を私に促し、熱心に私の研究休暇の計画を後押しし、また私の心配事や懸念に辛抱強く耳を傾けてくれた。

三人の友人が最初から最後まで、本書執筆の計画を支援してくれた。ジル・ヘッジズは、執筆の初期段階で大きな助けとなった。彼女は私の最初の構想を気に入ってくれて、付き合いのある出版社に私を紹介してくれたばかりでなく、書き始めたばかりの頃の草稿にコメントをくれた。彼女のおかげでペロンに関する議論でとんでもない間違いをしなくてすんだのだった。サルバドール・マルティ＝イ＝プッチは草稿を通読し、完璧な提案をしてくれるとともに、関連文献を追加で挙げてくれた。彼（とベン・フィリップス）のおかげで私はラテンアメリカから学べることに関する第6章を書き上げることができた。彼とは、温めている第6章の続編をスペイン語で一緒に書ければと思っている。フリアーナ・マルティネス＝フランソーニは、長きにわたる私の共著者であり親しい友人であるのだが、私が本書で書いてきたことの多くは、特に社会政策に関する点について、彼女との精力的な研究活動と楽しい語らいが結実したものである。

草稿をすべて、あるいは一部の章だけでも、目を通してくれた人たちが他にもいる。私の叔母であるマルガリータ・サンチェス＝カスティーリャと姉のミラグロス・サンチェス＝アンコチェア、そしてルードヴィック・アーノード、アナ・デ＝ビセンテ＝ランチョ、マテオ・ガルシア＝カベーリョ、ベン・フィリップス、パブロ・サンチェス＝ブランコには、建設的なコメントをしてくれたこと、また本書の構想を評価してくれたことに感謝を申し述べたい。ジェフ・グッドウィンの助力は特筆に値するものであった。編集段階で、彼はいくつかの章に電光石火の速さでコメントを付けてくれたのである。

私は本書をノートルダム大学ケロッグ国際問題研究所での在外研究中に執筆した。ここほど外から来る者を温かく迎えてくれる場所を思い描くことは難しいと思うくらい、客員研究員が生活に支障なく、生産的に仕事ができるよう、あらゆることが整えられていた。いただいた支援に対しスタッフ全員にお礼を申し上げたいが、中でも所長のパオロ・カロッツァ、事務局長のシャロン・シアリング、そして素晴らしい所長補佐のデニス・ライトの各氏には特に感謝したい。ケロッグに身を置くことで、私は素晴らしい客員研究員の一団と時間を共有する機会にも恵まれた。そのうちの二人（ベン・フィリップスとビッキー・パニアグア）とともにレイ・オッフェンハイザーと私は、不平等と民主主義に関する会議を共催したが、これは本書に繋がる私の考えのいくつかを発展させることに役立った。

ノートルダム大学では、私はヒギンズ労働問題プログラムのランチ・セミナー・シリーズで本書の概要を発表する機会にも恵まれた。プログラム長のダニエル・グラフには、このような機会をいただいたこと、そして昼食や夕食の席で不平等、労働者の権利、社会正義について大いに語り合えたことに大変感謝している。本書の一部について議論すべく私を招いてくれたのは、コロンビアのカルタヘナにあるボリーバル技術大学で開催された「文化とＳＤＧ」国際セミナー、イギリスのバンベリーおよびビスターの労働党支持者の皆さん、マドリード工科大学「開発のための戦略と技術」修士課程、米国マウント・ホリヨーク大学、チリ大学、ヘルシンキ大学であった。上記の私の講演会に参加してくださった皆さんには有益なコメントをいただいたこと、また以下に名前を記す友人・同僚には私を招待してくださったことに対して感謝の意を表したい。ホセ＝ミゲル・アウマーダ、ホセ＝アントニオ・アロンソとイリアーナ・オリビエー、タニア・ヒメネスとリセッテ・ロブレート、ジュッシ・パッカスビルタとエバ・パウス――彼らはいつでも素晴らしいアイディアやインスピレーションを私に与えてくれている。スペインのオンライン・メディア『アヘンダ・プブリカ』も、不平等、民主主義、そしてラテンアメリカに関する私の考えの一部を公表する得難い機会を与えてくれた。代表のマルク・ロペスにお礼を申し上げたい。

オクスフォード大学によって付与された研究休暇・在外研究がなければ、本書を書き上げることはできなかったであろう。一〇年以上にわたり、ラテンアメリカ・センターとオクスフォード国際開発研究所（ODID）は、学問的関心を呼び起こしてくれる献身的で協力的な同僚たちにあふれた「我が家」であった。不平等について私が知っていることの多くは、その同僚たちとの議論に由来するものである。数か月前から私はODIDの所長を務める栄誉に浴しているが、本書の入稿に向けた準備をしている間のスタッフたちの忍耐に感謝したい。オクスフォードの外では、マクシーヌ・モリノーとケン・シャドレンの多年にわたる尽きせぬ支援の恩恵を受けてきた。

I・B・タウリス／ブルームズベリー社のジョアンナ・ゴッドフリーは、本書の構想を最初の最初から後押ししてくれた。彼女とオリヴィア・デローには、出版までの各段階で助力をいただいたことに感謝したい。二名の匿名査読者も有益なコメントを寄せてくれた。ロバート・デイヴィーズにも原稿の整理編集作業に対しお礼申し上げる。

私の不平等と発展についての関心は、私の両親、ディエゴとミラグロスに由来するものである。姉のミラグロス、弟のラモン、そして私に、この世界がどれほどまでに変わらなければならないのかを両親が教えてくれたおかげで、私たちきょうだいは、より公正な世界の実現に貢献していかなければならないと心から思えるようになったのである。本書は、家族のうち私以外の四人が私に常に与え続けてきてくれた支援に謝意を表すまたとない機会となった。

妻であるロサと、娘のシルビアとマヤは、私が本書を執筆している間、素晴らしい忍耐力を見せてくれた。彼女たちはいつでも生活を楽しいものにしてくれている。ロサは、私が知る中で最も創造力にあふれ、協力的で勇敢な人々の一人である。あらゆる種類の不平等と闘うときに見せる彼女の姿勢は、私を勇気づけてくれる。シルビアは私がこれまで出会って来た中で最も思慮深くまた批判精神にあふれるティーンエイジャーである（もちろん私の見方にはバイアスがかかっている!）し、マヤは日々の生活を楽しくしてくれる。私は本書をこの三人に捧げたいと思う。

第1章　イントロダクション——不平等大陸ラテンアメリカからの教訓

「ウォールストリートを占拠せよ」運動、スペインやギリシアでの反緊縮運動、米国のトランプ大統領やトルコのエルドアン大統領の勝利、イタリアの右翼政党を率いるサルヴィーニ党首の躍進、ブレグジット可決、二〇〇八年のリーマンショック、労働の非正規化……。私たちは二一世紀の最初の二〇年間で、すでに混乱の連続の中にいるように思っていたが、そこに新型コロナウイルス感染爆発が始まり、事態はさらに複雑になってしまった。世界はずっとショックに見舞われ続けている状態にあるようで、その中で多くの人々が苦境に喘いでいる。

貧困は多くの国々で緩和されてきたし、世界はこれまでになく豊かになったが、不満を抱いている人の数は増えている。そうした人々は、豊かな人々がさらに豊かになっていくのを目の当たりにしながら、自分たちの生活水準の停滞を憂えている。彼らの多くは、子どもたちが自分たちほどの生活ができなくなるだろうと思っているし、経済に何か不正な操作が行われているのではないか、そして政治家たちはこうした状況を変えるために大したことはしてくれないのではないかと疑念を抱いている。新型コロナウイルスの蔓延によって私たちの関心は短期的には貧困・格差の問題から逸らされたが、実のところ所得格差はさらに拡大し、事態はさらに悪くなりそうなのだ。

　不平等に直面すると社会の不安定性が増大することは、私たちラテンアメリカを研究している者にとっては、意外でも何でもない。私たちは、所得や機会が一握りの人々の手に集中すると悲惨な結果がもたらされることをよく知っている。ラテンアメリカは世界で最も不平等な地域の一つであり、そこでは経済の低成長に始まり、弱い民主主義制度、そして暴力の蔓延に至るまで、歴史的に不平等が多くの社会病理を引き起こしてきた。ポピュリズム、度重なる金融危機、質の悪い仕事、社会的分極化など、ラテンアメリカは一〇〇年以上にわたりこうした諸問題すべてに悪戦苦闘してきたのだ。

　以上が、私が本書を執筆しようと決意した理由である。アメリカ合衆国からインドまで、豊かな国も貧しい国も、世界のほとんどの地域が、私が研究対象とし、こよなく愛するラテンアメリカ地域とますます似てきていることに、私は少しずつ気づいてきた。『フィナンシャル・タイムズ』紙コメンテーターのマーティン・ウォルフも最近、「欧米のいくつかの国で所得分配状況がラテンアメリカ的になるにつれ、そうした国の政治もラテンアメリカ的になってきている」と書いている。[1]なぜ各国が経済の持続的成長の達成にも、すべての国民に良い仕事を生み出すことにも失敗しているのか、なぜ各国の政治がますます分断化しているのか、なぜ社会的信頼が危機に瀕しているのか、そういったことを理解しようとするならば、ラテンアメリカが苦闘してきた経験をもっと学んでいくのが得策であるに違いない。

　ラテンアメリカに最近起こったさまざまな事象は、期せずして本書の重要性をさらに高める結果となった。本書執筆時の二〇一九年には、チリとコロンビアで学生らによる社会抗議行動が、エクアドルで先住民反乱が、そしてボリビアでは政治的緊張の高まりが見られたが、これらは不平等度がきわめて高い社会において民主主義制度や経済発展の維持がいかに難しいのかを、改めて私たちに示したにすぎない。こうした事例はまた、世界のどの国・どの地域でも同様のリスクが上昇していることも示している。すなわち、悪循環が定着してしまえば、それを打ち破ることはますます困難になるというリスクである。豊かな人々がより大きな権力を手にするにつれ、彼らは政治システムをさらに自在に動かすようになり、その結果、人々の不満が高まって経済的・社会的不安定性は増大する。そして、さらなる所得分配の悪化を招いてしまうのである。

それゆえ本書では、これまでのラテンアメリカの経験をもとに、不平等がもたらす経済的・政治的コストを明らかにする。豊かな人々と貧しい人々の間にみられる大きな所得格差は、どのようにして経済成長を阻む可能性があり、また良い仕事が十分に生み出されない原因となってきたのか。ラテンアメリカのどこを見ても、富裕層はこれまで、新規部門への投資に消極的であった。わざわざそんなことをしなくても既存部門でかなりの利益を上げられているからである。加えて彼らは、公的社会支出を十分に賄えるだけの税金を納めようとしてもこなかった。不平等はまた、弱い制度と[1]反システム政治の出現の一要因でもあった。貧困層や中間層は、自分たちが不正な政治システムと見做している既存システムの中で損な役回りを押し付けられてきたと感じてきたので、伝統的な政党に対してはずっと不信感を持ってきた。そのようなわけで彼らはラテンアメリカの歴史の中で、こんな問題は簡単に片付くし、すぐに結果を出せると約束する政治指導者へと幾度となく引き寄せられてきたのである。不平等はまた、暴力の蔓延から都市での貧富の差による[2]隔離居住、人種差別、そして社会的信頼の欠如まで、深刻な社会的コストをもたらしてきた。

本書は、不平等のコストに起因する悪循環が、所得格差拡大をいかにして永続化させてしまうのかを理解するにも役立つだろう。不平等がラテンアメリカにおける政治的・経済的制度を形作ってきただけではなく、これらの制度もまた不平等の拡大を引き起こしてきたのである。例えば、労働市場の二重性（良い仕事と悪い仕事との間に大きな差が見られる）は、労働者間の所得格差のさらなる拡大を引き起こしてきた。政治と経済も互いの間で悪循環を生み出してきた。つまりは不平等によって、手軽な解決策に頼った挙句に経済危機を引き起こし、結局のところ富裕層を有利にしてしまうようなポピュリスト政治指導者が人々によって選ばれるという結果がたびたびもたらされてきたのである。

本書は、第一義的には警告の書だが、同時にどうしたら方向転換できるのか、アイディアを提供しようとする書でもある。ラテンアメリカの経験だけでなく、より一般的な政策論義も援用することで、アイディアと政策と政治との間の結びつきが重要であると指摘したい。本書を読み進めていけば分かるように、私は斬新な解決策を提示することはしない。なぜなら、より平等な未来を創るためにすべきことの多くを、私たちはすでに知っているからである。私たちは社会運動を強化し、それを政治的にもっと影響力のあるものとしていかなければならないし、政策提言をするときは必ずその所得分配効果を考慮しなければならないし、民主的な制度の持つ力に改めてもっと信を置くとともに、世の中の主流となってしまった個人主義を理想とするような考え方を拒絶しなければならないのである。コロナ禍中の今、そしてコロナ後を見据えた対策を行う中で、前述のことがやはり重要なのだと私たちがさらに強く認識するのを、本書の読者とともに期待したいと思う。

私は、ラテンアメリカに魅力を感じてくれている読者にとって、この地域の長きにわたる不平等との闘いのストーリーが、ラテンアメリカに対する理解を深めるのに役立つことを願っている。さらには本書が、不平等のコストは今日においても、また将来においても高くつくものだと考えるすべての人の関心にも応えるものであることを願っている。次章以降で見ていくように、ラテンアメリカの歴史は、所得の集中が危険であり、いち早く改善すべき課題であることを、痛みとともに思い出させてくれる。本書は主として所得格差に焦点を当てつつも、時にはそれがジェンダー、人種、民族における格差とどのように繋がっているかについても考える。

次節では、近年、先進諸国でどのくらい不平等が拡大したのか、そしてなぜ私たちはそれについて心配しなくてはならないのかを示すことにしよう。[2] 本章ではまた、私たちが所得分配の不平等の長期的なコストを理解しようとするときに、なぜラテンアメリカこそが研究対象として最適なのかも説明しよう。さらに本書では、主要な分析用具として事例研究の手法を用いるが、なぜそれが世界を理解しようとするときに重要な（時に過小評価されることがあるにしても）アプローチであるのかについても述べる。そして本章のむすびでは、本書の主張をまとめるとともに、私たちが目撃している不平等という病に立ち向かうための有効な方法について考察することとしたい。

1　不平等は先進諸国でも拡大している――ラテンアメリカではもっとだけれど

ここ（米国マサチューセッツ州ナンタケット島）では「いいワインを飲みたくなっても気兼ねすることなんかないさ。レストランで一本三〇〇ドルのワインを注文したら、隣のテーブルの野郎は一本四〇〇ドルのを注文してやがるんだから」と二〇〇〇年代半ばに『ニューヨーク・タイムズ』紙記者に説明していたのは、当時五億ドルの資産を所有していた起業家のマイケル・キトレッジであった。[3] 彼は、米国企業CEOやヘッジファンド・マネージャーや起業家といった、一九八〇年代初頭以来の米国の政策転換から最も恩恵を受けた一握りのエリートのうちの一人である。

二〇一〇年代には、こうした経済エリートの権力・影響力は、政界やメディアで一層顕著になった。二〇一三年にオバマ大統領は米国民に次のように警告した。「不平等の拡大と社会的流動性[3]の減少というトレンドが組み合わさって、私たちの生活様式を根底から揺るがすような脅威を与えている」。そしてそれは、制度に対する信頼の減退、個人の成長機会の減少、民主主義の弱体化をもたらしているというのである。[4]

データが示す一握りの人たちへの所得の集中度の高まりは、トマ・ピケティのベストセラー『21世紀の資本』（二〇一三年刊）で広く知られるようになったが、めまいが起きんばかりのものである。図1-1は、一九八〇年に各国で最も豊かだった一パーセントの所得シェアと二〇一五年の同じ数値を比較したものである。米国では、上位一パーセント層の課税前所得シェアは、一九八〇年代初頭から現在までの間に、一一パーセントから二〇パーセントへとほぼ倍増した。この層は、二〇〇〇年から二〇〇七年の間に同国内で生み出された経済成長全体の、実に六五パーセントを手にしたのである。[5] 社会民主主義が優勢なスウェーデンでも、所得上位一パーセント層のシェアは同じ期間に四パーセントから九パーセントへと倍以上になった。しかし米国やスウェーデンだけが例外だったわけではない。現にこの二五年間に、同図で示されているすべての先進諸国で上位一パーセント層の所得シェアは拡大している。新型

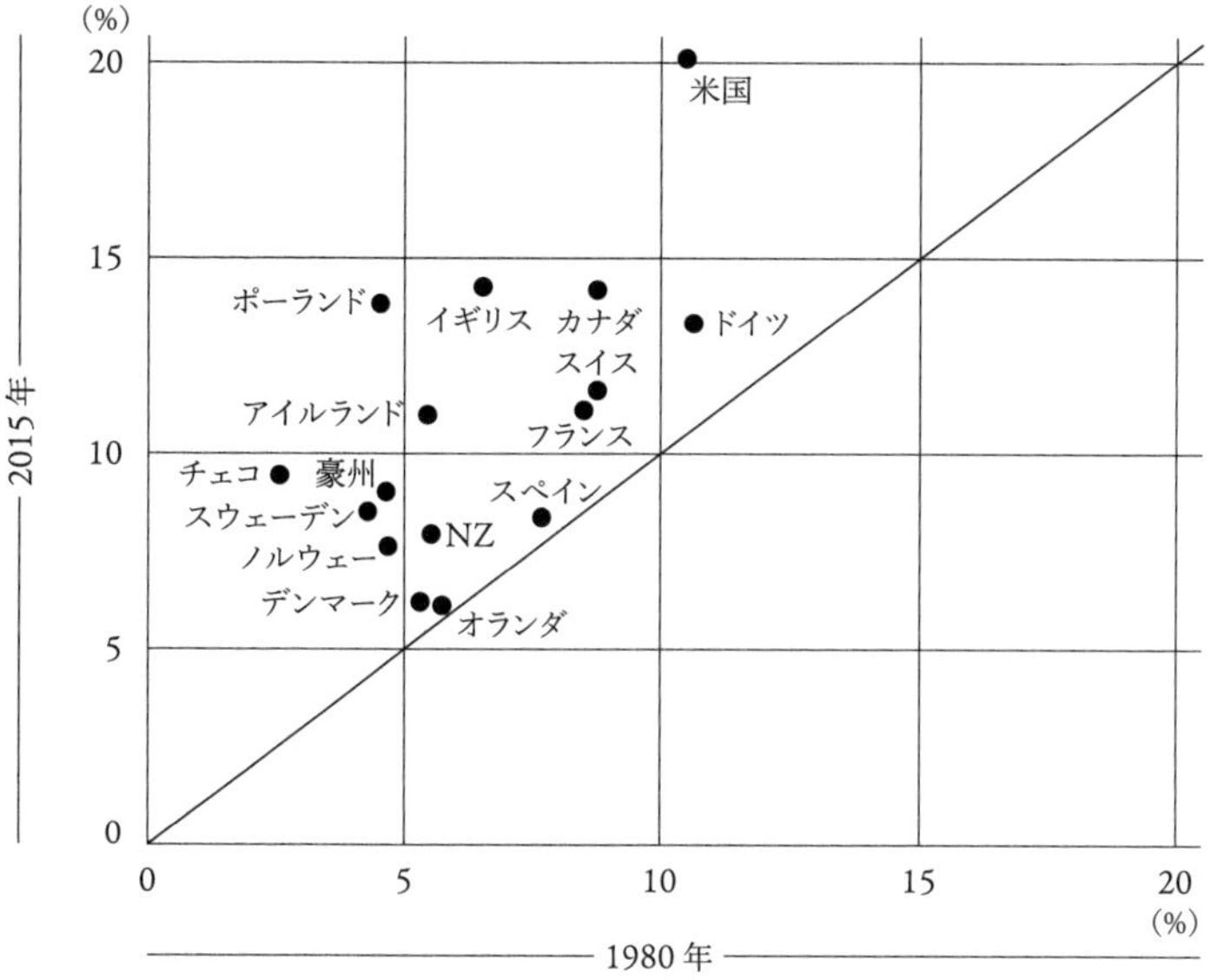

図1-1　先進諸国における所得上位1％層の所得シェア：1980年と2015年の比較
出所：World Income Inequality Databaseに基づき筆者作成

コロナウイルス蔓延の結果、事態はさらに悪化していくように思われる。多くの労働者が職を失い、新たなチャンスを得ようと苦闘する一方で、富裕層は速やかに危機から立ち直れるからである。

ここまで取り上げてきたのは「所得格差」であったが、実は「資産格差」の方がはるかに大きい。資産格差とは、株式や住宅など資産総額における階層間格差のことである。今日では上位一パーセント層が米国の純資産の四〇パーセント前後を支配している。この数値は、一九八〇年代末には二五パーセントだった。[6] より平等度の高いノルウェーでも、上位一パーセント層の支配する資産シェアは、同じ期間に一六パーセントから二三パーセントへと七ポイントも増大した。富裕層は、最高の絵画やヨット、南仏リビエラ地方の豪邸を互いに競って買い求め、二〇一〇年にアンディ・ウォーホルの自画像が三二六〇万ドルで売却されたときには、多くの人々が口をあんぐりと開けたものだった。[7] この価格は、予想落札価格の二倍以上だったが、驚くのはまだ早い。ほんの三年後に別のウォーホルの絵画は何と一億五〇〇〇万ドルという価格をたたき出したのである。[8]

これもベストセラーになった『平等社会』（リチャード・ウィルキンソン／ケイト・ピケット共著、初版二〇〇九年）は、このような大きな不平等がいかにして、精神疾患、麻薬濫用、殺人、平均寿命の短縮など多くの社会病理の原因となるかを明らかにした。[9] それはまた政治にも悪影響をもたらすものである。一握りの企業経営者や金融投資家や成功した専門職エリート層が莫大な報酬を得る「勝者総取り」経済は、「勝者総取り」政治の原因となる。「勝者総取り」政治という用語は、政治学者のジェイコブ・ハッカーとポール・ピアソンが創り出したものだが、これは富裕層が米国の政策決定に及ぼす規格外の影響力を言い表したものである。富裕な個人や大企業は、選挙運動への献金やメディアへの影響力行使、ロビー活動といった手段を駆使して、税制、社会プログラム改革、金融規制（その実「規制」というよりは「規制緩和」だが）などの分野で金持ち優遇政策を推し進めてきた。[10] ヨーロッパでは、ロビー活動は米国よりも抑制されているが、それでも経済エリート（と右派政党）は逆進的な政策アジェンダを推進するために、ロビー活動に代わる手段を見つけ出してきたのである。[11]

しかし、こうしたことは、ラテンアメリカ研究者にとってはまったく驚くに当たらない。過去一〇〇年間――それ以上ではなかったとして、だが――ラテンアメリカの富裕層は、世界の他のどの地域よりも大きな所得シェアを牛耳ってきた。ラテンアメリカ地域の不平等が信じがたい水準にあることは、チりの経済学者ガブリエル・パルマが考案した「パルマ比率」を見るとよくわかる。ここ数年間に発表された複数の研究で、パルマは最も豊かな一〇パーセント層の所得と最も貧しい四〇パーセント層の所得を世界各国について比較した。多くの先進諸国において、この比率は一対一程度である。すなわち、どちらの層も所得シェアはほぼ同じとなる。ところが、ラテンアメリカでは状況は大きく異なる。ラテンアメリカ地域におけるパルマ比率の平均は二・七五対一であり、人口の上位一〇パーセント層の所得シェアは下位四〇パーセント層の三倍近くを占める。富裕層への所得の集中度が特に高いのは、コロンビアとブラジルである。ブラジルでは二〇〇〇年代、労働者党（ＰＴ）政権下で改善が見られたにも関わらず、なのだが。

話はここに止まらない。先に示した数値は実際の不平等度を過小評価している。それはこの数値が、家計調査を用いて算出されているからである。家計調査とは、一部の世帯をサンプルとして抽出し、所得と消費に関する回答を定期的に集めるアンケート調査であるが、特に富裕層の所得をうまく計測することができない。なぜなら、どの社会にあっても富裕層の数がそもそも限られている上に、彼らは所得に関する質問に答えるのを拒否することも多く、仮に答えたとしても本当のことを記入するとは限らないからである。

先ほど確認した先進諸国のケース（図１－１）のように、富裕層の所得税に関するデータならば、家計調査よりも正確に所得集中度の上昇を読み取ることができる。しかし残念ながら、こうした課税データが得られるラテンアメリカ諸国は僅かである。とは言え、それらの限られた調査から得られる結果ですら驚くべきものである。表１－１が示すように、チリとメキシコでは所得上位一パーセント層が総所得

	アルゼンチン	ブラジル	チリ	コロンビア	メキシコ	ウルグアイ
1997	12%			21%		
2000	14%			17%	27%	
2003	17%			20%		
2004	17%			18%	25%	
2005			22–32%	19%		
2006		23%	21–31%	20%	27%	
2007		24%	21–31%	21%		
2008		26%	24–36%	20%	27%	
2009		25%	22–33%	20%		14%
2010		25%	20–30%	20%	26%	14%
2011		27%	20–30%			14%
2012		26%	20–30%		27%	
2013						
2014					30%	

表1-1　ラテンアメリカ諸国の所得上位1%層の所得シェア：1997年〜2014年
出所：複数の調査結果に基づき筆者作成

得の三〇パーセントを占めているし、ブラジルではその値は二五パーセント前後である。アルゼンチンとウルグアイは比較的ましな数値を示しているように見えるが、それらの国でも富裕層の所得シェアは世界基準からすれば依然として高水準なのだ。

　これらの数値の背後には、あらゆる点で明らかな格差が横たわっている。例えばブラジル最大の都市サンパウロを考えてみよう。そこでは、何百万という労働者が毎日、悪名高い交通渋滞と闘っている。通勤に片道二時間かかるなんてザラなのだ。その一方でヘリコプター五〇〇機が富裕層を、こっちのビジネスミーティングからあっちのビジネスミーティングへと光の速さで運んでいて、その数は世界最多である。[12]メキシコに目を転じると、携帯電話会社アメリカ・モービル社のオーナーであり、『ニューヨーク・タイムズ』社など国際的な有名企業にも出資しているカルロス・スリムの資産は、同国の国内総生産（ＧＤＰ）全体の五パーセントに相当し、同国の教育予算を四年分も賄える水準なのである。

2　事例研究を通じて不平等を探求する

ビッグデータと高性能コンピューターの時代、定量的な方法[4]で社会問題を分析するのが当たり前になった。恣意性のない調査で集められたデータを用いているから数字と数字の間の相関関係を探り当てる研究は客観的であり、再現性[5]があるから信頼性が高く、多くの異なった国や時期の情報を組み込んでいるから一般化が可能だと思われている。不平等のような問題を研究するのに、数値データ以外の情報源や方法論を用いるなど、主流派の研究者や政策担当者の多くはほとんど想像すらできないであろう。

このように圧倒的に支持されている定量的研究にも、問題がないわけではない。多くの人々はデータを無批判に使っており、その出所を完全に理解し、またその限界を認識することはできていない。データマイニングも珍しくない。すなわち、研究者の中には入手したデータの中から関係性を無理やり見つけ出そうとする者もいて、意味づけを考えるとか、特定の理論と関連づけることをしようとしない。それより一層問題含みなのは、ほとんどの研究者が分かりやすさを重視してしまっていることである。つまり、そうした研究者は人間の営みの複雑性を意図的に無視して因果関係を見つけ出すことに躍起になり、経済的過程、政治的過程、社会的過程の間にある複雑な結びつきに注意を払わないのである。

事例研究は、それに代わる強力な手法の一つであり、前述のような定量的研究の問題点の多くを解決することができる。事例研究は、国や地方や都市について、あるいは革命、民主化、発展の「奇跡」といった社会変化の過程について、深く探求しようというものである。事例研究では、統計資料のほか、書籍、公的機関の部内メモ、インタビュー、新聞記事、文書館から発掘してきた史資料など、複数の情報ソースを活用する。事例研究を行う研究者は、これらの情報すべてについて三角測量を行うように位置関係を確定するとともに、複数のソースから得られた情報を比較対照して、私たちの世界に関する因果関係を導き出そうとする。例えば、富裕層がどのように政治家に影響を与えるのか、貧しい人たちがどのように社会的権利を求めて闘うのか、あるいは政治的不平等と経済的不平等が特定の国や特定の時期においてどのように相互作用するのか、といったことである。

事例研究にはありとあらゆる種類がある。複数事例を比較する研究もあれば、個別の事例を扱うものもある。また、新しい理論の提案を目的とするものもあるし、従来の理論の検証に焦点を当てたものもある。もちろん、手法も数多くある。可能な選択肢すべてを論ずるには、まったく別に一冊本を書く必要があるほどなのだが、私たちにとってここで最も重要なのは、事例研究はどのようなものであれ、さまざまな実例や経験に依拠しながら、所得分配と民主主義と発展との間の複雑な関係を説明するための絶好の機会を提供してくれるということなのである。

本書は、不平等の帰結を明らかにするためにラテンアメリカの事例を検討する。ラテンアメリカを選んだことになぜ意味があるのかをはっきりさせるには、次の二つの問いについて考えるのが良いだろう。私たちは本当に「ラテンアメリカ」をひとまとまりのものとして扱って良いのかという問い、そして私たちは本当にラテンアメリカの経験から世界への教訓を引き出して良いのかという問いである。

ラテンアメリカ諸国がそれぞれ大きく異なることには疑問の余地がない。国土面積（ブラジルはエルサルバドルの四〇〇倍である）、人口（ブラジルとメキシコの二国で他のラテンアメリカ諸国全部の合計よりも多い）、所得（チリの一人当たり国内総生産はボリビアよりもスペインに近い）、人種構成、いずれをとってもそうである。それでもラテンアメリカ諸国は総じてひとまとまりとして扱うのに十分な似通った点を共有している。ラテンアメリカ諸国はすべて似たような歴史をたどってきている。一六世紀にスペインやポルトガルの植民地となり、一九世紀に独立を達成し、その後、実効性のある政治・経済制度を構築しようとして似たような障壁に直面した。国家機能が先進諸国に比較して弱いため、腐敗や汚職はラテンアメリカに深く根を下ろしてきた問題であるし、ルールや規制がころころ変わるのも当たり前、政策に一貫性が見られないこともしばしばである。常に米国をはじめとした影響力のある外部アクターによる干渉を受け、対外従属と闘ってこなければならなかった。ラテンアメリカ諸国はまた、共通の言語（ブラジルは例外だが、ポルトガル語とスペイン語はよく似ている）をはじめとして文化的特徴を共有しているし、社会的特徴にも類似点が多い。例えば、ラテンアメリカ諸国は発展途上国の中で都市化率が最も高い部類に入り、ほとんどの国に非白人系マイノリティが数多くいる。

本書にとって特に重要なのは、ラテンアメリカ諸国はすべてきわめて不平等な所得分配に悩まされていることである。そして、それは先に示した私たちの二番目の問いへの重要な答えになる。もちろん、不平等はラテンアメリカに限ったことではない。米国から中国やインドに至る世界のさまざまな発展段階にある国々でも、その歴史の中のさまざまな時点で、豊かな人々と貧しい人々の間には大きな格差が見られてきた。それでもなお、ラテンアメリカが独特であるのは、大きな不平等が長期にわたってずっと続いてきたということである。この問題が植民地時代に始まったのか、あるいは一九世紀末に始まったのか、研究者の間で白熱した議論が行われているが、不平等が数十年にわたり高止まりしてきたことには疑問の余地がない。

しかし、私たちはラテンアメリカの事例を、他の国々、他の地域への教訓を引き出すために使って良いのだろうか。読者の多くは半信半疑で、ラテンアメリカの経験は米国やイギリス、あるいはインドのような国々の参考になることはほとんどないと考えるかもしれない。鉱石や原油の採掘に特化した貧しい地域と、十分に多様化した経済と強靭な制度を持つ豊かな国々とを比べることなどできるのだろうかと訝しんでいるかもしれない。読者の多くは、伝統ある政党を擁し、民主主義が定着している安定した国々には、ラテンアメリカのような極端な事例から学べることは何もないと信じているかもしれない。

これとは逆に、先進諸国の経験が教訓を引き出すために使われるときには、同じような疑問を持つ人はほとんどいないだろう。スウェーデンはどのようにして福祉国家を築いたのか、米国はなぜ繰り返しイノベーションを導入することに成功したのか、韓国や台湾やシンガポールは何をもって自国の経済をうまく変革することができたのかといったことに関する研究には、世界の他の地域への政策的教訓を添えて結論が出されるものだ。現に、途上国を含む世界中の国々の経済発展に関する私たちの理解は、先進国の歴史的経験をいかに解釈するかに未だに強く依存している。それぞれの国には文化的にも歴史的にも、そして制度的にも明らかな違いがあるにも関わらず、である。

発展途上国が先進諸国から学ぶことができるのならば、その逆の方向にも私たちは教訓を引き出すことができるだろう。ラテンアメリカの経験は特に重要なものになり得る。ラテンアメリカ諸国は、他の多くの発展途上国よりも独立国としての歴史が長く、比較的豊かでもある。さらに、民主主義の伝統が相対的に長く、制度の質も発展途上国としてはまだましな方である。特に、チリ、コロンビア、メキシコの三か国は、「先進国クラブ」と呼ばれる経済協力開発機構（OECD）の加盟国にもなっている。そして何より、ラテンアメリカ社会はその歴史を通じ、民族的多様性と経済的二重性を特徴としてきたが、今やそれらはラテンアメリカ以外の多くの地域でも標準になりつつあるのである。

3　本書で伝えたいこと——不平等の経済的・政治的・社会的コスト

「ラテンアメリカは、この一〇年間で極度の貧困を削減することにおいては大きな成功をおさめたが、依然として所得格差と資産格差はきわめて大きく、このことが持続的経済成長と社会的包摂を阻んできたのである」。国連ラテンアメリカ・カリブ経済委員会（CEPAL）事務局長のアリシア・バルセナとオックスファム・インターナショナル事務局長のウィニー・ビヤニマは、二〇一六年にこのように宣言した[13]。また、それ以前にも世界銀行が、影響力のある地域レポートの中で、経済的・政治的不平等が経済発展を抑制してきたとの警告を発していた[14]。

主要な国際機関からのこうした指摘も踏まえ、本書ではラテンアメリカにおける一〇〇年以上にもわたる不平等が、低成長、弱い政治制度、そしてさまざまな社会問題をいかに引き起こしてきたのかを示していく。翻って、低成長、弱い政治制度がもたらす排他的な政治、そして暴力や社会的不信といった社会問題が不平等を一層悪化させ、悪循環を生み出してきたことも指摘する。

社会に潜むこうした悪循環を説明するメカニズムはいくつかある。第一に、経済的要因から始めると、少数エリート層は一貫して土地や資本の大部分を支配してきたので、生産性を向上させてより先進的な経済部門に投資するインセンティブがほとんどなかったということがある。たしかにビジネスエリートはさまざまなタイミングで新たな事業へと多角化を図ってきたが、それらは概して低リスクで技術的にも特段洗練されておらず、また政府に依存したビジネスであることも多かった。このことは、例えばラテンアメリカの長者番付トップ一〇リストを見れば、一層明らかである。そのリストは九名の男性と一名の女性から成っており、出身国は四か国しかなく（ブラジル、チリ、コロンビア、メキシコ）、彼らは以下のような参入規制の厳しい業種で収益を上げている。通信サービス業（カルロス・スリム）、金融業（ホルヘ＝パオロ・レマン、ジョゼフ・サフラ、ルイス＝カルロス・サルミエント＝アングロ）、食品・飲料加工業（マルセル＝ヘルマン・テジェス、イリス・フォントボーナ、カルロス＝アルベルト・シクピーラ）、そして鉱業（イリス・フォントボーナ、ヘルマン・ラレーア＝モタ＝ベラスコ、アルベルト・バイリェーレス＝ゴンサレス）である。[15] 低リスクの経済活動から莫大な収益を確保できる彼らが、どうして新規ハイテク部門に参入しようというのだろう。

イノベーションを図る仕組みが欠けていることは、教育への投資が不十分であることと切っても切れない関係にある。この二つの要因が相まって、高賃金の仕事が相対的に少ない原因となってきた。事実、豊かな国々の多くでも今日明らかになってきている、こうした労働市場の分極化は、かなりの長期にわたりラテンアメリカの際立った特徴であった。二〇世紀のほとんどの期間、経済活動は大規模プランテーション農業や鉱業に集中し、製造業は一部に止まっていた。そして、これらの産業が創出するフォーマル雇用[6]は限られたものであった。ほとんどの労働者は、なけなしの賃金しか得られず、社会保障もない質の悪い仕事にしかありつけなかった。一九八〇～一九九〇年代に正統派エコノミストによって推進された市場自由化のプロセスも、この不平等の経済的コストを軽減することはなかった。ごく少数の「コネ」を持った人たち（残念ながらその人たちは依然として概ね男性ばかりなのだが）が公営企業の民営化から利益を得る一方で、国内民間企業が国際競争に打ち勝てることはほとんどなかった。その結果として、インフォーマル雇用、すなわち社会保障のつかない低賃金の雇用が、メキシコからパラグアイに至るラテンアメリカ全体で高止まりしたままとなった。

第二に、経済に活力が欠けている状況は、富裕層によって政策決定がコントロールされている事実と大いに関係している。政治と経済が切り離されているなど、およそあり得ないのだ。所得上位一パーセント層は、税の低減を求めて圧力をかけ、それが奏功してきた。それゆえ、ほとんどのラテンアメリカ諸国は、その発展段階に見合う額の税収を得られていない[16]。個人所得税は特に少なく、二〇一五年においてＯＥＣＤ諸国では税収総額の二五パーセント近くあるものが、ラテンアメリカでは一〇パーセントにも満たない[17]。同時に、ほとんどのラテンアメリカ諸国は、基礎的な公的医療や教育に十分な支出ができていない。ごく最近まで、大学などの高等教育や富裕層向けの高度医療機関への補助金は多かったが、その一方で初等教育や農村の診療所への公的支出は不十分であった。効果的なマクロ経済政策を採用することや金融危機を回避することに対するハードルも、不平等であるために他の地域以上に高くなってしまったのである。

第三に、こうした排他的な政策が行われ、経済に活力が欠けている状況を考えると、ラテンアメリカの人々が政治家のポピュリズム的な振る舞い〔新聞などではポピュリズムを「大衆迎合的」と説明することもあるが、詳細は本章5節および第4章2節を参照のこと〕を繰り返し支持してきたのも驚くに値しない。一九四〇〜一九五〇年代のアルゼンチンにおけるフアン＝ドミンゴ・ペロン、最近ではベネズエラのウーゴ・チャベスといったポピュリスト指導者たちは、貧困層と都市中間層に良い働き口と十分な社会保障を提供すると約束した。残念ながら、こうした政権は、結局のところ持続性のない経済政策を実施するばかりで、富裕層の持つ権力に体系的に対抗することができない、あるいはその気がなかったことが明らかになった。これは、先進諸国の有権者が覚えておいた方が良い教訓だろう。

不平等は、ラテンアメリカにおいて他にもさまざまな面で政治に悪影響を与えてきた。不平等は分極化を引き起こし、政治的妥協の余地を狭めてきた。国家の能力を強化するとか、効果的な汚職防止策を推し進めようとかいう意向をエリート層が示すことはまったくなかったし、その一方で社会運動が具体的な改革案を推し進めるに足る力を持ったこともほとんどなかった。ブラジルのここ数年の不安定性は、弱い制度と汚職、そして不平等がもたらした政治的な対立という三要素間の負の関係を示す格好の例と言えるだろう。ルーラ大統領と後任のルセフ大統領の下で、ブラジル政府は貧困層を厚遇する再分配政策を実施したが、政治の透明性を高め汚職を抑制することには失敗した。そして、ブラジルで常に富裕層を守ってきた保守勢力は、この失敗をうまく利用してほとんどの累進的な政策をひっくり返し、不平等の縮小にストップをかけてしまったのだ。

第四に、不平等が暴力から社会的不信に至るさまざまな社会問題と結びついてきたことが挙げられる。ラテンアメリカは、世界で最も暴力が蔓延している地域であるばかりでなく、人々が互いをほとんど信頼していない地域でもある。この問題は、少なくとも部分的には、大きな所得格差を原因としている。大きな所得格差は、ジェンダー間格差、民族間格差といった他の多くの次元での不平等とも関連する。不平等は、都市での隔離居住や民族差別・人種差別の原因でもある。こうした社会問題がまた、より良い再分配政策の実施には不可欠であるはずの、貧困層と中間層との間の連携〔後出の「階層横断的な同盟」〕を妨げてきたのである。

以上をまとめて言うならば、ラテンアメリカの経験が示すのは、所得格差の悪影響は、経済面（とりわけ成長部門や人的資本への過少投資、さらには周期的な経済危機の原因となる）、政治面（弱い民主主義や属人的関係に基づく政治の原因となる）、そして社会的繋がりの面（暴力、社会的不信、結束の弱さの原因となる）に及ぶということである。ラテンアメリカの歴史はまた、不平等は永続する可能性が高いことを示すとともに、それによって活力ある統合度の高い社会を作り出すチャンスが遠のいてしまうことをも明らかにしているのである。

ラテンアメリカに関する議論が今日において特に重要になっているのは、同じような問題が他地域の多くの国々においても日を追うごとに顕在化しているからである。不平等、労働市場の二重性、金融危機、そして政治的不安定性は、どの国においても拡大している。米国のような豊かな国々も、ますますラテンアメリカのようになってきている。そして、もしここでUターンができなければ、そうした国々もラテンアメリカと同じように長期にわたって多くの悪循環に苛まれることになりかねないのである。残念ながら、不平等のコストを避けることは、これからどんどん難しくなるだろう。なぜなら、ラテンアメリカが示しているように、不平等を逆転するのが難しいのは、まさに不平等が政治的・経済的に負のフィードバックを働かせるからなのである。

本書での議論は、中国やインドといった新興大国にも無縁ではなかろう。アジアの両大国は近年急速な成長を遂げたが、それにつれて最上層への所得集中度も高くなった。その結果として、中国でもインドでも、ラテンアメリカで一〇〇年以上にわたって顕著に見られてきた類のエリート主導政治と制度の弱体化が見られるようになってきている。もし両国の経済が――例えば新型コロナウイルスの蔓延の結果として――減速するようなことになれば、所得格差の悪影響は一層顕著となり、社会的な不満を引き起こしかねないだろう。それ以外の発展途上地域では、所得格差はすでに経済的な不満だけではなく、政治的な不満も増大させる原因になってしまっている。

4　私たちはここからどこに向かっていけばいいのか――ラテンアメリカからの教訓

本書は警告の書である。ラテンアメリカの経験に依拠しながら、不平等の政治的・経済的コストにスポットライトを当てる。このままだと大きな不平等と経済の低迷と反システム政治という悪循環は、案外簡単に「例外」ではなく「標準」になってしまうのかもしれないし、そうなったらその悪循環を逆転させるのは困難になるだろう。私たちが今行動しなければ、二一世紀は悪い方へ悪い方へと容易に進んでいってしまうだろう。

しかし、ラテンアメリカの歴史から学べることもあるのだ。ラテンアメリカは、進歩的な思想を育む舞台となり、不平等と排除に関する独創的な見方を提示してもきた。日常の光景に愕然としたラテンアメリカの経済学者、社会学者、神学者、教育学者たちが、独創的な理論を練り上げ、野心的な政策・政治改革を強く求めてきたのである。さらに、世界でも最も創造的かつ意気盛んな社会運動のいくつかを、ラテンアメリカで見出すこともできる。ブラジルの「土地なし農民運動（Movimento dos Trabalhadores Rurais Sem Terra: MST）」からボリビアのコカ栽培農民運動とそこから派生した政党「社会主義運動（Movimiento al Socialismo: MAS）」まで〔詳細は第6章2節を参照のこと〕、ラテンアメリカの活動家たちは、自らの権利拡大への要求を成功に結びつけてきた。彼らは当初望んでいたほど不平等を減ずることはできなかったとはいえ、こうした運動は、世界の他の地域の活動家たちにも大いに参考になり得るだろう。ラテンアメリカの社会運動の経験は、国民のニーズに応えようとしない国家には下からの圧力を加えていくのが重要であること、ローカルな運動と全国的な運動とを結びつける必要があること、具体的なニーズを全体的な開発アジェンダと関連づけるのが有用であること、「階層横断的な同盟」を構築するのが大事であること、などを私たちに示している。ラテンアメリカの社会運動はまた、従来型の動員手法とSNSの利用を組み合わせることにも大きな成功を収めてきた。

　ラテンアメリカの最近の足どりを見ても、いくらか楽観の余地がある。つまり、この新自由主義的なグローバル化の時代に困難な制度的環境が重なっても、不平等を改善していくことは可能なのだ、と。二〇〇三年から二〇一三年にかけて、ほとんどのラテンアメリカ諸国は、世界の他の地域で所得格差が拡大していったまさにそのときに、所得分配を改善したのである。この時期のラテンアメリカにおける所得格差改善の原動力のうちのいくつかは、豊かな国々にはあまり参考にならないだろうが、[*7]発展途上諸国にとっては重要になり得る。ラテンアメリカ諸国の中には、貧しい人たちが史上初めて社会権の対象となったことで、彼らの所得が急激に増加した国もある。競争的な選挙が実施されるようになったことで一定水準の社会的包摂が推進されたことも教訓である。

さらには、先進諸国・発展途上諸国双方への教訓になり得るものもある。一部のラテンアメリカ諸国の政府が着手した、受給資格が異なる社会保障制度と社会扶助制度を一本化（詳細は第7章2節の「ユニバーサルな社会政策」についての議論を参照のこと）しようとする政策努力はとりわけ興味深い。例えばウルグアイでは、社会保険基金の加入者も公的医療扶助の対象者も、すべての人がともに同じ内容のサービスを受けることができるよう、医療制度が改正された。[18] 歴史的に平等化を重視し、社会運動と密接に連携している左派政権が誕生したことが、少なくとも部分的にはこの改革の背景にある。ウルグアイはまた、全国ケアシステム（National Care System）を導入し、高齢者と未就学児の双方を同時にサポートした。[19]

一方、ブラジルでは、多くの非熟練労働者の雇用をフォーマル化する政策により、最低賃金の着実な引き上げとも相まって、所得分配が急速に改善した。この時期にブラジルが高成長を実現していたこともあるが、フォーマル労働者の比率は六ポイント上昇した。二〇〇二年から二〇〇八年までの間に、フォーマル化を進める政策、進歩派的な政策（中小企業に対する課税の簡素化や労働局監査の対象拡大など）が採用されたことがそれ以上に重要であった。労働のフォーマル雇用化は、実質最低賃金の引き上げと両輪で進められたが、その実質最低賃金は二〇〇〇年の月額二六三レアルから二〇〇九年には同四六五レアルへと約一・八倍に引き上げられたのであった。[20] このようにブラジルの経験は、最低賃金引き上げが雇用創出に負の効果をもたらすという、よく繰り返される主張に疑問を投げかけるものだと言えよう。[21]

このように二〇〇〇年代のラテンアメリカが示しているのは、たとえ制度が弱かったとしても、不平等に対する闘いには政府の政策が重要だということである。普段から認識されている以外の政策オプションもあるのだ。もちろん、最近のラテンアメリカが成功したとばかり大袈裟に言い立てるべきではないことは私にもよくわかっている。不平等は依然としてラテンアメリカ全域で深刻だし、改善といっても実のところささやかなものだったからである。さらに言うならば、この不平等の改善は長続きしないかもしれない。今やラテンアメリカの経済成長は減速しており、所得格差の改善もスピードダウンしてしまったからである。

ラテンアメリカ諸国においても、世界の他の地域の諸国においても、平等化を推進すべく速やかに動き出す必要がある。本書の結論では、平等化の実現のための政策オプションや政治的な必要条件を探り当てようと思う。不平等との闘いには、財産税から金融規制まで、また民主主義の強化からより意欲的な社会政策の実施まで、さまざまな分野での一致協力した努力が求められる。より深いレベルでは、不平等との闘いには、良い社会とは何かについての再定義が求められる。そのためには世界のどこであれ、私たちが現在の個人主義・成果主義を重視することから離れ、連帯と共同性を進んで受け入れることが必要になる。新型コロナウイルスの蔓延は、この再定義のきっかけとなるだろうか、それともさらなる妨げとなってしまうのだろうか。

5　本書の構成

次章以降では、ラテンアメリカにおける不平等・経済発展・政治制度の間に見られる悪循環を明らかにしていく。私が示そうとするのは、所得格差が望ましくない政治経済的帰結をどのように引き起こすのか、そして逆にこうした政治経済的帰結がどのように所得分配の悪化に還元されてしまうのかということである。各章では、ラテンアメリカの経験がOECD諸国の現状と関連づけて論じられる。例えば、所得格差の拡大しつつある先進国社会で、労働市場の二重性や金融危機といった経済問題が、いかにして顕在化しつつあるのか、といった具合である。本書では米国やイギリス、またスペインなど南欧諸国が比較の中心となるが、そこで得られた結論は他の多くの諸国にも適用できるだろう。

第3章では、不平等と経済的帰結との結びつきや相互関係を検討する。そこでは、所得格差がいかにして質の良い教育が行き届かない原因の一つになってきたかが示される。所得格差はまた、二重経済がラテンアメリカ社会に固着してしまったことや、ハイテク分野への投資が十分になされなかったことの原因となってきた。ラテンアメリカ経済の主要産業は過去一〇〇年間、ほとんど変化がなかったが、それはラテンアメリカの富裕層にとって、将来性が見込まれるが同時にリスクもある新規ハイテク部門に投資するインセンティブがほとんどなかったことも理由の一つである。もう一方の極では、生産性の低いインフォーマル部門が拡大し、多くの労働者に質の悪い仕事しか提供されてこなかったが、そうした労働者はイノベーションのための十分な資金を持つはずもなかった。第3章ではまた、ラテンアメリカの歴史の各段階で、不平等がどのようにして税収の低さや非持続的なマクロ経済政策と結びついてきたのか、また二〇〇〇年代末に米国が経験したリーマンショックとさして違わない規模の金融危機を、どのようにして何度も招いてきたのかも示したいと考えている。

第4章では、不平等と政治の結びつきを議論する。今日の米国の特徴となっている「勝者総取り」政治が、ラテンアメリカではもっと早い時期からいかに現れたのかを示すことになるだろう。ラテンアメリカでは、富裕層が民主的に選ばれた政府に対し常に桁外れの影響力を行使してきた。ラテンアメリカの富裕層は、時として軍事クーデターや権威主義的な政府を支持することまでやってのけたのである。

恐らくほとんどの読者にとってさらに興味深いのは、不平等とポピュリズムとの結びつきであろう。ポピュリズム〔とその形容詞形のポピュリスト〕はさまざまな見方のある用語なのだが、私はこの語を「選挙民と直接的な関係を取り結ぶ反システム的な政治（家）」を指す用語として用いる。ポピュリスト政治指導者たちは歴史的に、既存の政治システムや所得と富の集中に対して人々が抱いている不満の直接的な結果として出現してきた。確かにラテンアメリカのポピュリスト指導者の中には、米国のトランプ大統領とは対照的に、国民の大多数を占める中間層や貧困層の生活水準を向上させた者もいた。しかし彼らがもたらした成果は、往々にして持続可能ではなかった。ポピュリスト指導者は、政治的には政党システムを侵食し、情報開示に基づく政治討論の機会を減少させ、民主主義制度を弱体化させた。またポピュリスト政権は、経済的には持続不可能な形で所得再分配政策を実施し、結果として経済失政の原因を作ったのである。私たちは、将来、豊かな国々でもいくつか同じような問題を目の当たりにすることになるのだろうか。

第5章では、不平等の社会的コストを探る。まず、暴力の蔓延と不平等との間の複雑な関係を検討する。ラテンアメリカの記録的な犯罪発生率には多くの原因があるものの、私が示そうと思うのは、貧困地区（そこでは多くの若者が社会から疎外されていると感じている）と富裕層の暮らす地区との間の激しい所得格差が、重要な要因となっていることである。ラテンアメリカでは、不平等は都市における隔離居住や医療・教育など社会サービスの分断も引き起こしてきた。富裕層が下位中間層や貧困層と同じ病院を利用し、同じ学校に通うということは、残念ながら、ほとんどない。このことがラテンアメリカ社会の結束をより困難にしている。第5章はまた、民族・人種差別と所得格差がいかに相互に補強し合っているのかも明らかにする。これらの問題すべてが、社会的信頼——人々が隣人や公的制度に対して抱く信頼感——の欠如を引き起こしているのである。不平等によって、個々人が自分自身を最優先にしてしまい、他人と協力しづらい社会が生まれてしまうのだ。このような社会では、所得再分配的な社会プログラムの拡大に欠かせない、貧困層と中間層との間の「階層横断的な同盟」を形成するチャンスが深刻なまでに阻まれてしまう。そして、この問題は世界の他の地域でも徐々に顕著になりつつあるのである。

第6章では、ラテンアメリカから世界への前向きな教訓を提供することにしよう。大きな不平等は、一方で進歩的な思想や社会運動を生み出してきたのである。構造学派経済学からカトリックの「解放の神学」まで、メキシコのサパティスタ運動からチリの学生運動まで、ラテンアメリカに出現した思想や社会運動のダイナミズムは、世界中の活動家たちにインスピレーションを与え得るものである。第6章では、（ささやかではあったが）二〇〇〇年代のラテンアメリカで見られた所得再分配の改善についても議論する。これは、ラテンアメリカ研究者やこの地域の政策決定者の間ではよく知られた話なのだが、世界の他の地域では見過ごされてしまっている。こうしたラテンアメリカの最近の足どりは、少しばかり皮肉な感じがする。米国やイギリスから中国やインドに至るまで、世界のあらゆる地域で最上位層への所得集中がどんどん進んでいたまさにそのときに、世界で最も不平等な地域であるラテンアメリカが所得格差を改善させていたのだから。

結論となる第7章では、本書の軸となる主張をもう一度要約した後、不平等へと向かう現在の状況を逆転させるために何ができるのかを議論していく。どのようなアイディアが、今後私たちが不平等と闘っていく際に道筋を示してくれるのだろうか。どのような政策を私たちは推し進めていくべきなのだろうか。そして、そのような政策を実施し、望ましい政治変化を持続させていくために、私たちはどのような政治的アクターや社会同盟を必要とするのだろうか。第7章では、単純化された、あるいは革命的と称されるようなアイディアははっきりと拒絶する。実際のところ、私たちに何が必要なのか、すでにほとんどわかっているからだ。国家は、人的資本[8]や富の分配状況を改善しなければならないし、主要な市場の内部におけるパワーバランスを変えなければならない。[9]また金融規制を拡充しなくてはならないし、ユニバーサルな社会政策[10]をさらに改善（あるいは初めて採用）しなくてはならない。もちろん、このような野心的な政策の実施は、適切な政治的条件の下でなければ実現され得ないだろう。民主主義の深化、進歩派政党の刷新、そして社会運動の強化が、この不平等との闘いに勝利するには不可欠である。

不平等のコストとその解決法について本格的に議論していく前に、続く第2章では、ラテンアメリカにおける不平等の特質について、読者にもう少しお話ししておきたい。それがいつ始まり、どのように進展してきたのか、そして今日どれほど酷い状態になっているのか。ラテンアメリカにおける不平等問題の深刻さについて詳細に検討し、世界の他の地域の現在そして将来にとって、ラテンアメリカが持つ重要性を指摘したいと思う。

訳注　第1章

●1　民主主義と新自由主義を基調にする政治経済において有力な勢力に対し攻撃を加える政治を指す。ベネズエラのチャベス元大統領やボリビアのモラレス元大統領およびその政党である社会主義運動（MAS）などがその典型といえる。詳細は第4章を参照のこと。

●2　urban segregation　都市において富裕層と貧困層が別々の地区に、時には隣接する地区に集住しながら、互いに関係を持たず、互いに対する不信感を醸成しながら両居住区が併存している状況を言う。

●3　原文は mobility のみだが、文脈から social mobility として訳出した。これは、例えば貧困層から中間層へ、中間層から富裕層へなど、個人が社会階層を越えて移動できる可能性の度合いのことである。そのままカタカナで「ソーシャル・モビリティ」と表記されることもある。社会的流動性が高い国であるほど、生まれた階層から脱却しやすく、その国に自由や平等がある状態と見做される。

●4　定量分析とは、数値や統計データを用いて分析する手法である。厳密には数理モデルや統計的手法を用いる場合を指すこともある。反対語が定性分析で、資料、インタビュー、フィールドワークなど質的な調査結果を用いて分析する手法を指す。後述する事例研究（ケーススタディ）が定性分析の代表例である。

●5　同じデータで同じ手法で分析すれば誰でも同じ結果を出すことができること。科学実験の再現性と同じような考え方。

●6　社会的・法的な制度の外で人々が行う経済活動をインフォーマル経済と呼ぶ。よって、インフォーマル雇用の労働者は法が定める諸権利を有していないが、税金や社会保険料も払っていない。この点において、先進国の「非正規」労働者とは根本的に異なる。反対語がフォーマル経済・雇用となる。詳しくは、浜口伸明「インフォーマル」（清水達也編『ラテンアメリカ経済入門』アジア経済研究所、二〇二四年、五三〜六七ページ）を参照のこと。

●7 人間に値する生活を営むために国民が国家に対して保障を要求する権利。生存権、十分な生活水準を保持する権利、教育を受ける権利、労働基本権、社会保障を受給する権利などが含まれる。

●8 人間が持つ能力（知識や技能）を資本として捉えた経済学の概念。実際には教育や健康水準で測られることが多い。

●9 新古典派経済学では、すべての市場参加者は対等の立場で、自らの効用を最大化しようと行動することが前提とされているが、本書の著者は、いやでも取引をせざるを得ない弱い立場のアクターも市場に参加していると捉えている。弱い立場の（＝力をあまり持っていない）アクターへの力の再配分が必要だという意味である。

●10 本書では、すべての国民に対し、保険料の支払いを求めず、税金を原資として提供される社会保障などを含む社会プログラムのことを指す。詳細は第7章3節を参照のこと。

第2章　ラテンアメリカ——世界で最も不平等であり続けた地域？

ロマン主義時代の典型的な科学者であり探検家であったアレクサンダー・フォン゠フンボルトは、今からおよそ二五〇年前、フランス人探検家エメ・ボンプランと共にアメリカ大陸へと海を渡った。強い好奇心に導かれるままに、フンボルトはエクアドルの最高峰チンボラソ山に登り、ベネズエラではアマゾン川とオリノコ川を繋いでいるカシキアレ川を発見した。[1]

フンボルトは五年にわたるアメリカ大陸の探検について広く書き残し、同地域の地理やそこに住む人々について考えを巡らせた。彼はとりわけ大きな不平等に衝撃を受けていた。例えば、彼はメキシコを「不平等の国であり、富、文明、土地の耕作、人口においてこれほどまでに恐ろしい格差が存在する場所は他に存在しない」と記したのであった。[2]

もし、フンボルトが今日、メキシコに再び赴くことができたとしたら、彼はやはり富める者と貧しい者の間の激しい格差を目にすることだろう。二〇一四年には、メキシコの長者番付上位四人の資産の合計は、同国の国内総生産（GDP）の九パーセントに相当した。なかでも同国一の大富豪カルロス・スリムの場合、その財産が生み出す年間収益だけで、最低賃金で働くメキシコ人二〇〇万人近くを雇える額になったのだ。[3] 他のラテンアメリカ諸国でも状況はほぼ変わらず、富裕層がどこでも特権的地位を保持している。例えば、高額純資産保有者（High Net Worth Individual: HNWI）とは、居住している住宅を除いた投資可能な資産を一〇〇万ドル以上持つ人々を指す金融業界用語であるが、そういった人たちの一人当たり平均資産所有額がラテンアメリカでは一四五〇万ドルであるのに対し、アフリカの平均は一〇一〇万ドルであるし、中東、北アメリカ、アジア太平洋、ヨーロッパの平均は四〇〇万ドルにも満たないのである。[4]

本章では、ラテンアメリカの所得分配の歴史を概観し、なぜラテンアメリカではどこでも、またどんな時でも大きな不平等が常に存在し続けてきたのかを明らかにする。ラテンアメリカはその歴史を通じ、世界の他の地域とは異なり、所得格差を継続的に縮小させることに何度も失敗してきた。このように長期にわたって不平等が持続してきたラテンアメリカの経験こそが、とりわけ現代世界の不平等に関する議論をする上で重要になるのである。

1　世界で最も不平等な地域？

セルビア人経済学者ブランコ・ミラノヴィッチは世界的な格差研究のエキスパートの一人である。その独創的なデータ処理技術と創造的思考によって、彼は所得分配に関する研究を興味深くかつ面白いものにすることに成功してきた。彼の著作からは、マルクスの社会科学への貢献からローマ帝国時代の生活、そして現在のグローバルな格差問題まで、ほぼすべてのことを学ぶことができる。かつて世界銀行

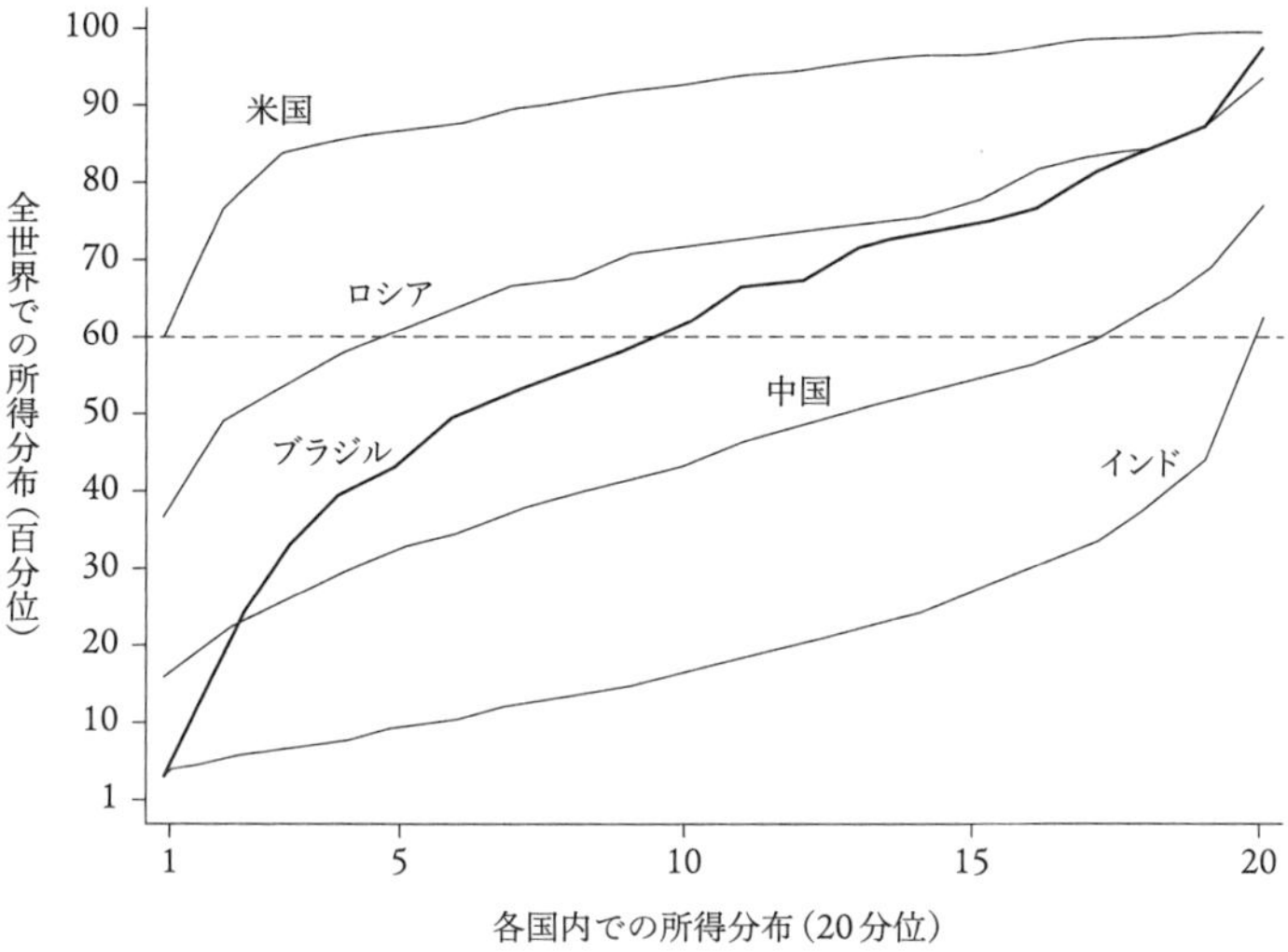

図2-1　ブラジルの独特な所得分布パターン（2000年代初頭）
注：各国内での所得分布と全世界での所得分布の中で、各個人がどこに位置づけられるかを示している。所得は2002年時点のドル（購買力平価換算）を用いて計測したものである。
出所：Milanović, B. (2012), "Global Income Inequality by the Numbers, in History and Now: An Overview," World Bank Policy Research Working Paper, no. 6259.

調査部に勤務していたミラノヴィッチは、在職中に世界中の何百もの家計調査データを収集・比較する画期的なプロジェクトを主導した。彼のデータ分析は、グローバル所得格差——つまり、一人一人が世界全体の所得分布のどこに位置しているか——の変遷を以前よりわかりやすく示しており、研究者はそれらのデータを用いて各国の所得分配パターンの違いを比較することができる。図2-1はミラノヴィッチによる最も有名なグラフの一つであり、私もオクスフォード大学での講義でよく用いているものである。これはインド、ロシア、米国、中国、ブラジル国民をグラフ上に所得の低い順に並べ、彼らが国内の所得分布〔横軸〕と世界の所得分布〔縦軸〕のそれぞれどこに位置づけられるのかを測ったものである。但し、この計測は完璧なものではなく、各国の最富裕層の状況を正しく捉えきれていないことに留意が必要である。すでに指摘したように、こういった調査では最富裕層の所得が常に実際よりも低く出てしまうからである。

同図におけるブラジルの独特な、左下隅から右上隅まで対角線状に分布している所得分配パターンに注目してほしい。ブラジルの低所得者層は世界の最貧困層に位置づけられる一方、ブラジルの最富裕層は米国の最富裕層に匹敵する金持ちなのである。他のデータソースからも、ブラジルが眉をひそめたくなるほどの不平等レベルにあることを確認できる。例えば、ブラジルの最富裕者六人の資産は同国の人口の下位半分の人々の合計資産とほぼ同じ額である。さらに衝撃的なことに、ブラジルの上位〇・一パーセントの富裕層は、一か月で同国の最低賃金労働者の一九年分の稼ぎを得てしまう[5]。とはいえ、ブラジルの事例はラテンアメリカ全体の中で飛び抜けているというわけではない。事実、コロンビア、グアテマラ、ホンジュラスといった国々では状況はさらに深刻かもしれないのだ。

もちろん、世界全体で不平等度を正確に比較することは容易ではない。なぜなら、各国は所得格差を少しずつ異なる方法で計測しているし、そのデータの質は各国で大きく異なるからである。また、富裕層の所得や資産は家計調査では適切に捕捉できていない。それでも、入手可能なすべての情報からラテンアメリカがどの不平等度ランキングでもトップクラスだとは確認できそうである。例えば、パルマ比率――第1章で説明した通り、所得上位一〇パーセント層と所得下位四〇パーセント層の比をとったもの――では、最も不平等度の高い一八か国中一二か国がラテンアメリカの国々であり、他方で最も平等な発展途上国グループの中にラテンアメリカは一か国もないのである[6]。

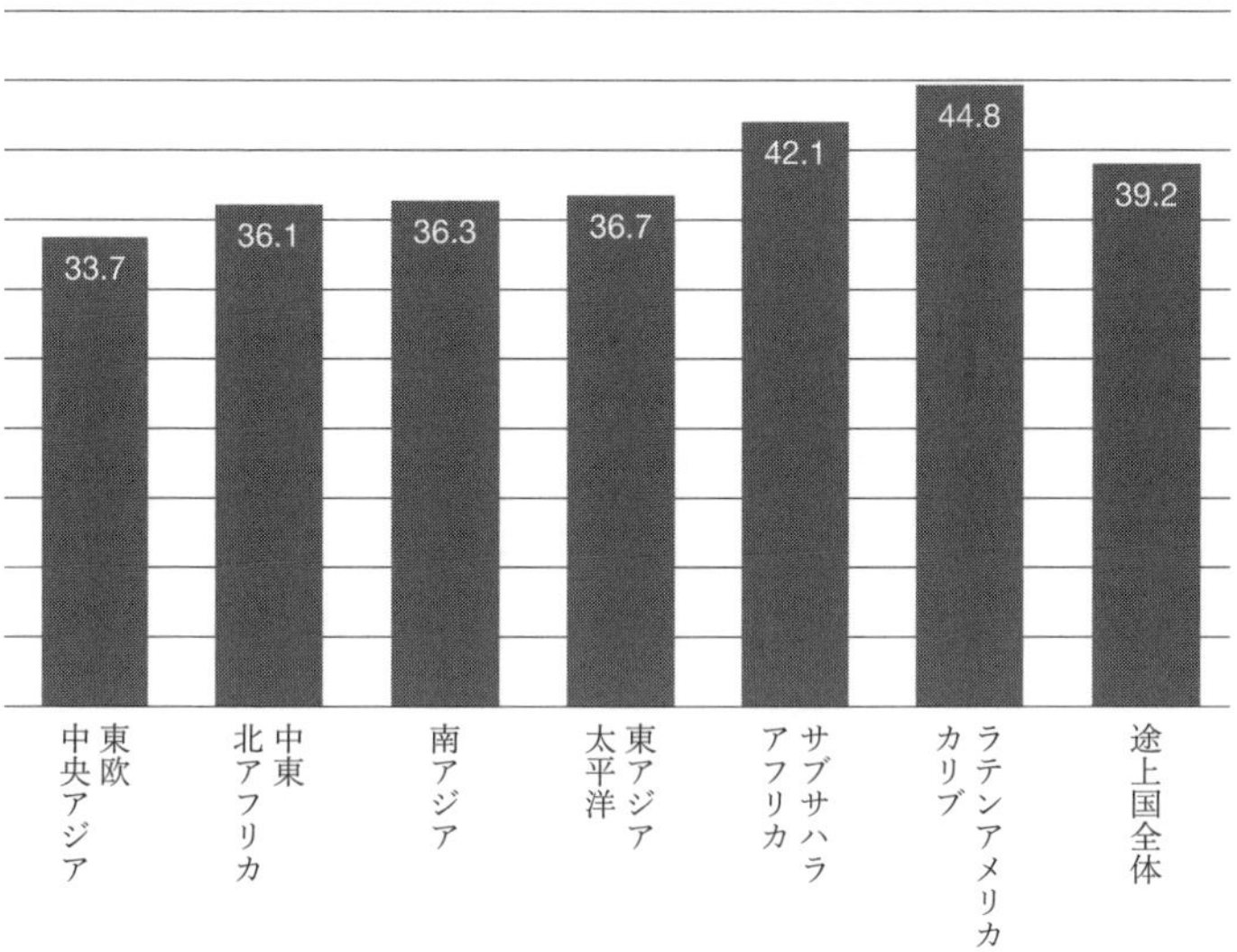

図2-2　発展途上国のジニ係数（一人当たり家計消費を用いて算出）
出所：Alvarado, F., and L. Gasparini, "Recent Trends in Inequality and Poverty in Developing Countries," in A. Atkinson and F. Bourguignon (2015), *The Handbook of Income Distribution*, Amsterdam: Elsevier, pp. 697–805に基づき筆者作成

さて、もっとよく使われる不平等指標としてジニ係数がある。ジニ係数は、ある国や地域の中で各個人が受け取る所得を基にした指標で、〇（完全平等）から一〇〇（完全不平等）の間の数値をとる。[1]ラテンアメリカ全体のジニ係数（四四・八）は発展途上国全体の平均（三九・二）と比べても五ポイント高く、東欧・中央アジア（三三・七）との対比はとりわけ目を引く（図2－2参照）。

不平等な所得分布は、アルゼンチンのようなラテンアメリカで比較的豊かな国にも、グアテマラやホンジュラスのような貧しい国にも、ボリビアのような多くの先住民人口を抱える国にも、チリのような人種構成が比較的均質な国にも、同じように影響を及ぼしている。国連ラテンアメリカ・カリブ経済委員会（CEP

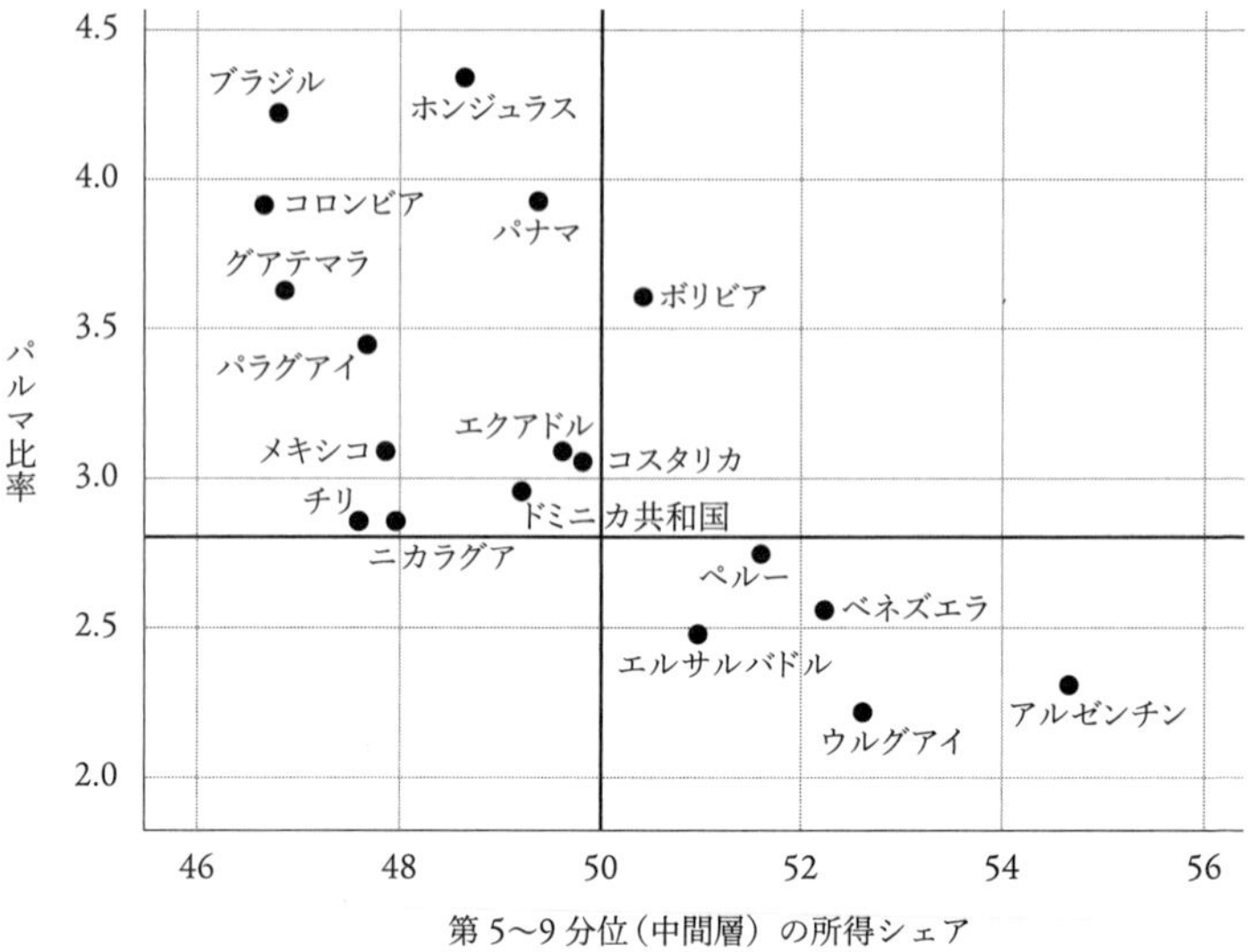

図2-3　ラテンアメリカ諸国の中間層所得シェア（横軸）とパルマ比率（縦軸）
出所：Socio-Economic Database for Latin America and the Caribbean (SCEDLAS) を用いて筆者作成〔ラテンアメリカ地域は全体として不平等度が高いが、国ごとに実態は多様である。パルマ比率（縦軸）は低い方が望ましく、逆に中間層の所得シェア（横軸）は高い方が望ましいことから、図の右下に位置する国が最も望ましいと言える〕

AL）事務局長が言うように、「不平等はラテンアメリカ・カリブ海地域各国の社会に見られる歴史的かつ構造的特質であり、それはさまざまな悪循環の形で顕れている」[7]のである。

しかしながら、ラテンアメリカ各国の間でかなりの違いがあることもまた、本書を読み進める上で覚えておかなくてはならない。ラテンアメリカは、スペイン語圏一八か国とポルトガル語が話されているブラジルから成るが、各国の所得水準（ウルグアイの一人当たり所得はニカラグアの七倍もある）、主要輸出品（中米・カリブ海地域のアパレル製品と農産物、その他地域のコモディティ産品[2]）、歴史にはそれぞれ異なる部分がある。こうした政治・経済的差異のいくつかもまた、各国の所得格差の違いを生んでいる。図2-3は、二〇〇〇年から二〇一六年におけるラテンアメリカ一八か国について、パルマ比率〔縦軸〕と「中間層」の所得シェア〔横軸〕を比較したものである。但しここで「中間層」とは、それぞれの国の人々をその所得水準で低い方から一〇分の一ずつ分けたときに、五番目〔第五分位〕から九番目〔第九分位〕に位置する階層を意味する。同図の右下に位置するアルゼンチンとウルグアイがラテンアメリカで最も平等な国となっているが、両国は歴史的に他のラテンアメリカ諸国と比べ経済が多様化されており、中間層比率が高く、またエリート層が保持する権力・影響力がそこまで強くないという条件に恵まれてきたためである。また、エルサルバドルやペルーのような国は歴史的に不平等な国であったが、近年、民主化〔両国〕、左派の影響〔エルサルバドル〕、高い経済成長〔ペルー〕といったさまざまな政治・経済的要因によって不平等が改善されてきた。その一方で、ブラジル、ホンジュラス、コロンビア、パナマ、グアテマラは、ラテンアメリカ域内でも、世界全体においても、不平等ランキングの最上位に留まり続けている。

2　バカなことを言いなさんな、ラテンアメリカで問題なのは金持ちの方なんだよ!

ラテンアメリカで不平等がきわめて大きい理由は、貧しい人々が世界の他の地域よりも貧しいからではなく、金持ちが世界の他の地域よりも金持ちだからである。例えばチリの例を見てみよう。チリでは、貧困は近年急速に減少し、貧困層と中間層との間の所得格差は先進諸国と同じような水準である。事実、所得下位九〇パーセント層では、チリは他の経済協力開発機構（ＯＥＣＤ）加盟国よりも平等で、社会的流動性、すなわち自分の親に比べて社会的地位が向上する可能性は高い。[8]

では、何がチリと他のOECD加盟国で異なるのだろうか。それは、最上位層における所得の集中度である。いくつかの推計によれば、チリで最も豊かな一パーセントの人々は総所得の三〇パーセント以上を占めている。これは、不平等な国として広く認知されている米国の一八パーセントをはるかに上回る値である。[9] 明らかにチリという国は二つ存在するのだ。片方のチリでは、少数のエリートが高級住宅に住み、高給な職に就き、彼らの子や孫も上質な暮らしを送り続けることが保障されているが、もう片方のチリでは、中間層と貧困層が将来の暮らしがどうなるかも分からない状態に置かれ、政治制度に影響を与えることも経済制度を変革することもままならないのである。

ところが、チリはラテンアメリカの例外などでは決してない。第1章でも言及した世界銀行地域レポート『歴史と訣別できるか？（*Breaking with History?*）』では、ここまで私が論じてきたラテンアメリカの不平等について、「ラテンアメリカの所得分配は他の国々と比較して富裕層に所得がより集中していることが最大の特徴である」と指摘されている。[10] 事実、ラテンアメリカの富裕層が手にしている資産はめまいがするほどである。例えば、ラテンアメリカの大富豪たちの資産額の合計は、ラテンアメリカ全体の年間公的医療支出額の八・五倍、公教育支出額のほぼ五倍をそれぞれ上回っている。[11]

ラテンアメリカにおける富裕層と貧困層の生活の格差は極端である。メキシコを例に取ってみよう。メキシコ人で、世界の三大富豪のうちの一人カルロス・スリムは、ロダンの彫刻三八〇点をはじめとする美術作品をあまりにもたくさん買い集めてしまったので、それを収蔵できるよう同国有数の美術館の一つを自ら建ててしまった。[12] 他方では、多くのメキシコ人が長時間労働にも関わらず、最低賃金しか得られないために貧困状態に置かれている。先住民の人々の状況はさらに深刻で、四人中三人が貧困状態に、五人に二人が極貧状態に置かれている。[13]

このようにラテンアメリカの不平等は、少数のエリートへの所得集中の問題なのである。ここでその少数のエリートというのは、所得上位一〇パーセント層ではなく、同一パーセント層、もっと言うならば同〇・一パーセント層のことである。では彼らは一体何者なのか。どんな分野でビジネスをしているのか。どこから彼らに富が湧いてきているのか。残念ながら、これらの質問に答えることは容易ではない。彼らに関する量的データはほとんど存在しないからである。というのも、こういった人々は自分たちのことを秘密にしたがり、研究者が行う調査に協力しないのだ。彼らの特徴を知るには、学術以外の国内メディアの記事、グローバルメディアが各国で発表する情報、国別の学術研究等、さまざまな性格の情報源を活用していかなければならない。

こういった情報源の一つが『フォーブス』誌によって毎年公表される「世界長者番付」である。二〇一八年の番付によれば、ラテンアメリカには一〇億ドル以上の資産を持つ個人が九〇人いて、そのほぼ半数がブラジルに拠点を置いている(表2-1参照)。九〇人の資産総額は四一二〇億ドルで、そのうち七七パーセントに当たる額がブラジル人富豪とメキシコ人富豪の手中にある。長者番付に富豪がランクインしているラテンアメリカの国は七か国だけだったが、その他のラテンアメリカ諸国のエリートも政治的・経済的に大きな権力を有している点では変わらない。自国の経済規模が小さいために資産額が一〇億ドルに届かないだけなのだ。

誰もが知っているようなラテンアメリカの都市のどこかを訪ねてみれば、このようにエリートたちに

国名	人数	総資産額（10億）	平均資産額（10億）	総資産額のGDPに占める割合（%）
アルゼンチン	9	15.6	1.7	2.4
ブラジル	42	176.4	4.2	8.6
チリ	11	41.9	3.8	15.1
コロンビア	4	20.8	5.2	6.7
メキシコ	16	141.2	8.8	12.3
ペルー	6	10.9	1.8	5.2
ベネズエラ	2	5.5	2.8	N/A

表2-1　世界長者番付にリストアップされているラテンアメリカで10億ドル以上の資産を持つ個人の数（2018年）
注：資産データは2018年9月に取得した。また、GDPは世界銀行が発表した2017年のデータである。
出所：www.forbes.com (September 2018) からダウンロードしたデータを用いて筆者作成

所得が集中していることによって引き起こされている不平等が瞬時に目に飛び込んでくる。ブラジルのサンパウロ市を例に取ってみよう。一三〇〇万人以上（都市圏全域では三三〇〇万人）の人口を抱えるラテンアメリカ最大の都市だが、人口の三分の一がスラムやそれに準じる地区の住民である。芝生がきれいに整えられた広場、美術館、コンサートホール、オスカー・ニーマイヤー（二〇世紀のブラジルを代表する建築家）の建築が楽しめる美しいイビラプエラ公園から西に歩くとヴィーラ・ノーヴァ・コンセイサン地区に着くが、そこは高級レストラン、政府機関、マンション群が立ち並ぶラテンアメリカの最高級地区の一つである。そこで一番小さな、床面積一〇〇平方メートルのマンション一室を買おうと思ったら五〇万ドルは必要だし、新築高層マンションで家族用の寝室が四つあるデュプレックス物件を買うには七〇〇〜八〇〇万ドルが必要である。[14] そこからはヴィーラ・オリンピア地区も徒歩圏であるが、同地区にはユニリーバ、サンタンデール銀行、フェイスブックといった名だたる多国籍企業がオフィスを構え、高級バーやナイトクラブが立ち並ぶ。[15] サンパウロ市内のこうした地区と、市の周囲を取り囲む多くのファヴェーラ〔ポルトガル語でスラムの意〕とのコントラストほど衝撃的なものはないだろう。[16] サンパウロ都市圏では、スラムに住む一二〇〇万人もの貧しい人々が、頻発する犯罪や暴力（第5章で論じる）、劣悪なインフラや住宅、雇用機会の欠如と日々格闘しているのである。サンパウロからメキシコシティへ、またコロンビアの首都ボゴタやベネズエラの首都カラカスへと移動しても、やはりそこで目にするのはラテンアメリカのどこでも見られる激しい貧富の差なのである。

3　いつだって不平等？

ラテンアメリカの不平等は新しい問題ではない。多くの専門家がその起源を植民地時代に求める。スペイン人がアメリカ大陸にやってきたとき、彼らは自らが後にしてきた故郷であるイベリア半島の社会・経済・法律の仕組みをそこで再現しようとした。[17] 彼らの望みはできるだけ働かずに手っ取り早く金持ちになることだった。その目的を達成するために、スペイン人征服者たちはまず、「エンコミエンダ（encomienda）」という、彼らが広大な土地を所有し、さらにはその土地に住む先住民に課税する権利を保障する制度を作った。[•4] 新たにこの土地にやってきたスペイン人征服者から成る少数エリートが、スペイン王の許可のもと、莫大な資産を手にしたのである。例えば、エルナン・コルテス〔アステカ帝国を滅ぼし、現在のメキシコの征服を成し遂げた〕一人で、エンコミエンダ制の下、一〇万人以上の先住民を「管理」していた。こうして先住民たちは「エンコメンデーロ（encomendero）」のために無償労働を行い、スペイン人征服者の贅沢な生活を支えるためにトウモロコシ、小麦、布、鶏、その他多くの品物を税として納めなければならなくなった。

　エンコミエンダ制は非効率かつ不評だと分かったため、最終的には廃止されるのだが、すぐに「レパルティミエント（repartimiento）」[5]や「ミタ（mita）」[6]といった、先住民たちを搾取する別のシステムが導入された。理論上これらの新しいシステムは、先住民により多くの権利を付与するものだったが（例えば、労働に上限が設けられた）、実際には新たな形の強制労働にすぎなかった。先住民たちは依然としてエリートのために働き、多くの貢納を行わなければならなかった。鉱山での労働環境は特に過酷で、多くの先住民が地下数百メートルの換気も悪い中、日常的に虐待を受けながら一二時間シフトでの労働に苦しんだのである。

　さらには、植民地の政治システムは極端なまでに身分階層に縛られていた。スペイン人征服者の子孫は白人の場合も混血の場合もあったが、彼らが都市・地方・副王領[7]すべてのレベルにおける制度を支配し、また最良の教育を享受したのだった。男性が権力の座を占め、女性は劣った存在として扱われた。スペイン人の第一の目的は、先住民集団や奴隷の影響力や権限を抑制しつつ、こうした排他的な植民地経済システムを維持することであった。スペイン人たちは、下からの革命を恐れながら日々生活していたのである。例えば、一八世紀末にカラカスのエリートは有色人種からなる軍隊の創設に反対したが、それは「黒人たちの傲慢さを増長させ、彼らに組織と指導者と武器を与えることは革命を容易にさせるものだ」[18]と警戒したためであった。

　この植民地システムこそが、ラテンアメリカに世界で最も激しい不平等を生み出した原因の一端であるとする研究者は多い[19]。大土地所有のおかげで、エリートは自分たちだけに都合の良い政治制度や政策を形成するのに十分な影響力と権力を行使できたのだという[20]。先住民、奴隷、そして後には彼らの子孫も、極端な低賃金しか受け取れず、公的社会サービスの対象外とされてきたのである。

だが、この有力な説に疑義を呈する研究者もいる。例えば、経済史学者のジェフリー・ウィリアムソンは、ラテンアメリカは歴史的に見ると何世紀もの間、特に不平等な地域ではなかったと考えている。彼の推計によれば、一七八八年のフランスや一八〇一年のイングランドでの不平等度の方が、意外にも一八五六年のペルーや一八七二年のブラジルよりも高かったという[21]。このような見方に従えば、ラテンアメリカは、グローバル化の第一の波（一九世紀後半）が去り、二〇世紀になるまでは世界で最も不平等な地域ではなかったということになる。

しかしながら、現代における不平等問題を考えるにあたり、このラテンアメリカの不平等がいつ始まったのかという議論を過度に大きく取り上げることは慎むべきだろう。おそらく、一九世紀半ばのラテンアメリカにおける所得分配は、産業革命期のイングランドほど悪くはなかったのだろう。産業革命によってマンチェスターやロンドンなどイギリスの諸都市で急速な経済変革が進んだが、カール・マルクスが雄弁に説明した通り、このことが間違いなく勝者（裕福な資本家）と大多数の敗者を生み出したのだから。それでも、ラテンアメリカで制度と政策が、早い時期から力のある者に有利なように作られたのは明らかである。広大な「ラティフンディオ（latifundio）」（植民地時代の大規模農園、現代では大規模プランテーションも指す）、初等教育軽視、選挙権の制限はラテンアメリカ全域に見られる共通項である。

このエリート主義モデルの負の影響は、とりわけ一九世紀末に明らかになった。一連の技術革新によって国際貿易が容易かつ安価となり、グローバル化の第一の波がやってきた。鉄道の建設、蒸気船による長距離航路の開設、冷凍技術の誕生は、ラテンアメリカを欧米にぐっと近づけた。ある推計によると、大西洋横断輸送費は一八七〇年から一九一三年の間に四五パーセントも下がったという。[22] これにより、ラテンアメリカから牛肉、農産物、鉱産物の輸出が急速に拡大したのである。

このグローバル化の第一の波が、ラテンアメリカの植民地時代からの伝統的な制度と出会ったことにより、不平等が加速したのだ。アルゼンチン、ブラジル、チリ、ウルグアイでは、ジニ係数は一八七〇年から一九二〇年の間に五ポイント上昇した。[23] 裕福な大土地所有者は、輸出を通じて大儲けする新たな機会に恵まれた。彼らは、大農園がある地方と主要な港を結ぶ新しい鉄道や、さらなる土地の集中を推進する政府の政策の恩恵を受けたのである。世界的な米国人歴史学者であるジョン・コーツワースは「近代化はどうやら、大規模かつ新たな土地所有の集中をもたらしたようである。それは、鉄道建設がかつて孤立していた地域を商業的に開発するチャンスをもたらし、(特に砂糖産業における) 技術革新が〈規模の経済〉を作り出し、熱帯地方で大規模バナナプランテーションが急速に発展し、大規模な国有地が測量会社およびそれと結託した企業家へ払い下げられたことによって引き起こされたのである」と、この劇的な変化を見事に言い表している。[24]

ラテンアメリカはそれ以来、不平等大陸であり続け、次章以降で論じる悲惨な結果がもたらされた。確かに、所得格差が経済成長と再分配政策によって改善された時期もあった。一九三〇年代から一九六〇年代にかけては、チリ、メキシコ、ウルグアイといった国々ではとりわけうまく行った時期で、工業化と都市化と各種社会プログラムの拡大によって中間層が拡大し、富裕層の所得シェアは減少した。

それでも、こういった累進的な再分配政策の前には、強大なエリート層や労働市場の不備という大きな障壁が立ちはだかっていた。他方、コロンビアやほとんどの中米諸国など、あまり幸運とは言えなかった国々では、所得格差の縮小が実現することはまったくなかった[25]。二重経済と弱い政治制度と強い経済エリートはすべて過去からの遺産であるが、これらが組み合わさることで不平等の悪循環が引き起こされたのである。対照的に、ヨーロッパの多くの国々は二〇世紀半ばのこの時期、オーストラリア、カナダ、ニュージーランド（そして中国などいくつかの発展途上国）とともに、貧困層と中間層の所得が富裕層以上に成長することによる「偉大なる平等化（Great Leveling）」を経験したのである。

4 もはやラテンアメリカは例外ではない——世界各国で進む不平等化

もちろん一九七〇年代後半に突然終わりを告げた「偉大なる平等化」は遠い昔のことだ。一九八〇年代半ばから二〇〇〇年代後半にかけて、所得格差はOECD加盟国のうち一七か国で悪化し、改善が見られたのはたったの二か国（トルコとギリシャ）だけであった[26]。OECD加盟国以外でも格差拡大が当たり前になり、国連によれば、一九九〇年から二〇一〇年にかけて発展途上国では所得格差が一一パーセントも拡大したのである[27]。この望ましくない傾向はアジアの二つの大国、すなわち、一九八〇年代まで世界で最も平等な国の一つであったが、現在では最も不平等な国の一つとなった中国と[28]、今日、関連する統計が開始された一九二二年以来、最も所得格差が拡大しているインドでとりわけ顕著であった[29]。

世界中の至る所に広がったこうした所得格差拡大は、富裕層への所得の集中によって引き起こされてきた。一〇億ドル以上の資産を持つ個人の数は急速に増加し、富裕層が支配する所得と資産のシェアはめまいを起こすほどに大きくなった。近年、中国では一〇億ドル以上の資産保有者が毎日二人ずつ新たに誕生しているし、『フィナンシャル・タイムズ』紙の元記者ジェームズ・クラブツリーによると一〇億ドル以上の資産保有者が統治する国となってしまったインドでは、上位一パーセント層が同国の総資産の五八パーセントを所有している。そしてその値は世界平均よりも八ポイントも高いのである。[30]米国でも、すでに第1章で確認した通り、状況はさして変わらない。

ラテンアメリカでは古典的な現象であるエリートへの資産と所得の集中による不平等は、今では北欧諸国においてすら見られる。スウェーデン人のイェスパー・ロイネ教授によれば、「スウェーデンはそれでも他国と比べれば今でもきわめて平等な社会ではある。しかし、所得格差が拡大してきたのは確かで、その意味ではスウェーデンはもはやかつてのスウェーデンではなくなってしまったのだ[31]」。スウェーデンには現在、HNWIが一一万三〇〇〇人もいるが、その中には、十指に余る一〇億ドル以上の資産を持つ大富豪も含まれる。そのため、同国は二〇一七年に、世界富裕層ランキング上位二五か国に初めてランクインしたのである。ノルウェーでも、HNWIの数が二〇一七年に一三パーセント増加したが、その増加率はロシアとオランダを除きヨーロッパ諸国の中で最も高いものであった[32]。

この富裕層への所得集中度の拡大は単なる一時的現象なのだろうか。私たちは今後、新たな「偉大なる平等化」を目にすることができるのだろうか。これらの問いにはっきりとした答えを出すのはほぼ不可能であるが、ラテンアメリカの経験から考えると、楽観できる理由はない。以下、第3章から第5章において、ラテンアメリカにおける不平等の経済的、政治的、社会的コストをそれぞれ検討し、どのような悪循環があるのかを確認した上で、その理由を明らかにしようと思う。

訳注　第2章

●1　ジニ係数はイタリアの統計学者コッラド・ジニが考案したもので、数値が一〇〇に近づくほど不平等度が大きくなるが、実際にはほとんどすべての国が二五〜六五の範囲の値を取っている。〇〜一で表示する場合もある。

●2　品質が規格化・標準化され、国際市場で大量に取引される商品。国際商品とも呼ばれ、一般にはエネルギー、穀物、金属などを指す。先物投資の対象となり、需給バランスによって価格が変動しやすい特徴を持つ。

●3　スペイン最大手の商業銀行で、ラテンアメリカ全域にもビジネスを展開している。

●4　エンコミエンダに関する説明は原著のとおり訳出したが、実際には一定領域内に住む先住民を保護し、キリスト教に改宗させる義務と引き換えに、当該先住民に貢納・賦役を課す権利を与えるという、スペイン王室と征服者らとの間に交わされた信託契約のことであり、本来は土地所有権は含まれない。なお、この「信託」に当たる語がエンコミエンダ（encomienda）であり、その受託者が後出のエンコメンデーロ（encomendero）である。

●5　植民地時代のメキシコ・中米における農場や鉱山などでの有償の強制労働制度。

●6　植民地時代の南米（旧インカ帝国地域）における（鉱山などでの）強制労働制度。

●7　植民地時代スペイン領で最上位の行政単位。当初、ヌエバ・エスパーニャ（概ね現在のメキシコ、中米、カリブ海地域、一五三五年設置）とペルー（概ね現在の南米諸国、一五四三年設置）の二副王領が置かれたが、一八世紀にヌエバ・グラナダ（概ね現在のコロンビア、エクアドル、パナマ）とリオ・デ・ラプラタ（概ね現在のアルゼンチン、ウルグアイ、パラグアイ、ボリビア）両副王領が新設された。なお「副王」とは、植民地各地で行政・司法を担っていた聴訴院（アウディエンシア）の専横を牽制するために国王の代理人として本国から派遣された官吏である。

●8 仏キャップジェミニ社が各国のＨＮＷＩ人口の動向を毎年発表している。二〇二二年まで米国が一位、日本が二位であった。

第3章　不平等の経済的コスト

二〇一三年、著名なハーバード大学教授でジョージ・W・ブッシュ米元大統領の顧問であったグレゴリー・マンキュー〔世界中の大学で用いられている定番の経済学テキストの著者でもある〕は「トップ一パーセントを擁護する（Defending the One Percent）」と題する論稿で富裕層の救助に乗り出した。[1] 彼は、アップル創業者スティーヴ・ジョブズや『ハリー・ポッター』シリーズの著者J・K・ローリング、映画界の巨匠スティーヴン・スピルバーグの優れた貢献についてよく考えようと呼びかけ、富裕層は単に自身の誰にも真似できない社会への貢献に対する報酬を受け取っているにすぎないと主張したのだ。マンキューの考えによれば、不平等が経済発展を阻害することはないし、むしろ所得再分配によって不平等をなくそうとする試みこそ、それがどんなものであれ、経済発展を阻害するというのである。

マンキューの富裕層に対する臆面もない擁護ぶりは、実際に不平等にはいいこともあると考える、多くの右派政治家や保守的な経済学者が言っていることそのままである。彼らの主張は、「イノベーションを推進するためには高い給料が必要だ」「金持ちにもっと資金を回すことで貯蓄と投資が増える」「最も頭の良い人々に経済を任せるのが良い」といったものである。しかし、彼らの意見が仮に正しかったとしたらどうだろう。いうまでもなく、不平等な国は平等な国よりも素早く経済発展を遂げたはずだ。ラテンアメリカの経験はそれゆえ、この主張の誤りを証明していると言える。何十年もの間、ラテンアメリカは他の多くの先進国・発展途上国よりも明らかに成長率が低かった。事実、二〇一〇年のラテンアメリカの一人当たりGDPは、先進諸国の一人当たりGDPの二七パーセントに止まっていたが、その比率は、一〇〇年前の三五パーセントよりも低い値だったのである。長年、ラテンアメリカの国々はイノベーションを起こし、一次産品輸出から脱却するのに失敗し続けてきた。それは、サムスンを始めとする世界的ハイテク企業の創出に成功した韓国とは明らかに対照的である。

このラテンアメリカの失敗を説明する要因はいくつもあるが、本章で議論するように、不平等はその最も重要なものの一つである。上位層への所得の集中と下位層の貧困という組み合わせは、経済成長の実現を多くの面で妨げてきた。本章では、図3-1で示している特に重要な四つの問題に焦点を当てる。最初の二つの問題は教育とイノベーションへの投資が不十分であったことに関するものである。ラテンアメリカの経済エリートたちには、万人のために質の高い教育を推進したり、新技術にきちんと投資したりしようとするインセンティブが歴史的に欠けていたのである。伝統的部門で巨額の利益を上げることができている以上、新規部門を開拓しようなどと思うはずはないのだ。その一方で、国民の大多数が教育にしっかりお金をかけられるほど豊かになれたことは一度もなかったし、中小企業がイノベーションを起こせるほどの利益を獲得したこともなかったのである。

第三の問題は、経済エリートたちが合法なものから非合法なものまでさまざまな術策を弄して納めるべき税金の支払いを回避するとともに、累進的税制改革を阻止してきたことである。残念ながら、財源

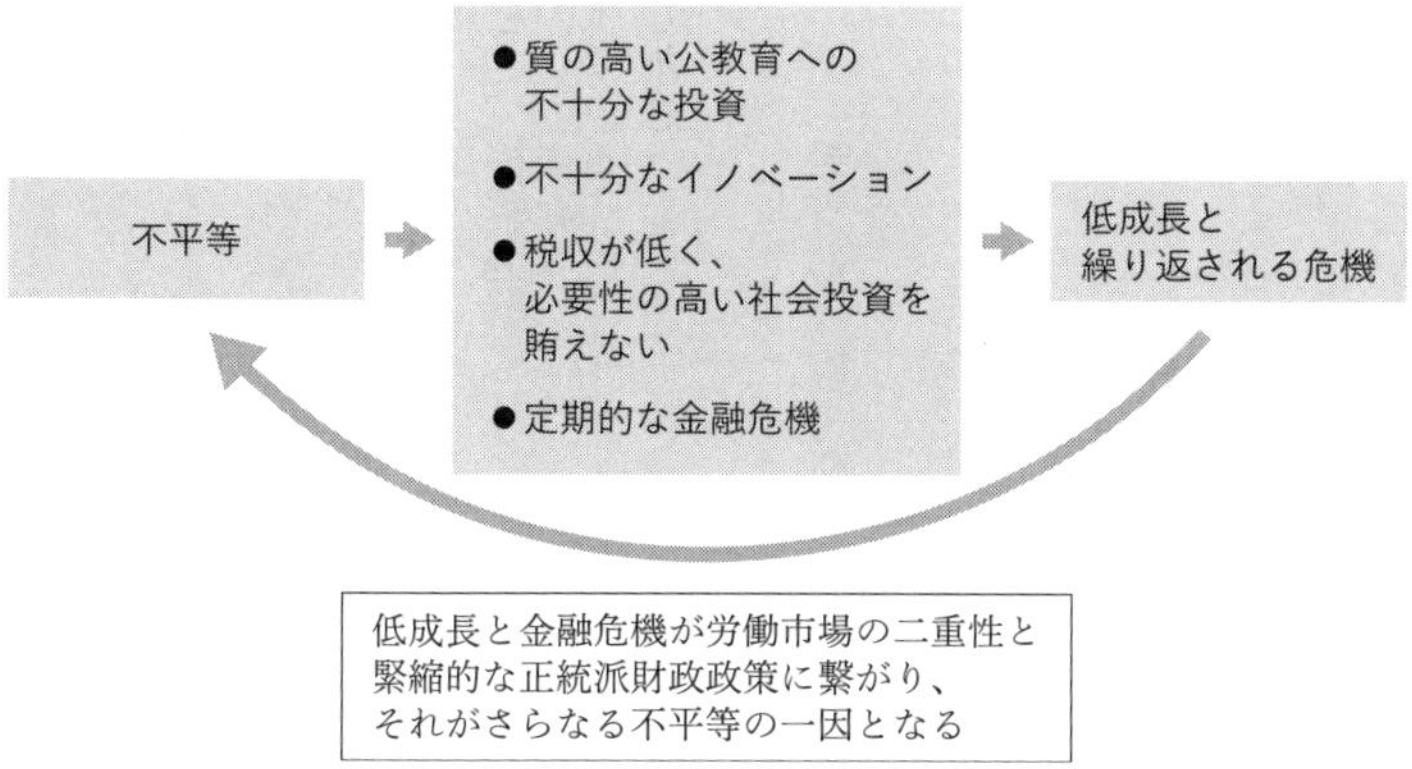

図3-1　不平等の経済コストとその悪循環
出所：筆者作成

のない政府は、本当に必要な社会プログラムやインフラ整備にすらお金を使うことができないのである。

第四の問題は、ラテンアメリカの経験が示す、対外的要因によって引き起こされる金融危機と、所得格差との結びつきである。大きな所得格差は、政府による過大な借り入れの原因になる場合があったが、こうした過大な借り入れは、世界経済が悪化すると特に厄介な問題となる。また、大きな所得格差は、代償を伴ってでもやらなければならない緊縮的マクロ経済政策を困難な時期に実施することの障碍となる場合もあった。ラテンアメリカ諸国が一九七〇年代、国際情勢の変化に的確に対応できず、一九八〇年代に世界史上、最も深刻な債務危機の一つを招いたことは、この第四の問題を示す好例である。

このようなラテンアメリカ経済の四つの問題は、翻ってさらなる不平等の原因となり、経済学者が言うところの悪循環を引き起こす。すなわち、所得格差が経済の低成長を引き起こし、その低成長がさらなる所得格差を生み、その所得格差がさらなる低成長の原因となってきたのである。

まさに終わりのない負のスパイラルである。その上、金融危機後に労働市場の二重性（そこでは良い仕事はなかなか見つからない）と緊縮的な正統派財政政策が固定化されてしまったことが、この所得格差と低成長をめぐる悪循環の根底にあったのである。

読者の中には、この痛ましいストーリーは高い成長率と活力に満ちた経済に恵まれた、ラテンアメリカ以外の国々には関係がないと思う人もいることだろう。こうした見方に対しては、本章の最後で反論するつもりだが、結論を先取りして言っておくと、教育への不平等な投資、富裕層に課税することの難しさ、経済危機、インフォーマル労働市場といったラテンアメリカに見られる問題は、ラテンアメリカ以外の地域でも日に日に顕著になっており、未だかつてないほどに広がりを見せるとともに、固定化してきているように思われるのである。

1　教育と技術革新について歴史をたどってみよう

まず、教育とイノベーションの問題からスタートしよう。これらの問題の発端は、ラテンアメリカ諸国のほとんどが独立を果たしてから半世紀ほどを経た一九世紀後半にさかのぼる。一九世紀はラテンアメリカにとって激動の時代であった。一八二〇年代から一八八〇年代にかけて同地域では三〇以上の戦争が起こった。内戦もあったし、対外戦争もあったが、アルゼンチン、ブラジル、チリ、キューバ、メキシコ、ペルー、ウルグアイは複数の戦争を戦ったし、それ以外の国々も事あるごとに軍事クーデターを経験していた。[2]

この波乱に満ちた時代の遺産として、ラテンアメリカでは軍の力を借りた少数エリートが支配する、いわゆる「寡頭支配国家」が出現した。[3] 多くの国で、権威主義的政治指導者が権力を意のままにし、一次産品輸出エリートを優遇する政策を実施したのである。[*1] それ以外の国々では、競争的選挙が行われてはいたものの、参政権は国民のごく一部に制限されていた。

権力の座にある一次産品輸出エリートは、グローバル化の第一の波の間、対外市場の急拡大の恩恵を受けた。海運技術の発達と鉄道への投資増大のおかげで、彼らは産業革命が進む英ロンドンに牛肉を、[*2]米国にとうもろこしを、ドイツに銅を輸出することができるようになった。彼らは外国企業と強力な提携関係を築いたが、そうした外国企業はラテンアメリカの歴史において、常にきわめて大きな影響力を保持していた。当然のことながら、ラテンアメリカの富裕層は、(外国企業の力を借りつつ)その強力な立場を利用し、自分達の輸出に有利な政策を求め続けたのである。そして、このことはラテンアメリカ経済に三つの負の効果をもたらした。一つ目は、少数の者への土地所有の集中が一層進んだことである。国家は先住民やカトリック教会から土地を取り上げたり、共有地を私有地化したりして、それらの土地すべてを少数の個人エリートや企業に再分配したのである。

二つ目は、このような環境において、ラテンアメリカのエリート層にイノベーションのためのインセンティブがなかったことである。工業製品の生産に乗り出すよりも農産物や鉱産物を輸出する方がはるかに儲かったのである。一八五〇年から一九一二年の間、ラテンアメリカの一次産品輸出は年率三・三パーセントで成長し、その中でもアルゼンチン(六・一パーセント)とウルグアイ(五・六パーセント)の伸びが著しかった。[4] 一方、製造業部門は生産性を高めるのに苦戦していた。イギリス人の経済史学者ヴィクター・バルマー＝トーマスが説明しているように、一次産品輸出が主体のラテンアメリカでは、産業家層は単に「社会的にも政治的にもエリート階層に属しておらず、自らに有利な政策を実現させるための交渉力を持っていなかった」[5]のである。

三つ目は、ラテンアメリカ各国が教育にほとんど投資をしなかったことである。コーヒーや砂糖の生産や銅、硝石、金の採掘のために必要だったにすぎない労働者の教育に、どうしてエリート支配層が希少な資源を費やそうと思うだろうか。一九世紀から二〇世紀初頭までのエリート支配層にとって、教育を受けた市民というのは、さらなる民主主義やら再分配やらを要求する、単に厄介な存在にしかなり得なかったのだ。

ラテンアメリカ諸国のうち、二〇世紀の初めまでに大衆初等教育を導入していたのは、アルゼンチン、チリ、コスタリカ、ウルグアイだけであったが、これとてカナダや米国からは七五年もの遅れを見せていたものである。[6]この時代、識字率（一〇歳以上で読み書きができる人口の割合）は、ボリビアで一七パーセント、ブラジルで一五パーセント、メキシコで二二パーセント、パラグアイで三〇パーセントでしかなかった。他方、カナダでは国民の九〇パーセント以上が読み書きができていたのである。[7]

ラテンアメリカにおいて初等教育は、二〇世紀を通じて確かに拡まった。これは、各国で近代化が進んだこと、近隣諸国の例に倣ったこと、そして台頭する都市中間層からの要求に応じざるを得なくなったことによるものであった。しかしこの時ですら、不平等は呪いの言葉であった。公立の学校、とりわけ農村部の学校では、設備も教員数も依然として不十分なままであった。[8]一九四〇年代後半にエルサルバドルの学校を訪問したある米国人専門家は、その現状を以下のように的確に描写しているが、その描写は他のラテンアメリカ諸国にも等しく当てはまるものであった。

当初から教育目的のために造られた建物を使っているエルサルバドルの学校はほとんどない。ほとんどすべての学校はスペイン植民地様式の邸宅だった建物を使っており、校庭として使われているパティオ（中庭）を取り囲んで教室がある。……各教室は概して狭く、照明も劣悪で、設備も不十分である。教室の九割は、黒板が一つとエルサルバドルの地図が一枚と学習用読本が数冊のほかにはほぼ何もない。机は大部分が古く、壊れかけていて数も足りず、二人掛けの机に三〜四人の児童が座っていることもしばしばである。[9]

教育の質の低さは、欠席率や留年率や中退率が高止まりする原因となった（ラテンアメリカでは小学一年生から留年がある）。ブラジルの教育システムに関する一九五二年の報告書によれば、四〇パーセント以上の児童が一年生を修了することなく小学校を中退し、留年することなく小学校を卒業できた児童もほとんどいなかったという。状況はブラジル北東部の貧困地域においてとりわけ深刻で、同じ報告書によれば、「小学校での留年率は憂慮すべき水準に達しており……一年生の人数が増えすぎて教室に子どもたちがあふれかえっている。かといって新しい学校建設のための十分な予算がないため、時間割を二部制どころか三部制、ときには四部制にまで分割している」[10]。最近の研究では、経済史学者のエーヴァウト・フランケマが洗練された手法を用いて一九六〇年から二〇〇五年までの世界各国の留年率を比較している。彼は、ラテンアメリカ諸国の留年率がきわめて高いことを明らかにした上で、「二〇世紀のラテンアメリカ・カリブ海地域で導入された教育システムの質は、国際基準に遠く及んでいなかった」[11]と結論づけている。

しかし、このことはラテンアメリカのエリート層にとっては何ら問題ではなかった。というのも、彼らはとりわけ中等教育において、自らの子どもたちを質の低い公立学校に通わせなくてもすむよう、私立学校制度を整備していたからである。例えば、一九二〇年代のコロンビアでは、ただでさえ中等教育への進学が少数派であった中、その三分の二は私立学校へ通っていた。このような状況はその後、何十年経っても変わらなかった。さらに、エリート層は上流階級専用の大学を創立し、彼ら自身の、そして上位中間層の子どもたちがそこで質の高い教育を受けられ、同時に将来的に役立つ人的ネットワークを築いていけるようにもしたのである。例えば、メキシコでは、億万長者の卒業生数で世界のトップ五〇に入っているモンテレイ工科大学が、大手ビール会社のオーナーであるエウヘニオ・ガルサ＝サダをはじめ同市を拠点とする富裕な企業家たちによって一九四〇年代に創設された[12]。同じ頃、メキシコにおけるビジネス帝国の創始者ラウル・バイリエーレス――現在はやはり億万長者である息子に代替わりしたが――は、エコノミストと企業家から成る新たなエリート層を育成するために、他の銀行家・企業家とともにメキシコ自治工科大学（ＩＴＡＭ）を創立した[13]。

東アジアとの対比ほど目を引くものは恐らくないだろう。ラテンアメリカでは、不平等は教育への過小投資を引き起こし、その教育への過小投資は活力ある経済の創出を阻害したのである。他方、歴史的に不平等度が小さい韓国、台湾、シンガポールといった国々は、二〇世紀半ばから初等・中等教育に積極的な投資を行ってきた。教育による熟練労働力の育成が、これらの国々の当時の新興経済部門（重化学工業から半導体製造まで）の発展を後押しし、成長の奇跡が達成されたのである。[14]

2 今日における教育の問題

「扇風機はないですし、椅子の数も足りません。建物は本当にボロボロで、壁のペンキも塗り直さないといけないんです。扇風機は教室によってあったりなかったりで、ちゃんと揃えてくれないと困ります。黒板もきれいにしてくれないと困るし、調理室ももっと良くしてもらいたいです。すべてがめちゃくちゃで、うんざりします。校内には、本来いるはずのない動物までいるんですよ。野良犬もいるし野良猫もいるし……」と一九歳のジゼルは、ブラジルのレシフェにある自身の公立中学校の様子を嘆いた。近隣の学校に通うジョゼ＝アントニオも相槌を打ち、それはこの町の治安問題と結びついていると言った。「ブラジルでは、学校はとても閉鎖的なんですが、それは治安が悪いせいなんです。なので、誰でも入れるような、木が植えてあるようなオープンスペースのある学校なんか、この辺では作れないんです。どうしてかというと、学校に誰もいなくなる夜になると、ギャングたちがやってきて学校を壊しちゃうからなんです。奴らは学校にある備品とか何でも全部盗んじゃいますしね。だから学校がとても閉鎖的で、どんよりしていて、灰色で、生きている感じがないのは、まさにこのことが理由なんです。外の世界から生徒たちを守ろうっていうことですよ。だって学校の外はすごく危険なんですから」[15]。こういったジゼルやジョゼ＝アントニオら若者たちが語る、やる気のないいい加減な教員たち、劣悪な建物や設備、不十分な授業時間といった話は気が滅入るものばかりだ。困難な家庭生活状況に加え、このように教育の質が低いことは、多くの子どもたちの中途退学の原因となり、また卒業できたとしても結局は低賃金の仕事や早期の結婚・出産・育児を選ばざるを得ない事態に結びついてしまうのである。

これらの事例は決して例外ではない。私の元指導学生で、現在はロンドン・スクール・オブ・エコノミクスで教鞭をとっているヘイリー・ジョーンズは、ブラジルにおける教育と社会政策に関する自身の研究において、ブラジルの公教育システムの欠陥を幅広く明らかにした。彼女は、ジゼルやジョゼ＝アントニオをはじめブラジルの若者たちにインタビューを行うとともに、ブラジル政府機関や国際機関からデータを収集し、ブラジルの貧困地域の中等教育は「人的資本形成にあまり貢献しておらず、……若者たちは自身やその家族が貧困から抜け出るために必要な知識や能力やスキルを身に付けられていない」と結論づけた。[16]

似たような問題がラテンアメリカ各地ではっきりと観察される。不十分な授業時間とやる気のない教員たちの問題は、未だにラテンアメリカの公教育の特徴であり続けている。結果として、近年、それなりの改善は見られたものの、国際学力調査におけるラテンアメリカの順位は低いままである。二〇一二年には、経済協力開発機構（ＯＥＣＤ）の「生徒の学習到達度調査（ＰＩＳＡ）」に参加したラテンアメリカ八か国の生徒たちの成績は、他の地域を明らかに下回った。ラテンアメリカの参加生徒（一五歳）のうち六三パーセントが数学で望ましい習熟度レベルに達しなかったのに対し、その割合は先進諸国で二三パーセント、アジア地域では九パーセントだった。読解に関してもその傾向はほぼ変わらず、ラテンアメリカの参加生徒の四五パーセントが最低限の習熟度レベルに達していなかったのに対し、先進諸国ではその割合は一八パーセントであった。[17] 小学校レベルを対象とした他の国際学力調査でも同じような結果が出ており、例えば二〇〇六年に実施されたユネスコによる学力調査では、参加生徒の三分の一が読解力の基準レベルに達せず、半分が算数の最低レベルを満たさなかったのである。[18]

ラテンアメリカにおいて公教育の質がなぜこんなに低いのかを説明できる要因は複数あるものの、富裕層への所得の集中はとりわけ重要である。貧困層の側には、私立学校に通わせるお金もなければ、地元の公立学校の質を改善するよう要求できるような政治的影響力もない。チリのいわゆる「ペンギン革命」〔二〇〇六年にチリで発生した学生運動。詳しくは第6章を参照のこと〕からドミニカ共和国の「緑の行進」[3]まで、教育の質の改善を求める主だった社会運動のほとんどを率いてきたのは中間層であった。

他方、エリートの側は、万人のための質の高い公教育を推進するインセンティブをまったく持っていない。経済的な観点から見ると、ラテンアメリカの主要部門を支配するビジネスグループは高い教育を受けた労働力を必要としていないのだ。ベン・シュナイダーは、ラテンアメリカの経済モデルに関する優れた研究において、ラテンアメリカの企業は労働者をほとんど必要としない産業か、低学歴労働者がとりわけ求められる労働集約的産業に特化する傾向があることを示している。例えばチリでは、二〇〇〇年代に銅産業は国内総生産（GDP）の一五パーセントを占めたが、労働力は僅か二パーセントを占めるにすぎなかった。[19] また、ブラジルのカマルゴ・コヘア・グループやアンドラーデ・グティエレス・グループといった主要なビジネスグループでは、大学レベルの労働者の割合は一五パーセントに満たないのである。[20]

エリート層（と上位中間層）の子どもたちは大抵、私立学校に通っており、そこは前出のジゼルやジョゼ＝アントニオが語る公立学校とはまったくの別世界である。ラテンアメリカのどこでも、こうした富裕層にしか手の届かない学校は、カトリック教会を経営母体とするか、もしくは海外（大抵がイギリスまたは米国）に繋がりを持つインターナショナルスクールである。これらの学校は質の高い教育だけではなく、同窓生どうしの個人ネットワークやビジネスネットワークをも提供するのである。[21]国ごとにすべてのエリート校について調べるのは不可能だが、『ザ・ガーディアン』紙に掲載された、イギリスのカリキュラムに基づく学校の世界ランキング上位校から三校を例として紹介しよう。[22・4]ブラジル・サンパウロ市のセント・ポールズ・スクールの年間一万ユーロの学費はブラジル人の平均年収よりも高く、そこでは、生徒を「ブラジルと海外のトップ大学」に入学させるためのカリキュラムが組まれている。[23]年間八〇〇〇〜一万六〇〇〇ドルを徴収しているペルーのニュートン・カレッジは、首都リマ市郊外にある一一ヘクタールものキャンパスに、大きな劇場とスイミングプール二つとスポーツセンターを併設している。同校の生徒はアマゾン地域に設置された学習センターにまで行って、地理や生物の校外学習を行う。[24]何ともすごい実地研修である。そして、チリでも、英語で授業をする数少ない学校の一つであるグレインジ・スクールの学費は年間一万ドルである。同校は首都サンティアゴ市内の一等地に一〇ヘクタールもの校地を有し、同国有数の富裕な一族であるルクシッチ家ほか国中のエリート層のほとんどがここで学んでいる。

このような教育アパルトヘイトは、重大な政治的帰結をもたらす。米州開発銀行の教育専門家二人がこの状況をうまく説明している。「ほとんどの場合、政治的に影響力のある人々の子どもたちは私立の小中学校、高校に通っている。それゆえエリート層の人々は、公教育システムの欠陥を肌で感じることがない。公立学校がうまく行こうが失敗しようが、自らの利害に直接また即座に影響しないからである。

このために公教育の改善が喫緊の課題であるという危機意識が鈍ってしまうのだ。このように危機意識が十分でないので、政治的に影響力のあるエリート層の親たちが公教育への梃入れという実現困難な政策を実施するよう決定権者に迫ることなど期待できないのである[25]」。

3　不平等は一国経済を活性化するチャンスを抑えてしまう

しばしの間、権力のある個人から成る少人数のグループが、主要な経済部門を牛耳っている国のことを想像してみてほしい。こういったビジネスオーナーたちは、政府の政策に影響力を及ぼすことによって、自身の莫大な利益をいとも簡単に手にし続けることができる。こういった会社で雇われている管理職やホワイトカラー労働者たちは高給を受け取っているので、現状に満足している。どうしてこういった人たちがわざわざイノベーションを起こしたり、不確実でリスクのある部門に投資したりしようと思うだろうか。しかも、この同じ国にはきわめて稼ぎの少ないインフォーマル労働者・自営業者が多数存在しているわけだが、彼らは新規部門に参入するための自己資金も、政治的なコネも、融資を受けられる機会も持ち合わせていない。そのような彼らが、新しい産業を興して世の中を変えていく原動力になりたいと仮に願ったとしても、どうやってなれるというのだろうか。

実際には、上述のことを読者が頭の中で想像する必要など、何一つない。この話は、今日のラテンアメリカにおける不平等と、イノベーションや経済活力の欠如との関係を、正確に描くものだからである。ラテンアメリカのあらゆる所で、最富裕層の同族が所有する少数のビジネスグループが、ほとんどの主要経済部門を牛耳っている。例えばチリでは、一九九〇年代後半、たった三家族（ルクシッチ家、アンジェリーニ家、マッテ家）が大手上場企業すべてを所有していた。[26] アルゼンチンでは、たった二〇〇社で同国の年間総生産高の四分の一以上と総輸出の四分の三近くを占めている上に、その二〇〇社の多くが巨大コングロマリット〔複合企業体〕によって所有されている。[27] コロンビアでは、二〇〇〇年代半ばに大企業（金融系を除く）の半分以上がたった五つのビジネスグループの手中にあったし、九〇パーセントが二三のグループ傘下にあった。[28] 同じ時期に、メキシコでは五大ビジネスグループがGDPの一〇パーセント以上を握っていた。[29]

ビジネスにおける独占・寡占状況は、業種別で見ても顕著である。経済学者であり経営者でもあるウンベルト・カンポドニコが二〇〇八年に発表した研究によれば、ペルーの産業部門のかなりの部分が少数企業の支配下にある。例えば、ビール醸造業、電気通信業（固定電話事業）、航空業、それに乳業の八一パーセント、食用油業の七〇パーセント、セメント業と鉄鋼業の六〇パーセント以上が、それぞれ僅か二社に支配されていた。[30] 同様の傾向は、チリでも明らかである。ホームセンターは二社（イージー社とソディマック社）による寡占状態となり、一九九〇年代に店を構えていた約三五〇〇の小売店が廃業に追い込まれたし、医薬品販売では、三大薬局チェーン（クルス・ベルデ社、サルコブランド社、FASA社）が売り上げの九〇パーセント以上を占めている。これ以外にも二〜三社による寡占状態が生じている業種には、電気通信業（携帯電話事業とインターネット事業）、ケーブルテレビ事業、スーパーマーケット業、電力事業が挙げられるが、さらに言うとそれらの寡占企業の多くは大手コングロマリットの一部でもある。[31]

こうした独占・寡占状態に至ったプロセスは、決して「自然発生的」ではなく、政府の政策と直接結びつけられるものである。一九世紀終わりからファミリービジネスグループは、国家機関への特権的アクセスを享受し、自らに有利になるように国の政策を形作ってきた。ラテンアメリカ各地で、独占を禁止したり、結託して過度に高い価格を設定しようとする企業に制裁を科したりすることによって企業間競争を促したりしようとする政策を、これらの大企業は押し返してきたのだ。ここでもまた、彼らは多国籍企業と手を携えて、時には戦略的同盟関係を結んできた。本章のもっと後でも述べるように、彼らは再分配的な税制にも反対してきた。

国家との密接な関係を有することは、大きな不平等によって可能になったものだが、このように大企業が高い利益を維持するのに役立ってきた。国家からの保護によって恩恵を受けたファミリービジネス大企業の例は、枚挙にいとまがない。それは、一般に新自由主義時代と捉えられている一九九〇～二〇〇〇年代においてさえも多く見られた。メキシコの通信会社テレフォノス・デ・メヒコ社（TELMEX）は最もスキャンダルにまみれた例の一つである。[32] TELMEXは、一九九〇年代初めの民営化以来、前出のカルロス・スリムによって所有され、その独占的地位と国家による不十分な規制のおかげで莫大な利益を上げてきた。民営化の際の取り決めで求められていた電話の新規設置料金の引き下げを行うどころか、逆に八五パーセントも値上げしたのである。同社は、競合他社がまったくいなかった市内通話料金をたびたび釣り上げる一方、競合他社のいる市外通話料金を値下げし、競争相手を潰したのだった。内部相互補助〔企業内において、ある部門の超過利潤で他の部門の赤字を埋めること〕が法律で禁止されているにも関わらず、である。[33]

このように、権力を持ちながら国から保護されているビジネスグループは、当然のことながらイノベーションに対するインセンティブはほとんど持たない。彼らにとって、安全なニッチ〔すき間〕市場に留まっている方が、欧米や中国の企業との激しい競争にさらされる新規部門に移行するよりもずっと居心地が良いのだ。[34] 結果としてラテンアメリカでは、研究開発（R&D）への支出総額のうち民間部門が占める比率は僅か三〇パーセント強に止まっているが、この数字はアジアの五〇パーセントやOECD諸国の七〇パーセントと比較してかなり低い。[35] ラテンアメリカの民間部門は市場に新製品を投入することも滅多になく、事実、新製品比率は旧ソ連圏である東欧・中央アジアと比べてすら二〇ポイントも低いのである。[36]

その一方で少数の巨大ビジネスグループは、経済の中で大きな割合を占める自営業者や中小企業（ラテンアメリカの労働者の六〇パーセントはこれらの部門で働いている）と共存してもいる。[37] スペイン人の大学教授であるハビエル・ビダルが説明するように、こういった中小企業の大半は「生産性が低く、事業を国際化したり、新技術を取り入れたりすることが困難である」[38] という特徴を持つ。例えばチリでは、中小企業の労働生産性（労働者一人当たりが生み出す生産量）は、大企業の一三分の一であるという。[39]

ラテンアメリカの中小企業の大半はまったく利益を上げておらず、信用市場へのアクセスも限られている。この不安定な状況を考えると、こういった中小企業の大半がイノベーションをほとんど行っていないのは驚くに値しない。二〇一三年に発表された世界銀行の研究によると、ラテンアメリカの中小製造業企業のうちイノベーションを行っているのは、僅か三パーセントであった。製造業以外の産業部門でもこの数字は似たり寄ったりである。[40]

要約しよう。イノベーションにほとんど関心のない少数の巨大ビジネスグループと、イノベーションへの投資資金を持てない大多数の小規模かつ非生産的企業との間の大きな経済ギャップこそ、ラテンアメリカ経済が世界的に立ち遅れている事実の背景にあるものなのである。二〇一一年には、ラテンアメリカにおけるR&Dへの支出額はGDP全体の僅か〇・三三パーセントであったのに対し、アジアでは一・一パーセント、先進国では二・〇パーセントであった。アジアでは二〇一〇年代に急増したライセンスおよび特許数も、ラテンアメリカではきわめて少ない。[41] 残念ながら、イノベーションなしには経済成長を持続させ、経済のダイナミックな変革を行うことは難しいのである。

4　エリート層から税金を取るのは難しい

一九九九年一二月の選挙で、チリの人々は社会党出身のリカルド・ラゴスを大統領に選出した。社会党出身の大統領が選出されるのは、その二六年前にサルバドール・アジェンデ政権が暴力的なクーデターで転覆されて以来[5]、初めてのことであった。ラゴスは、米デューク大学で博士号を取得し、政府の要職を歴任していたが、不平等の縮小を公約にして政権の座に就いたのである。ニコラス・エイサギーレ財務大臣とともに、ラゴス大統領は健康保険制度を改革し、法人税を拡大することを約束した。しかしエイサギーレ大臣には、不当な批判に晒されることになるだろうことが分かっていた。彼は後にこう語った。「[批判勢力は、]経済は止まるだろう、投資は失速するだろう、……そして中小企業は倒産していくだろうと、人々を説き伏せようとしていました。……私の政策チームは、健全な経済理論に関する知識という観点から見てきわめて堅実なチームでしたし、むしろ相手方の言っていることの方がナンセンスだったのですがね[42]」。

政府が法人税率を僅かながら引き上げ、課税の抜け穴のいくつかを廃止すると発表すると、ビジネスエリートたちは改革をストップさせるべく動いた。彼らは右派政党との緊密な関係、そして彼ら自身のロビー活動での交渉力やマスメディアとの関係を活用し、改革案を著しく骨抜きにした。延々と続けられた交渉の末、政府は法人税率の引き上げを一五パーセントから一七パーセントという、ラテンアメリカ平均の三〇パーセントすらもはるかに下回るような最低限に留めざるを得なかった。数年後、同じく社会党出身の大統領であるミチェル・バチェレが、所得税制全体にわたる包括的な改革を実施しようとしたが、ビジネスエリートはまたもや当初案を骨抜きにすることに成功した[43]。結果として、この二〇年間、僅かな税率引き上げはあったものの、チリは未だに富裕層への課税に苦戦しているのだ。税法の抜け穴は、極端なまでにエリートを利するものだが、その抜け穴を利用されたことによる減収額は同国GDPの四パーセントに上ると推計されている。その比率はメキシコを除きOECD諸国の中で最も高い[44]。養殖漁業、漁業、林業といった〔チリの主要産業である〕第一次産業への課税率も低いままであるし、高所得者層への所得税率も他国と比べてはるかに低率である[45]。チリでは所得上位一パーセント層への平均実効税率はおよそ一六パーセントであるが、この率は米国でも二四パーセント、その他のOECD諸国ではさらに高いのである[46]。

こうしたチリの経験が特別であるということではまったくない。ラテンアメリカのどの国でも政府は税率、特に個人および法人の所得に対する税率の引き上げに苦労してきた。二〇〇九年に発表した私の研究でも、ほとんどのラテンアメリカ諸国で、その国民所得の水準から本来期待される税額よりもいかに少ない額しか徴税できていないかを示した。[47] その中でも資産税はとりわけ残念な結果だった。住宅や土地といった資産は、企業家のように別の場所に移動することがないので、重要な税源となり得るのであるが、資産税はラテンアメリカ全体で見ても税収額全体の〇・三パーセントを占めるにすぎず、そのうち五カ国では資産税がゼロだったのである。[48]

最近でも状況は変化していない。研究者や政策担当者の中には、二〇〇〇年代に税収が増加したことを称賛し、このことを平等化を重視する政策へのシフトと結びつけて考える人たちもいた。例えば、イタリア人経済学者アンドレア・コルニアは、ラテンアメリカは二〇〇〇年代に新しい社会民主主義モデルを「発見」したと考えている。彼が主張するところでは、「税制はラテンアメリカの多くの国で緩やかにではあるが大きく変化した。二〇〇〇年代の税制は、一九九〇年代とは明らかに異なる形で、法人税を強化するとともに、免税措置を縮小し、推定課税の適用範囲を拡大し、逆進的に働く大衆財に対する間接税をカットするとともに、贅沢品に対する間接税を導入した[49]」という。

しかし、このような研究者は楽観的すぎる。現実には、ラテンアメリカの税率は未だに低くかつ逆進的で、エリートたちの多くは然るべき税負担をしていない。[50] 富裕層は、課税額を抑えるべく当たり前のように政治的影響力を行使している。ラテンアメリカ八か国では、所得上位一〇パーセント層が所得税として納めている額は、彼らの所得総額の五パーセントにも届かないが、その率は米国の三分の一、スウェーデンの六分の一にすぎない。[51]

税制改革が行われようとする度に、ビジネスエリートは新しい免税措置を導入するよう政府に圧力をかける。この傾向は鉱業、マキラドーラ製造業（輸出向けに衣類の縫製や家電の組立が行われる「保税加工区」）、観光業といった、ラテンアメリカで成長著しい部門のいくつかで特に顕著である。こうした優遇措置からの利益を確保するために叫ばれる主張はいつも同じである。「税金が上がったら、私たちは外国と競争できなくなってしまう」とか「税金が上がったら、投資と成長が著しい悪影響を受けてしまう」といったものだ。私は、数年前にコスタリカからドミニカ共和国へと連続して出張したときのことが印象的で今でも鮮明に覚えている。コスタリカに行くと、マキラドーラ工場経営者や旅行業者が、ドミニカ共和国との競合に負けないようにと優遇税制の拡大を求めていた。その後ドミニカ共和国に着いてみると、当然のようにまったく同じ声が聞こえた。ただしそれは、隣国ハイチとの競合に負けないために、という主張であった。こうした税金の引き下げ競争は、終わりのない、そしてきわめてコストがかかるゲームなのである。ラテンアメリカ諸国の中には、こうした優遇税制による減収額がGDPの八パーセントにまで達している国もある。ニカラグアでは、二〇〇〇年代後半、免税額は公的医療制度予算全体の一・四倍にも相当していた[52]。

ラテンアメリカの国家はまた、脱税をはじめとする税金がらみの犯罪と戦う意欲も見せてこなかった。不平等が存在する状況の下、エリートの経済的・政治的権力を考慮すると、ラテンアメリカのどの国の政府も、恐らくは戦う前から負けるに決まっていると感じているのだろう。しかしながら、その結果はさらなる税収の逸失である。複数の推計によれば、ラテンアメリカ諸国の中には、脱税のために個人所得税が五〇パーセント以上の減収になっている国も少なくないという。なお法人税に関しては、脱税による税収減はブラジルのマイナス二七パーセントからコスタリカのマイナス六五パーセントまで幅がある。[53] これらの問題すべての結果として、国連ラテンアメリカ・カリブ経済委員会（CEPAL）の推計では、二〇〇〇年代後半のラテンアメリカ全体の脱税額は三二〇〇億ドルに上るが、この額はラテンアメリカ地域全体のGDPの六・五パーセントに相当する。[54]

脱税は、規制のないタックスヘイブンの広範な利用と手に手を取って行われてきた。イギリスのHSBC銀行スイス支店の口座情報が漏えいした、いわゆるスイスリークス事件により、ラテンアメリカの富裕層は五二六億ドルを同行の口座に隠し持っていたことが明らかになった。この額はラテンアメリカの公的医療支出全体の四分の一にも相当する。[55] 一方、パナマの法律事務所モサック・フォンセカの匿名の情報源からリークされたパナマ文書は、オフショア金融センターに口座を持つ世界中の富裕層の名前を多数明らかにしたが、その中には政治家、アーティスト、有力な事業家も含まれていた。タックス・ジャスティス・ネットワーク（イギリスに本部を持つNGO）の推計によると、総額ベースでは、ブラジル人富裕層は五一九〇億ドル以上（同国の対外債務の一・六倍に相当）を、メキシコ人富裕層は四一七〇億ドル以上（同国の対外債務の約二・二倍に相当）を、ベネズエラ人富裕層は四〇五〇億ドル以上（同国の対外債務のなんと約七・三倍に相当）をオフショア口座にそれぞれ隠し持っていたのである。[56]

大きな不平等という文脈の下、国家に対し特権的アクセスを持っていることが、富裕層が課税回避に成功している理由である。国際NGOオックスファムは最近刊行された報告書で、富裕層が国家を取り込むために最もよく用いる方法をいくつか割り出している。[57] そのごく一部を紹介しよう。第一に、富裕層はマスメディア――新聞とテレビの両方――を支配下に置いているので、そこで増税すべきか否かという争点を作り、反対世論を盛り上げていくことができる。新聞の特集記事やテレビ番組が、課税が投資に対して持つ悪影響、増税と汚職の関係、国家による規制を制限する必要性について、部分的に真実が含まれているだけにもっともらしく聞こえる論説をどこでも同じように繰り返すのである。

第二に、ラテンアメリカでは「回転ドア」の使用がかなり一般的ということがある。企業家や経営者が、民間部門と公的部門を行ったり来たりしながらキャリアを重ねていくということである。よく聞く言い訳としては、政府は最良の専門家が必要で、その多くが民間部門出身者だからだというものである。しかし問題は、大地主が農業大臣になったり、銀行家が財務大臣になったりすると、累進的な政策が採用されるチャンスがほとんどなくなってしまうことである。利益相反が適切に規制されることはほぼなくなり、財界団体にとっては仲間うちが政府関係者となれば、政府へのアクセスはさらに容易になる。

第三に、チリの事例で見たように、ビジネスエリートは大抵、政党と緊密な関係を持っており、公式・非公式双方のチャンネルを通じ、政党の選挙運動に献金を行うとともにロビー活動を行う。ラテンアメリカのほとんどの政府が選挙活動資金に関する規制を強化してきたが、それでも大企業や有力な個人は、大統領候補者や議員候補者に多額の献金をし続けている。ブラジルの大手ゼネコンであるオデブレヒト社にまつわる最近の事件[6]は、この問題の典型例と言える。同社の内部関係者によれば、オデブレヒト社はアルゼンチン、チリ、コロンビア、エクアドル、パナマ、ペルー、ドミニカ共和国、メキシコ、ベネズエラ、そしていうまでもなく本社のあるブラジルでも政治家の選挙運動に総額三四億ドルもの資金提供を行っていた。[58] さらには、ロビー活動もラテンアメリカ全域にわたって一般的であり、行政府と立法府だけでなく、司法府にまで影響力を及ぼしている。例えば、グアテマラでは憲法裁判所はいつでも増税に反対するビジネスエリートの主張に同情的であり、大抵の場合、議会を通過した、すでに十分骨抜きになっている税制法案をさらに骨抜きにするのである。[59]

著しい所得格差はそれゆえ、有力なエリートたちが課税回避に成功する結果に結びつくのである。格差のもう一方の端を見てみれば、前節で見たように、ラテンアメリカ諸国には日々の生活の糧をどうにか得るだけの中小企業・自営業者から成る広範なインフォーマル部門が存在する。ラテンアメリカの人々の約四〇パーセントが、国に対して直接税金を払っていないインフォーマル部門での経済活動に従事している。[60] 政府は板挟みである。富裕層に課税するのに四苦八苦している一方で、多数を占めるインフォーマル部門にも課税することができないのだから。

ラテンアメリカで政府が課税強化に苦戦していることは、多大な経済的コストをもたらしている。まず、きちんと税金が取れないと、医療、教育、公的インフラをはじめ、必要不可欠な政策の実施に使える財源が制限されてしまう。税収がGDPの僅か一〇～一五パーセント〔二〇二一年のOECD平均は三四パーセントであった〕では、病院を建設したり、十分な数の医師や教師を雇用したり、困難な時期に貧しい人々を支援したり、十分な道路を建設したりすることが難しくなる。けれども、より生産的で活力ある社会を創り出し、苦境をもたらす対外経済ショックを回避するためにこうした公的支出が欠かせないのは、スウェーデンからモーリシャスに至るまで各国の経験から明らかである。

政府による社会プログラムは、対外ショックや経済構造調整がもたらす悪影響を埋め合わせるだけでなく、競争力の強化にも繋がる。ユニバーサルな政策は、人的資本形成を促し、総需要を拡大し、社会関係資本を強化する。それらは経済成長を加速させ、成長部門の育成に繋がる。それは、ラテンアメリカの中ではコスタリカが長年にわたり行ってきたことである。[61]

その一方で、財源不足の国家は経済危機に見舞われやすく、経済的にも社会的にもコストの大きい緊縮政策を事あるごとに実施しなければならなくなる可能性がある。この問題の理由は簡単に理解できる。どんな政府でも、社会サービス、補助金、インフラ建設、果ては与党を支持する各方面への利益誘導など、さまざまな要求に対応しなければならない。政府に十分な税収がなければ、お札を刷る——一九八〇年代以前のラテンアメリカでの常套手段——か、公的債務を増やすかのどちらかしかない。しかし、どちらの手段も危険をはらむ。なぜなら、グローバルな経済条件が悪化すると、投資家はラテンアメリカにお金を貸したがらなくなり、さまざまな苦境をもたらす金融危機の引き金となるからである。しかも残念なことに、金融危機が起きると不平等が著しく悪化するのである。

5　所得格差と金融危機

一九七〇年代後半、グローバル経済は低金利資金で溢れていた。二次にわたる原油価格の高騰で、中東の寡頭支配者たちに使いきれないほどの資金が流れ込み、世界中の銀行口座の預金残高が急増した。欧米の金融機関はこぞってお金を貸したがり、金利はインフレ率を下回ることになったため、お金を借りることがきわめて魅力的になったのである。

当然のことながら、このような状況の下、資金はラテンアメリカ諸国に流れ込むことになった。ラテンアメリカ諸国は当時、インフラに投資し、製造業部門を発展させ、経済成長を促進することに旺盛な意欲を見せていたからである。一九七〇年から一九八二年までの間、ラテンアメリカの対外債務は二一〇億ドルから三一四〇億ドルへと一五倍に膨らんだ[62]。誰もがハッピーだった。国家は増税することなく政府支出を拡大することができ、民間部門は新規投資プロジェクトを立ち上げて国内外の市場向けに生産を拡大し、人々は低金利でお金を借りてもっとたくさんの消費ができるようになった。経済成長も勢いに乗り、一九七〇年代はラテンアメリカ諸国の経済成長率が先進諸国を上回った数少ない時期の一つであった。

しかし一九八二年、突如としてすべてが激変した。同年八月七日、メキシコの財務大臣ヘスス・シルバ＝エルソーグが半年間で二度目となるメキシコ・ペソの大幅切り下げを発表するとともに、「メキシコが得られる国際信用は限られており、これでは経常収支赤字を埋めるのは不可能である[63]」との警告を発したのである。ほどなくしてメキシコに対外債務返済の再交渉が必要であることが明らかになると、大規模な債務危機がラテンアメリカで始まった。

この債務危機はラテンアメリカに悲惨な結果をもたらし、「失われた一〇年」の引き金となった。世界の銀行は、手のひらを返すようにラテンアメリカへの貸付をストップするとともに、債務の全額返済を求めた。国内外の投資家はあっという間に資金を引き揚げ、そのことがさらなる経済の悪化を引き起こした。ラテンアメリカ各国の政府は、高インフレ、資金不足、高まる社会の不満に同時に対処しなければならなくなった。一九八五年から一九九〇年の間の年間インフレ率は、アルゼンチンで五八四パーセント、ブラジルで六七三パーセント、ペルーで八二四パーセント、ニカラグアでは三〇〇〇パーセントを超える高さとなった。ラテンアメリカ経済は停滞した。チリ、コロンビア、ドミニカ共和国を除くすべてのラテンアメリカ諸国が、一九九〇年までにその一〇年前よりも貧しくなってしまったのである。[64]

この一九八〇年代の債務危機はとりわけ痛みを伴うものだったが、例外というわけではまったくなかった。経済危機はラテンアメリカの歴史において繰り返されてきたものだからである。例えば、一九七〇年から一九九五年までの間に、ラテンアメリカは東アジアもしくはヨーロッパ・中東の一・五倍の経済危機に見舞われてきた。[65] 実際、ラテンアメリカ各国経済は「ストップ・アンド・ゴー」政策（景気拡張政策と景気抑制政策を（短期間に）交互に繰り返すこと）に特徴づけられる。そのため、往々にして世界経済の好況に呼応する形で起こる経済成長期は突如として終わりを迎え、金融危機へと突入してしまうのである。危機への対応策として、ラテンアメリカ各国の政府は緊縮政策を採用することになるのだが、これがまたさらに事態を悪化させてしまう。

このような金融危機すべてに共通する要因は何だろうか。著名な経済学者ダニ・ロドリックによれば、所得格差が重要な引き金である。ロドリックは経済がうまく行っていないときに「社会的分断があると、政権は自分たち以外の政権が最終的なツケを払うことを期待して、いかに必要な改革を遅らせ、度を越した対外債務を負ってしまうのか」を説明している。[66] ラテンアメリカのような不平等な社会では、異なる社会集団の間で経済改革に関して合意に至ることはほぼ不可能である。所得水準も世界観も、あまりにも互いにかけ離れているからである。社会的不信があまりにも大きく、十分な社会的結束が存在しないのである。このような困難に直面する政府は現状維持に傾き、経済状況が自然に好転することを期待したり、新しい政権が選ばれるまで痛みを伴う改革を先延ばししたりする。ロドリックは一連の量的分析を用いてこの主張を検証し、所得格差と間違ったマクロ経済政策の間にも、また所得格差と経済成長の失敗との間にも正の相関関係があることを見出している。[67]

ラテンアメリカの経済学者は、不平等がマクロ経済運営に与えるこうした負の影響にずっと以前から気づいていた。不平等な社会では、エリート層・中間層・貧困層など異なる階層間で利害の対立が見られるが、こうした対立の存在がインフレの発生原因になるという説明を、彼らはすでに一九五〇年代から展開してきたのである。彼らの主張を理解するために、ブラジルのような国で深刻な干ばつがあったと考えてみよう。食料価格は上昇することになるが、そうすると都市のフォーマル労働者は食費を賄うために賃金引き上げを要求するだろう。賃金引き上げに対応するために大企業は自社の商品の価格を引き上げるだろう。そうするとさらなる賃金引き上げ要求に繋がりかねず、結局は終わりのないインフレ・スパイラルが発生してしまうのである。このような状況になってしまうと、政府のできることはほとんどない。緊縮政策で物価をコントロールしようとすれば、景気後退の引き金を引いてしまうリスクを冒すことになる。かと言って政府が何もしなければ――往々にして彼らの好む政策オプションである――、インフレは急上昇し、一九八〇年代のような痛みを伴う危機と「失われた一〇年」の引き金が引かれてしまうことになるのである。

6　不平等がもたらした経済構造から再び不平等へ

ここまで本章は、ラテンアメリカで不平等が経済発展に悪影響を及ぼしていることに焦点を当ててきた。所得格差によって、教育への投資や税収が抑制され、イノベーションに対するインセンティブが削がれ、度重なる金融危機が引き起こされてきたことにより、ラテンアメリカ諸国は、過去何十年にもわたって期待されるほどの経済成長を達成することができなかったのである。しかし残念ながら、話はここで終わらない。ここまで議論してきた経済問題はすべて、翻ってさらなる不平等を引き起こしかねないのである。このように、ラテンアメリカは痛ましい悪循環に対処することを強いられてきた。その悪循環のうちの一つはすでに説明した、低い税収が所得格差に及ぼす悪影響である。以下では、さらに二つの悪循環について議論することにしよう。

二つ目の悪循環は、ラテンアメリカのほとんどの国における労働市場の特徴と関係する。先に説明したイノベーションと成長部門の欠如は、インフォーマル部門の仕事を拡大させ、良い仕事と悪い仕事の格差をはっきりさせてきた。メキシコシティやペルーの首都リマ、あるいはエクアドルの首都キトの街中を歩いているところを想像してみよう。フォーマル部門で働く人たちにたくさん出会うことだろう。あなたがお金を預けに行く銀行の行員や、滞在するホテルの支配人である。彼らの仕事の内容や生産性は、先進国で同様の仕事をしている人たちとほとんど同じである。一方で、あなたは通りでインフォーマルに靴磨きをしたり、食べ物を売ったり、携帯電話や家具を修理したりしている人たちをたくさん目にするだろう。これらの仕事は単にインフォーマルであるだけではなく、生産性も低く稼ぎも悪いという問題に悩まされてもいる。

ラテンアメリカに成長部門が欠けているということは、後者のタイプに相当するインフォーマルな仕事の方が常に幅を利かせてきたことを意味している。ちなみにインフォーマルな仕事は、都市部もさることながら農村部での方がはるかに一般的な現象である。ラテンアメリカ諸国は、経済を近代化しようと何度となく試みたが、それに完全に成功したことは一度もない。一九五〇年代〜一九六〇年代には、ラテンアメリカの大半の国が保護主義的経済政策を採り、自国製造業の成長を促そうとした。これによりフォーマル部門で多くの新規雇用が創出されたのだが、それを上回る数の人々がより良い生活を求めて農村から都市へ移動してくることにもなった。彼らの大半は、一度としてフォーマル部門で雇用されることがなく、結局はインフォーマル部門での稼ぎの悪い仕事にしかありつけなかった。一九六〇年には、非農業部門の労働者の五人に一人がインフォーマル部門で働く自営業者であり、その割合はボリビア(四二パーセント)、エクアドル(三七パーセント)、ペルー(三一パーセント)といった国々でははるかに高かった[68]。

フォーマル部門とインフォーマル部門という労働市場の二重性は、言うまでもなくさらに所得格差を拡大させた。つまり、職業間に明らかな階層関係が存在することになったのである。インフォーマル部門での仕事に従事する自営業者は、最低限必要な生活費さえも賄えないような稼ぎしか得られない。その一方で、生産性の高いフォーマル部門の製造業やサービス業で働く幸運に恵まれた労働者は、ずっと高い賃金を得られる。会社経営者やビジネスオーナーは言うまでもなく、このピラミッドの頂点にいた。さらには、政府の社会政策が往々にしてこの労働市場の分断を悪化させた。フォーマル部門の労働者は社会保障サービスが受けられ、質の高い医療と十分な額の年金の恩恵を受けていた。それに引きかえ、インフォーマル部門の労働者は、社会保障への権利を付与されていなかった。彼らは病気になったら、人手不足の公立病院に行くか、まともな医療を受けようとすればすべての貯金をはたくしかなかった。彼らはまた、歳を取っても年金がもらえないので、面倒を見てくれる子ども——ラテンアメリカではたいてい娘ということになるが——がいない限り、生きていくために働き続けなければならなかった。

ラテンアメリカの大半の国が新自由主義改革（貿易自由化、規制緩和、補助金撤廃、公的企業や公的社会サービスの民営化）を実施し、グローバル化を取り入れた時期である一九八五年以降も、事態は良くならなかった。いや、それどころかむしろ逆だったのである。正統派経済学者の予想に反し、一九九〇年代にインフォーマル部門の労働者は増加した。大企業が経営効率化のために労働者を解雇し、新自由主義改革によって公務員が削減されたからである。多くの労働者が、社会保障もなければ報酬も低い仕事に甘んじざるを得なくなった。一九九〇年から一九九九年の間に新しく生み出された雇用のうち、七割が都市のインフォーマル部門での雇用であった。臨時雇用が拡大し、社会保障の普及率は（特に中小企業で）低下し、書面での契約なしの雇用が当たり前になってしまったのである。[69]

ここまで、労働市場を通じて生じる不平等の悪循環を見てきた。二〇世紀の間、ラテンアメリカの大きな不平等は不十分なイノベーションの原因となり、そのことが良い仕事と悪い仕事の格差を拡大させ、さらなる不平等をもたらしたのである。この悪循環を断ち切るのは難しく、あらゆる種類の障碍に立ち向かうことが求められるのだが、そのうちのいくつかは次章で詳しく議論することにする。

最後に三つ目として、金融危機もまた、さまざまな経路を通じて不平等の悪循環を生み出す。自国通貨の切り下げ（つまり、米ドルやユーロなど主要通貨に対して自国通貨が弱くなること）、失業、経済の不安定性は、貧しい人々にとって特に打撃となりがちである。所得の低い世帯は物価の上昇、雇用機会の不足、賃金の低下に対処する術を持っていない。一方、富裕層は海外にドル建てで預金を持っているために、往々にして通貨切り下げで得をするし、不況でも簡単に新しい仕事を見つけられる可能性が貧困層よりも高いのである。
加えてラテンアメリカでは、金融危機への政策対応も事態を悪化させてきた。イギリス人経済学者ジョン＝メイナード・ケインズは、よく知られているように、不況時には政府支出を拡大し、金利を引き下げる政策を提言した。ケインズの見方では、政府が道路や橋や学校を建設すれば失業が減少し、経済に対する人々の信頼が回復することが見込まれるのである。ケインズの処方箋は、効かない時より効く時の方がずっと多かったのだが、残念ながらラテンアメリカで採用されることは滅多になかった。それどころか、危機時にほとんどの政府は、公的投資を削減し、各種社会プログラムを廃止し、金利を引き上げることで、工場建設のハードルを逆に高くしてしまったのである。結果として、こうした政策は失業、貧困の増加、そしてさらなる所得格差の拡大を助長してしまったのである。IMFや世界銀行といった国際機関からの圧力、貸付資金へのアクセス不足、右派イデオロギーによって、こうした誤った政策が選択されたのである。
ラテンアメリカには、この金融危機を原因とする悪循環の事例はいくつもある。その一つはすでに説明した一九八二年の累積債務危機である。一九八〇年代を通じ、三九〇〇万人を超えるラテンアメリカの人々が貧困に陥り、一九八九年には、全人口のほぼ三人に一人が貧困層に属していたのである。[70]さらには、ジニ係数もデータが入手可能な一三か国のうちの九か国で上昇した。[71]
ラテンアメリカは累積債務危機に対し、今や名高い（あるいは悪名高い）ワシントン・コンセンサスに則って対処した。ワシントン・コンセンサスとは、短期的な緊縮政策と長期的な市場志向型政策をパッケージにしたものである。これらの政策を評価しようとすれば丸々本一冊を書かねばならないだろうが、ワシントン・コンセンサスがさらなる不平等を引き起こしたことは、多くの研究が明らかにしている。エヴェリン・ヒューバーとフレッド・ソルトは、ワシントン・コンセンサスを最も熱心に採用した国々とそうしなかった国々を注意深く比較し、「[ラテンアメリカ]諸国の中でもより思い切った改革を行った国々は、それを回避した国々よりもジニ係数の上昇が九倍高かった。したがって、徹底した新自由主義政策と積極的な自由化戦略が不平等の拡大と関連していることは疑いない[72]」と結論づけた。

このような事例は他にもたくさんある。一九九〇年代後半、東アジアで始まったグローバル金融危機は、ほどなくしてラテンアメリカに拡がった。一九九七年から一九九八年にかけて、パニックに陥った海外投資家が安全な投資先を求めたため、九〇億ドルもの資金がラテンアメリカから逃避していった。またもやラテンアメリカ経済は急ブレーキをかけられ、専門家やコメンテーターは今度はこの危機を「失われた五年」と呼び、その中で貧困と不平等は悪化した。これまでと同様に、この外的ショックに対応するため、ＩＭＦが推進する緊縮政策がまたもや採用されるところとなった。例えばブラジル政府は、農村開発プログラムや社会保険や環境政策とともに、食糧補助までも予算をカットした[73]。結果として、こういった各種プログラムによる一九九〇年代の社会的成果のほとんどが失われ、不平等のコストがまたもや白日の下にさらされたのである。

7　ラテンアメリカから世界への教訓

「我々が現在近づきつつある不平等レベルにたどり着くと社会に何が起こるのか、世界中の国々がぞっとするような事例を見せてくれている。それは明るい未来ではない」とノーベル賞経済学者ジョセフ・スティグリッツは、米国における不平等の代償について書いた彼のベストセラー書において警告した。[74] 本章で示してきたように、ラテンアメリカはこの不愉快な未来に関する格好の実例を提供する。すなわち、深く根を下ろした不平等が、教育とイノベーションに対し本来なされて然るべき投資を妨げ、増税を困難にし、金融危機を引き起こすことによって、経済発展の機会を歴史的に低減させてきたのである。さらに前節では、ラテンアメリカにおける歴史的な労働市場の分断についても議論した。すなわち、フォーマル部門での高い給与の得られる僅かな数の仕事と、大多数の人々が従事しているインフォーマル部門での、生産性も稼ぎも低い仕事が共存してきたことである。

さまざまな形で、ラテンアメリカ以外の地域もこの経験をすでに共有しつつあり、ますますラテンアメリカのようになってきている。これは課税の面でとりわけ明らかである。ますます多くの国で富裕層は自身の影響力を濫用し、所得税に反対している。保守系右派も中道左派も、ともに税金は経済成長を犠牲にするという主張を認めている。米国では、共和党はビジネスエリートと同盟し、逆進的な税制改革を推進してきた。一方、民主党もまた、活動資金をますます富裕層に依存するようになっていることも手伝い、党全体として税率の引き下げに反対する運動を展開することに失敗してきた。[75] より平等な国々でさえ、拡大する所得の集中は政府収入の減少と切っても切れない形で進んできている。スウェーデンでは、二〇〇〇年から二〇一八年の間に、税収額はGDP比で六ポイント以上減少したのである。[76]

良い仕事と悪い仕事への労働市場の分断はまた、欧米でも高まっている。金融、医療、ICTといった部門における高学歴のフルタイム労働者は、その賃金水準が着実に上昇するのを経験してきた。しかしそれと並行して、パートタイムや臨時雇いの仕事が急速に拡大してきた。ドイツでは、左翼党の幹部が二〇一六年に「経済は活況を呈しているが、臨時雇用は過去最多となっている」ことを明らかにし、「二級市民システム」が創り出されていると訴えた。事実、ドイツでは臨時雇いで賃金の低い働き口が、二〇〇九年から二〇一四年の間に三〇パーセント以上も増加したのである。[77] また、ほとんどの先進国では、無期雇用と有期雇用の間の溝が大きくなってきたが、それは賃金格差の拡大と歩調を合わせて進んできたものである。[78]

ギグエコノミーの拡大は、この傾向を如実に反映するものである。ますます多くの労働者がもはや定期的に賃金を受け取るのではなく、料理を配達したり、自家用車に人を乗せたりといったさまざまな「ギグ」〔単発の仕事の意〕ワークによって対価を受け取っている。Uber（配車サービス）、Deliveroo（フードデリバリー）、Rover（ペットシッターサービス）、PeoplePerHour（フリーランスネットワーク）、こうした類の「就業」機会を提供する企業やアプリの数は、分単位で増加している。米国では労働者の三分の一以上がギグエコノミーに参入しているほか、イギリスでは推定五〇〇万人がこのような経済活動に従事している。[79] ギグエコノミーは、働いた時間に応じて賃金が支払われるゼロ時間契約とともに、融通が利きやすく効率的だとしばしば賞賛されてきた。「ギグワークの柔軟性は……実に便利なもので、毎日働く時間数を変えられるし、学校が終わった後の子どもたちと一緒に過ごしたり、他の仕事を探したりできるのだから」と市場擁護派の英シンクタンクであるソーシャル・マーケット基金の前事務局長エムラム・ミアンは主張している。[80] しかしながら実質的には、ギグワークはラテンアメリカのインフォーマル部門と似ているところがたくさんある。稼ぎの低さ、不安定性、社会保障の権利の欠如、そして不平等を助長するものである点だ。

不平等が金融危機を引き起こしているという見方もまた、先進国で広がってきた。元インド準備銀行総裁のラグラム・ラジャンといった影響力のある経済学者たちが、所得格差が二〇〇八年の世界経済危機の主因であったことを示してきた[81]。危機発生に至るまでの間、賃金は上がらず、多くの中間層世帯が彼らの消費レベルを維持するためや新居を購入するために借金せざるを得なかった。銀行その他の貸付業者は喜んでどれだけでもお金を貸し、その住宅ローンをきわめて複雑な金融商品へと転換し、第三者に販売したのだ。残念ながら、一九八二年の累積債務危機時のラテンアメリカとまさに同じように、積み上がった負債は最終的に持続不可能であることが明らかになり、一九三〇年代の世界大恐慌以来、最悪の世界金融危機という結果になったのである。

このようにOECD諸国は、不平等がもたらす経済への悪影響をすでにいくつか経験している。それでも、ラテンアメリカの経験は、事態が将来的にもっと悪くなり得ることを示している。不平等が社会に埋め込まれるにつれ、問題は深刻化し、「ラテンアメリカのコピー国」の増加に繋がるだろう。そうなるとビジネスエリートは、イノベーションへのインセンティブをどんどん持たなくなり、その代わりに自らの既得権を守ろうという志向が強くなるだろう。そして、研究開発への支出が減少すればするほど、活発なイノベーションを起こす経済システムを発展させることがますます困難になるだろう。この問題は米国よりも早く南ヨーロッパを襲っているようである。また学校教育については、不十分な公的投資と私立教育の高いコストが不平等なシステムを固定化してしまい、多くの若者が標準以下の教育しか受けられなくなるかもしれない。さらには、不平等社会でますます問題化している貧困層と中間層の階層を超えた協力関係の欠如は、将来を見据えた教育政策や再分配政策を策定する機会をさらに縮小させることだろう。今後二〇～三〇年のうちに、世界中の多くの国は、ラテンアメリカに一〇〇年以上にわたって悪影響を及ぼしてきた、大きな不平等と低い経済成長という悪循環に絡め取られてしまう可能性があるのである。

訳注　第3章

●1　資源の豊富なラテンアメリカでは、最も富裕なエリート層は一般に大農園主や鉱山主であり、一次産品輸出が有利になる自由貿易を支持する。

●2　アルゼンチンはイギリスに穀物や食肉――塩漬け肉や（冷凍船が開発されて以降は）冷凍肉――を輸出し、食糧面から産業革命を支えていたと言われる。

●3　二〇一七年一〇月、国連総会会期中に国連本部前で行われたニューヨーク在住ドミニカ共和国人たちによる政府関係者の汚職に抗議する市民運動。

●4　原著執筆時点の情報と思われ、訳者が確認した各校ウェブサイト記載のものとは食い違いがある。

●5　クーデターを主導したピノチェト将軍による軍事政権が一九七三年から一九九〇年まで続いた。その間、徹底した新自由主義経済政策が行われたことは有名である。

●6　近年のラテンアメリカを代表する汚職事件。同社から賄賂を受け取っていた各国の有力政治家が次々と逮捕された。

第4章　不平等の政治的コスト

一九四五年一〇月一七日午前、ブエノスアイレス近郊の労働者が居住するいくつもの地区から繰り出したデモ隊数百人が、一週間前まで軍事政権の副大統領兼労働大臣だったファン＝ドミンゴ・ペロンの逮捕に抗議すべく集結した。これは労働組合が主催したイベントであったが、ほどなくしてその統制を離れた抗議行動となり、市内の富裕層が住む地区へと行進を始めた。同じような抗議行動は、翌一八日にかけて、市の中心部を含む他の地区でも起こっていた。デモ隊は、大統領府の目の前にある歴史的な広場である五月広場になだれ込み、ペロンが現れるまで退去しようとしなかった。[1] 驚いた軍事政権首脳部は方針を撤回し、ペロンを釈放した。一〇月一八日夕刻、ペロンは大統領府に姿を現し、熱狂的な群衆に向かって演説を打ったのであった。

アルゼンチンにおけるこの一九四五年一〇月の出来事が示しているのは、ペロンが労働者の大多数の間で絶大な人気を誇っていたことである。それに先立つ二年間、彼は労働法を改正し、労働組合と緊密な関係を築いた上で、国家による労働者保護を利用し民衆からの支持を獲得していた。ペロンは労働大臣として大衆に直接歩み寄り、彼らにとってわかりやすい言葉遣いで語りかけた。この一〇月抗議行動の流れそのままに、ペロンは一九四六年二月の大統領選挙で勝利を収めた。そして、ここからアルゼンチンの歴史を塗り替え、ラテンアメリカ全体に影響を与えることになる政治的実験が着手されたのである。その四年後に、当時のファーストレディで、今日ではほとんど神話的な人物となっているエバ・ペロン•1がこの一九四五年の出来事について回想した言葉は、その抗議運動の性格をよく表している。

> 日々の労働によって鍛えられた、そして彼が愛してやまなかった愛国的労働者《デスカミサードス》•2の皆さん以外に頼みとする武器がないにも関わらず、民衆によって、そして民衆のために、救い出された我らが指導者が、まさにその大統領府のバルコニーから、まるで太陽の上るごとく現れてきました。これこそまさに我らが指導者のスタートラインだったのです。［一〇月一七日は］工場で労働者の皆さんによって産み落とされたのでした。[2]

カリスマ的政治指導者が人々との間で直接的な関係を取り結ぶこと、かっちりとした制度や政党をかなりの程度なおざりに扱うこと、そして反エリート的な不満を煽ること、これらがペロニズム•3の特徴である。多くの人々がポピュリスト〔ポピュリズム（本章2節を参照のこと）を信奉する個人又は集団のこと〕と呼んできたこのようなタイプの指導者は、一九四〇年代ブラジルのジェトゥリオ・ヴァルガスから二〇〇〇年代ベネズエラのウーゴ・チャベスまで、ラテンアメリカではいつでもどこでも見られてきた。

本章では、不平等がいかにラテンアメリカで政治制度を弱体化させてきたのかを明らかにする[3]（図4−1参照）。まず政治的不安定性が、強大な権力を持つエリートとそれに不満を抱く大多数の低所得者層

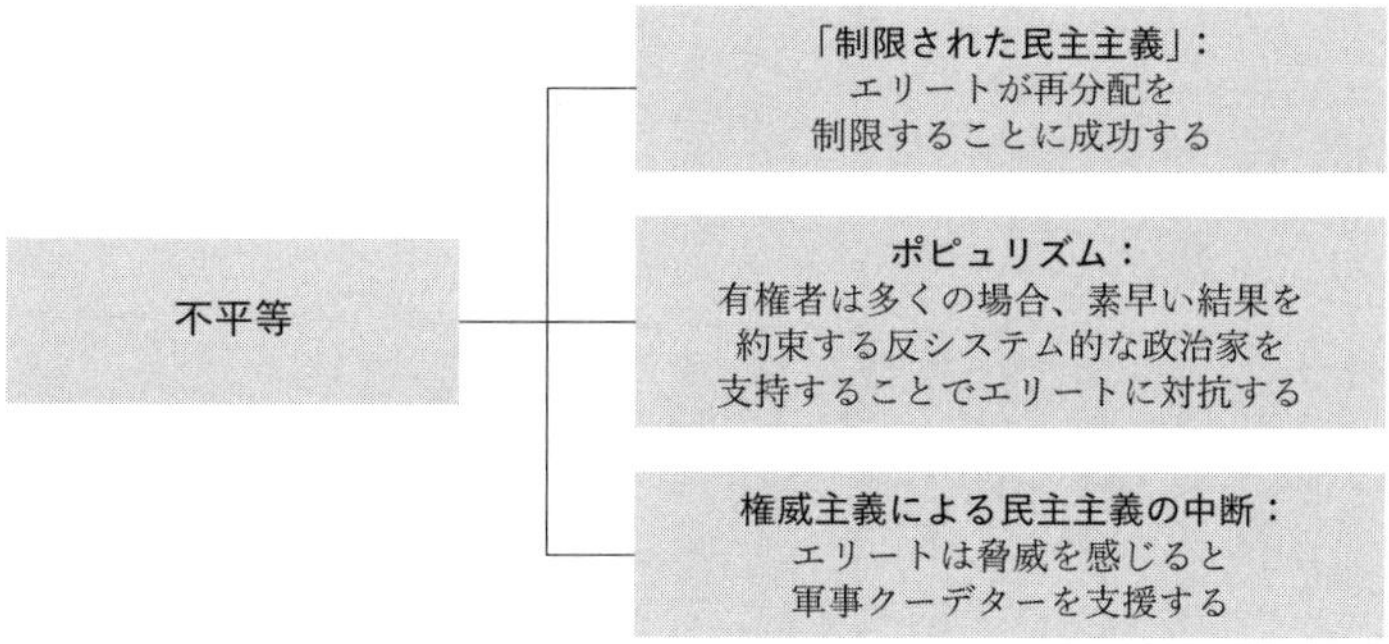

図4-1　不平等から不安定かつ排除的な政治へ繋がる経路
出所：筆者作成

との間の綱引きから、どのようにして生み出されるのかを示そうと思う。民主主義的な政治が行われている期間、ラテンアメリカの富裕層は国家をわがものとし、自らに都合の良いルールを定め、社会的・経済的・政治的な再分配に制限をかけることに成功してきた。このような状況に不満を持つ一般大衆は、それまでのやり方ときっぱりと訣別すると約束するポピュリスト政治家に、何とかしてくれと懇願することも多かった。しかし、ポピュリズム政治は往々にして不安定化をもたらす結果となり、時にそれは、エリート層に支持されたクーデターや権威主義体制の成立に結びついてしまうことすらあったのである。

　不平等はこのようにして政治制度が弱体化し、民意を汲み取らず、また不安定化することを助長した。そしてそれは翻って、図4-2で示されているいくつもの経路を通じて、所得分配をさらに悪化させることに繋がった。その経路とは、第一に、ポピュリストが行う政策的実験が結果としてしばしば経済危機を招き、これが国民の多数派を構成する低所得者層に多大なコストをもたらしてきたことである。第二には、右派の権威主義政権が逆進的な政策を一貫して採用してきたので、富裕層にかな

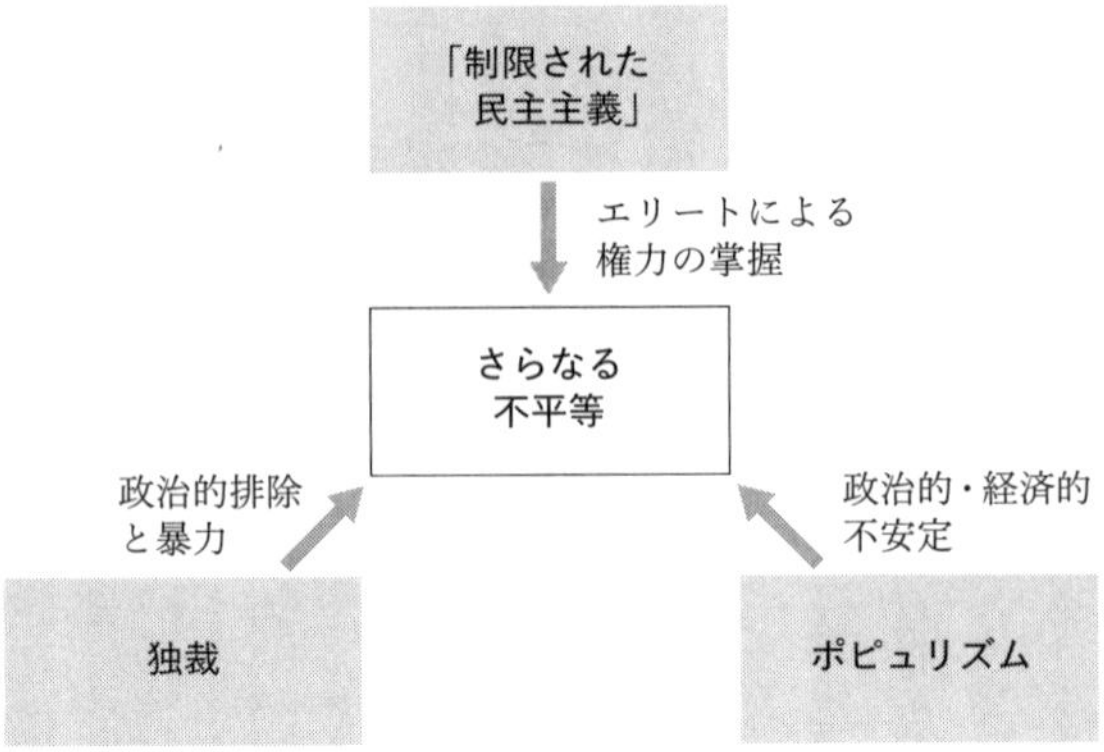

図4-2　政治と不平等の悪循環
出所：筆者作成

り有利に働いたことである。現にピノチェト軍事政権下のチリでは、不平等の度合いを示すジニ係数が一九七〇年代初頭〔ピノチェトによるクーデターの直前〕の四四弱から一九八八年〔ピノチェト政権末期〕には五九にまで上昇した。[4] そして第三には、弱い民主主義は富裕層の特権を保護する盾となり、多くの場合、経済的・社会的諸権利をしっかりと大衆に拡大するという、民主主義本来の目的の実現に結びついてこなかったことである。

本章は、私たちが今日の世界を理解しようとするときに、前章にも増して重要性を持つことになるだろう。近年、米国からハンガリーに至るまで、さまざまな国で、根深い不平等への反応としてポピュリスト政治指導者の出現が見られるようになってきているからである。こうした新たなタイプの政治指導者たちは、本章で見ていくラテンアメリカのポピュリストたちと同じ欠点を多く持ち合わせている。しかし残念なことに、所得再分配政策の方は、それを実施しようとする素振りすらまったく見せていないことを付言しておこう。

1　民主主義とエリート権力の居心地の悪い同居

権威主義的な政治ボス（スペイン語でカウディージョと呼ぶ）が跋扈する地域という大方の見方に反して、実はラテンアメリカでは部分的ながら民主主義が長い歴史を有している。一九世紀後半、一三か国で男性に対する選挙権が導入されたし、[5] 二〇世紀初頭までには、選挙は多くの国できわめて白熱したイベントとなっていた。例えば、一九三〇年のコロンビア大統領選挙では、成人男性のほぼ半数が投票を行った。選挙運動は、有権者であるなしに関わらず、新聞紙上や街のカフェで人々の話題の中心だった。[6] 女性たちも、選挙権を得るまでにはさらに数十年を要したが、資金集めのパーティや選挙運動などのイベントには参加していた。コロンビアの歴史家であるエドゥアルド・ポサーダ＝カルボーによれば、「選挙は、誰が勝つかわからないという意味で、きわめて競争的であった。……どれだけ直球勝負かつ見境のない選挙運動をやるかで結果が決まった。最もうまく有権者を取り込むことに成功した候補者が勝利することができたのである」[7]。アルゼンチン、チリ、ウルグアイでは、選挙戦はさらに激しいものであった。

しかしながら、この時代のラテンアメリカの民主主義は限定的かつ制限されたものであり、それはかなりの部分、社会経済的な不平等度が高かったことに起因する。その当時、エリート層はとてつもなく裕福で、信じられないほどの権力を有していた。彼らは、経済的資源と社会的なコネクションのほとんどを支配しており、軍とも緊密な関係を保っていた。それ以外の人々は、特に都市化が進んでいない国々では、直接的にエリート層に依存していた。例えば一九五〇年代のブラジルでは、半分以上の国民が農村部で昔ながらの生活を送っていたが、そのような環境の下では、歴史学者のトーマス・スキッドモアが説明しているように、「生き残っていくためには、自身の庇護者として動いてくれる有力なパトロンを見つけ出すのが唯一の方法だった」のである。[8]

経済エリートたちは、大衆が政治参加することを恐れていた。彼らが心配していたのは、高率の所得税と充実した社会政策を掲げる候補者を、貧しい有権者たちが当選させてしまうことであった。そのために彼らは、自らの権力で可能な限りあらゆる手段を講じ、真の民主主義の到来を避けようとしたのである。二〇世紀初頭に至るまで、すべての国々が選挙権と被選挙権に制限をかけていた。例えば、コスタリカの憲法によれば、大統領は出生によるコスタリカ国民であるのみならず、「聖職に就いておらず」、「きちんと職に就いており」、「五〇〇コロン以上の価額の資産を有するか、二〇〇コロン以上の年間所得がある者」でなければならなかった。[9]投票権はラテンアメリカ地域のどこでも、財産を持ち、読み書きのできる男性にしか与えられていなかったのである。

選挙は、当時ラテンアメリカの最先端を行っていた国々ですら、ほとんどの場合、本当の意味での自由選挙ではなかった。アルゼンチンの有権者は、しばしば投票所立会人に自身が投票する候補者名を表明することを強制され、秘密投票は一九一二年まで導入されなかった。チリでは、有権者は建前としてはもう少し保護されていたが、実際には不法行為がまかり通っていた。例えば、同国の一部地域では、選挙管理委員会が公衆の面前で投票用紙を投票箱に入れる係をしていたのである。一八四〇年代には、票の取引市場が成立し、その価格は選挙がどのくらい接戦であるか否かに応じて日々上下したという。

票の売買があまりにも一般的であったので、『エル・アルテサーノ』紙は「金銭と引き換えに票を投じてはならない」という布告をわざわざ掲載したくらいである。コロンビアでは、軍が与党票の獲得に重要な役割を果たしていた。軍は選挙シーズンになると、望ましい結果が確実に得られるよう、全土にわたり部隊を展開させたのであった。[10]

二〇世紀に入ると、中間層や都市部の一部エリートたちの圧力によって、いくらかの改善が見られるようになった。時を追うごとに多くの男性が、その所得水準に関わりなく、投票を許されるようになっていった。秘密投票がラテンアメリカ全体にわたって拡大し、野党もより公平な条件で与党と競うことができるようになっていった。しかしそれでも多くの制限や制約が残存した。例えば非識字者は、チリでは一九七〇年まで、エクアドルでは一九七八年まで、そしてブラジルでは一九八八年まで投票が許されなかったし、女性もほとんどの国で一九四〇〜一九五〇年代に至るまで選挙権を認められることがなかった。[11]ボリビアやほとんどの中米諸国では、その時々の政権が下からの政治参加要求に採った対応は、民主主義の深化ではなく、弾圧の強化であった。

経済史学者のスタンレー・エンガーマンとケネス・ソコロフは、大きな影響力を持った一連の著作で、所得格差と民主主義への制限との間に見られる関係を調査した。その研究は、ラテンアメリカと比較して土地の分配状況が平等で、エリート権力も小さい米国やカナダでは、普通選挙や秘密投票がラテンアメリカよりも早く導入され、全人口に占める投票者の割合も速く上昇したことを明らかにした。米国とカナダでは、投票者の割合は一九四〇年までに、ラテンアメリカで最も民主的な国々であるアルゼンチン、チリ、ウルグアイの二倍の水準になっていたのである。[12]

当然のことであるが、この種の「制限された民主主義」は、ラテンアメリカの一般大衆の政治的・社会的排除に繋がった。このことが最もはっきりとしていたのは、労働市場に対する規制と社会政策の分野であった。これらの分野では、できるだけ長い期間にわたり、制度をできるだけ弱いままにしておこうとする誘因がエリート層に働いていたのである。二〇世紀前半には、労働時間、最低賃金、労働条件といったことに関する労働者保護規制は存在などしていなかった。ラテンアメリカ地域では先進的な位置にいたアルゼンチンやチリですら、保守的なエリート層は社会法制を完全に不要なものだと見做していたのである。ラテンアメリカのどこでも、労働者の騒乱に対するお決まりの対応策は、警察による弾圧であった。チリでは、労働争議に警察が暴力的に介入したことで、バルパライーソ、サンティアゴ、アントファガスタといった主要都市で数百人に及ぶ死者を出した。中でも北部の都市イキケで起きた大虐殺が最も激しいものであった。そこでは、軍が一〇〇〇人から三〇〇〇人の硝石鉱山労働者を数時間のうちに殺害したのであった。[13] さらには、農村の労働者たちの置かれた状況は、ラテンアメリカ全域にわたってとりわけ厳しいものであった。彼らは都市や鉱山の労働者よりも抗議行動を組織する能力に乏しく、また警察のみならず、地主に雇われた準軍事組織からの脅威にも直面していたからである。

同様に社会政策もほとんどの国々で発展させられないまま捨て置かれた。すでに第3章でラテンアメリカ地域が歴史的に抱えてきた教育に関する問題を見たが、公的医療や年金といった分野でもさしたる違いはない。サービスの質も受益者の範囲も、資金不足のために限られたものになっており、しかもその対象者も少数の都市圏に集中しているのが現状であった。公的社会支出は、すべてのラテンアメリカ諸国で国内総生産（GDP）の二パーセント未満であったが、それを気にしている政府はほとんどなかった。[14]社会支出が少なければ税金も安くすむわけで、このことこそエリート層が求めているものだったのである。

その一方で、アルゼンチン、チリ、ウルグアイといったいくつかのラテンアメリカ域内の先駆的な国々では、一九一〇年代から社会保険制度が導入された。しかし、初期の受益者は軍人と公務員だけであった。一九三〇〜一九四〇年代に制度は拡充されていったが、それでも多くの国民（なかでも農業労働者やインフォーマル労働者、家事に従事する女性）は、制度から排除されていた。こうした初期の社会保障制度を、当然のことながらほとんどの専門家が「排他的」と見做している。僅かな数の特権的な人々だけが、質の良いサービスと多額の給付を受けられ、かつ受益者間でも著しい不平等が存在したからである。例えば、軍関係者は、他の公務員らと比べても、より良い病院で受診でき、はるかに多額の年金を受給していた。[15]

2　ポピュリズムの第一波——民主主義の欠如に対する反応として

背が高くすらっとした体型でカリスマ性も備えたジャニオ・クアドロスが、政治の刷新を公約として一九六〇年のブラジル大統領選挙を制した。サンパウロ市長選・サンパウロ州知事選で当選したときの選挙運動をなぞるように、腐敗した政治家たちをまとめて掃き出してやるとの公約を掲げ、彼はほうきをシンボルとして用いていた。一貫したイデオロギーなどなかった彼は、右派のキリスト教民主党の公認候補としてサンパウロ市長となり、サンパウロ州知事選には左派の国民労働党と社会党からの支持を受けて出馬していた。そして今度は、保守系の国民民主同盟（ＵＤＮ）の大統領候補となっていた。ところが、今日よく知られている世界的な政治指導者の中にもそういう人がいるが、彼も当然のごとく、どんな政党よりも自分自身が大事だったので、彼は選挙運動期間の真っ只中、既存の政治家とは一線を画していることを示そうとＵＤＮを離れてしまったのであった。[16]

大統領に就任しても、相変わらずクアドロスは、どのように国を治めるかよりも、自分のイメージについて気を配っていた。彼は、議会で合意を取り付けることよりも、大統領専用車内の最も望ましい席次をアレンジする方に多くの時間を費やした。彼は、人目を引くような政治パフォーマンスも大好きだった。例えば一九六一年八月、自らの支持者のほとんどが反対したにも関わらず、世界的に有名な共産主義ゲリラの指導者でキューバ革命の英雄であるチェ・ゲバラに、ブラジルで外国人に与えられる最高位の勲章を授与したのである。

クアドロスは、ラテンアメリカに一九三〇年以降、雨後のたけのこのように次々と現れたポピュリスト政治スタイルの一風変わったケースだが、特に成功したわけではなかった。彼は就任後六か月で辞任したからである。ポピュリズムという用語をめぐってはかなり議論がなされているところだが、一人の政治指導者が自らのカリスマ、信頼性、あるいは人気を基盤として、有権者と直接的な結びつきを構築しようとする政治スタイルを指すということに関しては、ほぼ異論がないであろう。ポピュリスト政治指導者は、伝統的な政治家に批判的であり、また現実を白か黒かに二分することを特に好む。彼らは自らを、エリート支配層から人々を保護し、自国を外国の脅威から守ることができる唯一の善良な人間だというのである。

ポピュリスト政治指導者は、登場時に携えているイデオロギーも政策案もさまざまなのだが、彼らがラテンアメリカで出現するのは、決まって前節で議論したエリート主導型民主主義が限界を迎えたときであるということができる。ポピュリスト政治指導者は、労働者階級の苦難に光を当て、その一方でビジネスエリートの権力を非難する。例えば、ブラジルでは「腐敗した金持ちへの宣戦布告」を公約にしたクアドロスから遡ること数十年、すでにジェトゥリオ・ヴァルガスが、労働者の権利を拡大し、ビジネスエリートの影響力を削ぐべく闘っていたのであった。

ヴァルガスは、本章冒頭で取り上げ、後で詳述するアルゼンチンのペロンとともに、最もよく知られたラテンアメリカのポピュリスト政治家であろう。ブラジルの作家エリコ・ヴェリッシモによれば、ヴァルガスは「冷淡で人と打ち解けようとせず、用心深くて掴みどころのない」人物であったが、大統領時代にブラジルを大きく変革していった[17]。生まれ故郷リオグランデ・ド・スル州の財務大臣や知事を四〇歳代で歴任した後、彼は一九三〇年、クーデターを経て大統領となった。それに続く一五年間、ヴァルガスは臨時大統領として新憲法の成立を主導し、再びクーデターを敢行した上で、彼自身が「新国家（Estado Novo）」と命名した体制の下、大規模な制度改革を矢継ぎ早に進めていった[18]。

ヴァルガスは、民主主義の仕組みを強化するとか、個人の権利[4]（individual rights）を擁護するといったことにはまったく関心がなかった。むしろ彼には、農村部の寡頭支配層の根強い影響力に対抗できるだけの、新たな権力の源泉を作り出す狙いがあったのである。ヴァルガスは、国家機構の強化、経済の近代化、そして都市労働者層の生活水準の向上に精力を注ぎこんだ。それとともに、「見捨てられている」という労働者層の感情を煽りつつ、今や大統領となったヴァルガスはポピュリスト的な言説を駆使し、労働者層からの支持を確かなものにしていった。彼は「貧しい人々の父」を自称して漸進的な改革を推し進め、共産主義とビジネスエリートの双方に対抗しようとしたのである。具体的な方策としては、労働組合を合法化し、一部労働者に対する社会保障基金を創設し、八時間労働制と全国的な最低賃金制度を導入したことが挙げられる。

ヴァルガスは、一九四五年に軍によって退陣を余儀なくされたが、五年後に自由選挙を経て返り咲いた。民主的に選ばれた大統領としても、彼は都市労働者層優遇と経済近代化を引き続き進めた。不運なことにヴァルガス政権は、内部での汚職蔓延と軍部との関係悪化により、大きく力を削がれていった。ヴァルガスの最期は悲劇的であった。彼は、辞任せよという軍部からの要求を呑むよりも、自らの命を絶つことを選んだのであった。彼がブラジルの英雄という地位を獲得するのに大いに役立つことになった彼の遺書は、ヴァルガス政権が帯びていたポピュリズム的な特徴を端的に表しているとともに、当時のラテンアメリカ政治の性格について多くのことを語ってもいる。

人民の敵である勢力や利害関係者が、またもや結託して私に反旗を翻しています……。これまで私がずっとしてきたように、人民を、そして特に恵まれない人々を守り続けることができなくなるように、私の声をかき消し、私の行動を止めようとすることが、彼らには必要なのです。……私は、このような陰謀に命を賭して抗おうと思います。私がこのようにするのは、常に皆さんとともにいられるようにするためなのです。皆さんが彼らから辱めを受けるようなことがあれば、私の魂が皆さんの傍らで苦しんでいるのをお感じになることでしょう。飢えが皆さんの戸口を乱暴に叩くようなことがあれば、皆さん自身とお子さんたちのために闘う勇気が皆さんの胸の中に宿るのを感じられるでしょう。私は人民の奴隷でありましたが、今日をもって私は自らを永遠の命へと解放してやることにしました。しかし、私が奴隷として仕えてきた人民である皆さんは、もはや永遠に誰の奴隷でもないのです。生贄となる私の命は、永遠に皆さんの魂の中に生き続け、私が流す血は、皆さんが解放されるための代償として支払われるのです[19]。

ヴァルガスの影響力の強さは、ブラジル国内の州どうしの間、異なるエリート層どうしの間（例えば大土地所有者と新興の産業資本家との間など）、軍内部の派閥どうしの間に見られた対立の構図を巧みに操る能力で説明できる部分もある。しかし、彼が政治の表舞台に登場し、そこで成功を収められたのは、まずもって、それまでの歴代政権が政治的・経済的不正義にうまく対応できてこなかったことの結果である。都市が拡大し、農村部の近代化が進むにしたがって、都市労働者階層は生活水準の向上とさらなる社会参画を求めていった。不満が高まっても労働運動は十分な力を持ち得ず、強大な権力ゆえに梃子でも動かないビジネスエリート相手の、どう見ても勝ち目のない闘いの下では、都市労働者階層がポピュリズムに引き寄せられるのは当然の結果であった。

ポピュリズムに向かう同じような動機は、ラテンアメリカの他の国々でもはっきりと見られた。アルゼンチンが良い例だろう。一八九五年、中間層の家庭に生まれたファン＝ドミンゴ・ペロンは、一六歳で陸軍士官学校に入学し、彼が常に敬愛していた指導者ムッソリーニが政権の座にあった時期に在イタリア大使館付き武官となった[20]。

ペロンは、一九四三年の軍事クーデター後、新設された国家労働局の局長に就任し、その数か月後には副大統領となった。狡知に長け、かつ野心的な政治家であった彼は、労働者たちが抱える不満が政治的にまたとないチャンスになると、ほどなくして気づくことになる。もし労働組合が強化され、労働条件が改善されれば、数多くのアルゼンチン人が喜んで軍事政権を支持するようになるだろうし、さらに重要なことには、直接的に自分のことを心強い味方と認識してくれるようになるだろうと考えたのだ。

ペロンは、この戦略をなぞるように積極的に政策を進めた。一九四三年から一九四五年までの僅かな期間に、労働福祉庁〔国家労働局が新設一か月後に改組された〕はその政策として、労働組合の新規結成の推進、労働者側に有利な形での団体交渉への介入、低価格住宅プログラムの実施、社会保険公社の創設を実現していった。また、ペロンが見守る中、政府は最低賃金と最大労働時間を定める法律を通過させた。[21] このように、労働者と取り結んだ同盟関係は、初めはペロンを本章の冒頭で見たとおり軍事政権内の政敵から守ることになったし、一九四六年には彼を大統領の座に押し上げたのであった。二位に一〇ポイント以上の差をつけての勝利であった。

大統領に就任すると、ペロンは労働者寄りの戦略をさらに深化させた。農業労働者にも組合の結成が奨励され、また社会保険制度や職業訓練プログラムが拡充されるとともに、高等教育の無償化も推進された。ペロンはまた、妻のエビータが余人をもって代えがたい盟友でありサポーターであることを見出した。エビータは、ペロン体制を支持する数多くの貧しい労働者たちである「デスカミサードス」のアイドルとなったのだ。彼女の名前を冠したエバ・ペロン財団は、労働者向けに休暇補助金を支給したほか、労働組合本部ビル、病院、ホテル、低価格住宅を建設した。一九五二年に世を去るまで、エビータは何千回もの演説を行い、不正義を告発し、ペロン政権を称賛した（そうしたスピーチでは、ペロンは「栄光ある」、労働者は「驚異的に素晴らしい」、そして寡頭支配層は「利己的な」と表現された）。また、彼女は何時間にもわたり、労働者たちとの面会を行った。そのため、エビータの執務時間は、午前三時とか四時より前に終わることはなかったという。[22]

ペロン大統領はまた、労働者の生活水準向上に至る道であるとして、近代化の熱心な支持者ともなった。[•5]「わが国の未来は、工業国としての未来であります。さもなければ、我々は半植民地国家としてあり続けなければならないのであります」と声高らかに宣言した。[23] ペロン政権は、鉄道会社・電話会社をはじめ広範な国有化計画を実行に移した。また製造業には数多くの優遇政策を、他方で農業生産者には課税制度を創設した。しかしながら産業政策は、ブラジルなど近隣諸国のものと比べると、一貫性がなく実効性も薄かった。

ペロン政権によるポピュリズム政治は、不平等状態にある中では社会経済的な再分配と民主主義がトレードオフに陥る可能性があることの例証となっている。実のところ、経済の変革と不平等の縮小に向けたペロンの取り組みは、民主的な制度に対する彼自身の関心の欠如と手に手を取って進んでいったのである。彼は、政党や個人の自由を強化することよりも、「人々」と直接的な結びつきを構築しつつ権力を自らの手に集中させることの方に常に関心を抱いていた。一九四六年、ペロンは労働党（と彼を大統領選で支持した他の小政党）を解散し、後にペロン党となる統一革命党を結成した。第一次ペロン政権は、野党の政治家二名が上院で議席を占めるのを拒んだほか、複数の最高裁判事を罷免し、政治的反対派に嫌がらせを行い、表現の自由・結社の自由を制限したのである。[24]

ペロンの権威主義的傾向が強まっていくとともに、アルゼンチンの民主主義は、政治学者のスティーヴン・レビツキーとダニエル・ジブラットが著書『民主主義の死に方』（二〇一八年刊）で述べている「死のスパイラル」といった類のものに陥っていった。[25] 憲法改正によって大統領再選が可能となり、大統領権限が強化され、選挙ルールがペロンを利するように改変された。一九五一年の大統領選挙は戒厳令下で行われ、また有権者に影響を与えるような形で多額の資金が投じられた。当然のごとく、ペロンは地滑り的な勝利を収め、国会に占める野党の議席は一〇パーセントにも届かなかった。[26] 個人崇拝も急速に激しさを増していった。街路名、公共の広場の名称、町名、果ては二州の州名に至るまで、ペロンと妻エビータの名を冠して改称された。ペロン派以外の社会運動は抑制され、労働組合は政府の許可なくストライキを行うことができなくなった。残念なことに、野党も同じように強硬な姿勢で応酬し、四度にわたり軍事クーデターの支持に回った。三度は未遂に終わったが、最後のものが一九五五年九月に成功し、再び軍事政権が始まることになったのである。

他のラテンアメリカ諸国でのポピュリズムの実験は、指導者の性格（カリスマ的であったり、そうでもなかったりした）や政策改革の性質（急進的であったり、そうでもなかったりした）に応じてさまざまであったが、すべて所得と権力とが不平等分配されていることとの関連で理解することができる。[27] 例えば、一方には、「正直で、道徳的で質素な生活を送り、乗馬と樹々を愛し、祖国愛にあふれた」メキシコ革命の将軍で、一九三四年から一九四〇年まで大統領を務めたラサロ・カルデナスの事例がある。[28] 彼は革命を深化させ、政府を国民の大多数の要求に応えるものとした。カルデナスは、農地再分配を行い、労働権を拡大し、石油産業を国有化し、工業化を推進した。しかし彼は同時に、一党支配体制の強化も推し進めた。その体制の下では、個人の権利は実質的にまったく擁護されることはなかった。

他方、エクアドルでは、ホセ＝マリア・ベラスコ＝イバーラが三八年間で五回も大統領に就任したが、そのうち一度しか任期を全うすることができなかった。「バルコニーさえくれれば大統領になれるよ」と豪語したことすらあるほど類まれな弁舌の才を持ったベラスコ＝イバーラは、一九三四年に八〇パーセントの得票率で大統領に初選出された。[29] 彼の当選は、数を増しつつあった公務員や熟練工などの中間層、そして少数ながら戦闘的だった労働者層からの政治参加要求を反映したものであった。ベラスコ＝イバーラは国中を回り、彼らの権利を擁護するとともに街頭での動員を促した。彼の成功のために重要だったのは、どちらかというと対立を煽るようなレトリックの方で、純粋なイデオロギーを持っていたわけではなかった。事実、彼は保守党、自由党、共産党、そして社会党からの支持を同時に受けていたこともあった。[30] ベラスコ＝イバーラは、それがいつでも成功したわけではなかったものの、大統領として農地改革、賃金の引き上げ、労働条件の改善を推進し、同時に公共インフラの拡充、学校や病院の建設、そして製造業部門の振興策を実施した。彼は自分自身を人民の代表と捉え、また同時代のポピュリストがそうであったように、民主主義的な制度が弱体化しようとも、自らの利となると見ればそれを問題ともしなかった。例えば、最初の大統領就任時には野党指導者を正当な理由など一切なく逮捕したし、一九三五年、一九四六年、そして一九七〇年には、「真の意味で民主主義的」[6]なものではないとして一方的に憲法を廃止したのであった。[31]

ペルーで最も歴史ある政党であるアメリカ人民革命同盟（Alianza Popular Revolucionaria Americana: APRA――以下「アプラ党」[7]）の創設者で、長きにわたり同党党首を務めたビクトル＝ラウル・アヤ＝デ＝ラ＝トーレの事例を最後に見てみたい。アプラ党は、ペルー経済の変化に呼応する形で生まれた。二〇世紀前半、農村から都市への人の移動が激しくなり、都市労働者数はほぼ倍増した。アヤ＝デ＝ラ＝トーレは学生時代から、著しい不平等社会の中で低賃金と過酷な労働条件に喘いでいた、この拡大しつつある労働者階層が求めているものを理解し、彼らの支持を獲得しようと活動していた。[32] 党の最高指導者（jefe máximo）として、また「労働者の父」を自称しつつ、彼は街頭での抗議活動を組織し、政治的・経済的包摂を推し進め、一九三一年には初めて大統領選に打って出た。彼とアプラ党の影響力は実のところ、特定のイデオロギーや、社会運動との組織的な連携ではなく、支持者との直接的かつ個人的な関係性に依拠するものであった。思想家・大統領候補者としてアヤ＝デ＝ラ＝トーレは、農地再分配、経済的包摂、そして近代化の必要性を訴えた。彼は、多年にわたり亡命生活を余儀なくされるなど権威主義体制の犠牲者でもあったので、他のポピュリスト政治指導者よりは熱心に民主主義制度を支持したが、彼にとっては社会面での民主主義の方が政治的民主主義よりも常に重要であり、経済的包摂の方がリベラルな政治制度を整備するよりも大切であった。このことは、彼が一九四五年に民主主義の課題に関するある会議で行った演説で、とりわけ明らかである。

私たちは民主主義を求める普遍的な声に応えていかなくてはなりません。しかしその答えは、わが国の実態に合ったものとならなければなりません。フランス式の答えでも、米国式の答えでもなく、です。私たちは、ペルー式の解でもって、その声に応えていきます。……私たちは単に政治面での民主主義を求めているわけではありません。私たちが求めているのは、社会面での民主主義です。

……新しい国家は、人々を単に市民として統合するのではなく、人々がこの国の集団的社会生活において何らかの役割を持っているからこそ、彼らを統合するのです。それは、市民を労働者へと変革する民主主義なのです。民主主義は単なる政治的な権利ではなく、民主主義は単なる政治的構築物でもないのです。そうではなく、民主主義とは経済計画、すなわち生産・分配・消費という社会的機能を国が組織していくことなのです。[33]

総じて言うならば、ラテンアメリカのポピュリスト政治指導者やポピュリズム運動が、労働者の権利や生活条件の改善をエリートたちに迫ってきたことに、ほとんど疑いの余地はない。歴史学者のダビード・タマーリンは、アルゼンチンについて扱った一九八二年の論文で、雄弁にこう説明している。「ペロンのポピュリズムは、ある意味、文化革命の兆しであった。アルゼンチン土着の文化を擁護し、また一般労働者の尊厳を守ることと、政治を非専門職化することを提唱する運動として、ペロンのポピュリズムは、完全に民主化を目指す社会勢力であった。恐らく、それ自体の性質にも関わらず、と付け加えるべきであろうが[34]」。ラテンアメリカ各国のポピュリズム運動は、選挙権を新たな集団へと拡大していくのも、先進諸国よりペースが速かった。一九三〇年代と一九七〇年代を比べると、有権者の割合は、アルゼンチンでは一二パーセントから五二パーセント、チリでは八パーセントから四四パーセント、エクアドルでは三パーセントから二五パーセント、ウルグアイでは二〇パーセントから六一パーセントへと、ラテンアメリカ各国で上昇したのである。[35]

ポピュリズムは社会的包摂と政治参加に貢献したのに、なぜ私はそれを不平等の政治的コストだと見做すのか。その答えは簡単である。ポピュリズム運動が政治と制度を不安定化する引き金になることが多いからである。ペロンやヴァルガスをはじめポピュリスト政治家たちは、対立の構図が大好きである。彼らにとって政治とは、すべてが白か黒か、具体的に言うならば「庶民か寡頭支配層か」「わが国か帝国か」なのである。これは、所得の集中が見られる社会では理解できる部分もあるのだが、双方にとって議論と妥協の余地はほとんどないことになる。

ポピュリスト政治指導者やポピュリズム運動は、政治制度をエリートの掌中にある道具と見做し、懐疑的に見ていた。この前提が非合理的だとはいえないものの、そういった政治制度に対して彼らがとってきた態度が常に良い方向に向かったわけではない。ポピュリストは、行政府の手に過大な権力を集中させるような憲法改正案を押し通そうとし、また過剰な数の新制度・新機関をゼロから創設していった。また自らの政権ができる以上の公約（「国の全面的刷新！」とか「すべての人を平等に！」といったもの）を掲げるが、いかにしてそれを達成するのか、長期的な道筋を示すことには十分な関心を払わなかった。

また、彼らが総じて形式的民主主義[8]に無頓着であることは、特に大きな問題であった。例えば報道の自由は、民主主義に不可欠の要素の一つで、それなくしては、政府に説明責任を果たさせ、また適切な政策論議を喚起することは難しい。説明責任や政策論議がなおざりにされれば、その結果として腐敗が大きなリスクとなり、効果的な政策立案が行われ難くなってしまう。他方、結社の自由も民主主義の下で保障されてしかるべきものだが、これが政府によって継続的に侵害されていると、独立系の進歩的な社会運動が強化され難くなってしまう[9]。こうした形式的民主主義と個人の権利の軽視は、遅かれ早かれ野党勢力が軍事クーデターを支持する際の言い訳として使われることになり、政治的な悪循環を生み出してしまうことになるのである。

3　権威主義体制による民主主義の破壊——エリート層の過剰反応

一九七三年九月一一日——もう一つの忌まわしい九月一一日の二八年前——の朝、チリの人々は、何かとんでもないことが起こっているという不安な気分とともに目覚めることになった。午前七時、海軍機が首都から一二四キロ離れた港湾都市バルパライーソのテレビ局・ラジオ局数か所を爆撃したのである。数時間後には、戦車隊が首都サンティアゴ市街地を大統領宮殿に向けて進軍していた。軍高官はその後ほどなくしてサルバドール・アジェンデ大統領に降伏を要求した。

医師・社会党所属の政治指導者で、三年前の一九七〇年に大統領に就任したアジェンデは、きっぱりとそれを拒否した。その代わりに彼はラジオのマイクを握り、全国民にクーデターへの反対を呼びかけた。後に象徴的なものとなる抵抗の演説で、彼は軍事体制がもたらす危険について警告を発するとともに、希望を求めて叫んだのであった。

わが国の労働者の皆さん、私はチリとその運命に信頼を置いています。反逆が祖国を覆わんとする暗黒と苦難に満ちたこの瞬間を、私とは別の人たちが克服してくれることでしょう。それほど遠くない将来に、大いなる道が再び開かれ、自由な人間がその道を歩み、より良い社会を築いていくであろうことを胸に、前進していってください。チリ万歳！　チリの人民よ、万歳！　労働者たちよ、万歳！　これが私の最期の言葉となりますが、私の死が無駄にはならないことを、そして少なくとも私の死が、重罪と卑怯と背信を裁く、道義上の教訓となることを固く信じています。[36]

空軍は、徹底抗戦するというアジェンデの行動に、大統領宮殿にミサイルを撃ち込んで応戦した。大統領宮殿はほどなくして炎に包まれた。大統領の立場は絶望的だった。警護に回るべき軍は彼を見捨て、サンティアゴ市の人々は恐ろしさのあまり、とても街頭に出ることなどできなかったのである。彼は逃走も辞任もせず、自ら命を絶った。

このクーデター、そしてそれに続いて行われた多数の左派系政治家・活動家の逮捕は、ラテンアメリカで最も歴史ある民主主義体制の一つを破壊したという意味で、世界史の中の悲しい一ページとなった。この武力介入は軍が主導したとはいえ、米国政府とチリのビジネスエリートによって促され、支援されたものであった。一九七一年以来、ある財界人グループが、社会主義政権を転覆する計画を練るべく定期的に会合を重ねていた。彼らは、アジェンデが銀行や銅鉱山を国有化し、医療や教育を民主化し、農地改革を拡大し、実質賃金を引き上げる決定をしたことに腹を立てていたのだ。「月曜会」と銘打たれたその会合には、同国の最富裕層の一員で主要紙『エル・メルクリオ』の社主であるエドワード家の代理人やチリ製造業協会会頭とともに、何人かの「シカゴ・ボーイズ」が顔を出していた。「シカゴ・ボーイズ」とは、米国シカゴ大学で教育を受けた経済学者集団で、クーデター後に軍事独裁政権の経済政策を策定していくことになる。[37]この大きな権力を持ったグループが、決起するよう軍に圧力をかけ、そしてクーデター成功を祝ったのである。現にクーデターの翌日、九月一二日付『エル・メルクリオ』紙は、「わが国を取り戻していこう」という見出しとともに、軍による新体制を歓迎したのであった。

チリが例外であるというわけではまったくない。ラテンアメリカのどこでも、ビジネスエリートは、民主主義政権による脅威を感じたときには、権威主義的な「解決策」を支持してきた。これがポピュリズム体制からの挑戦に対する最も一般的な反応だったのである。例を挙げるならば、一九五四年のヴァルガス、一九五五年のペロン、一九三五年、一九四七年、一九六一年、一九七二年のベラスコ＝イバーラであるが、彼ら以外にも何人もの大統領が、エリート層の支持した軍事クーデターにより辞職を余儀なくされたのであった。政治学者のポール・ドレイクが、こうした動向を巧みに要約している。「エリート層は、あの手この手でポピュリズム運動を取り込もうとしたり、粉砕しようとしたりしてきた。富裕層は、大衆受けする民主主義政権が上流・中流階層の特権を侵害する危険を察知すると、保護された民主主義[10]ないし排他的な権威主義を押し付けてきた。時には尋常ならざるほど野蛮な軍事独裁政権の樹立という手段に訴えたことすらあった」[38]。

グアテマラでは、一九五四年に「民主主義の実験」が断絶したが、これは最も悲劇的な事例の一つである。一九世紀の独立以来、グアテマラの人々は、次から次へと現れる血塗られた独裁政権に苦しめられていた。同国は、一握りの大土地所有エリートの利害のために軍部が統治してきたが、社会のそれ以外の人々は、政治的にも経済的にも等しく排除されてきたのである。一九四四年、（隣国エルサルバドルで軍事独裁転覆が成功した勢いを受け）大学生たちが自国の権威主義体制に対する抵抗を開始した[39]。それに対し政府が憲法で保障された諸権利を停止する決定を下すと社会的動員は勢いを増し、六月二四日には学生と労働組合によって組織されたゼネストが成功するに至った。五日後に独裁者ホルヘ・ウビーコは辞任し、米国へと亡命した。

軍部と民主派反政府勢力との間での、また軍内部での軍政派と民主派による長期にわたる闘争の末、自由かつ公正な選挙がついに一九四四年一二月に実施され、それまではアルゼンチンの大学で哲学を教えていた反政府派の指導者ファン＝ホセ・アレーバロが地滑り的な勝利を収めた。アレーバロは即座に、野心的ではあるが実現までの道筋が見える改革計画をスタートさせた。農民に対する補助金や融資枠が導入され、公教育や公的医療サービスが拡充された。また、控えめな税率ではあったが所得税が新設されるとともに、労働者の諸権利もグアテマラ史上初めて保護されるようになった[40]。新憲法によって、選挙権は非識字女性を除く全成人に拡大され、同時に共産党は非合法とされたものの、複数政党制が確立された。

改革は、一九五〇年一二月にハコボ・アルベンスが大統領に選出されても続けられた。陸軍大尉で、アレーバロ政権の国防大臣であったアルベンスは、国民の大多数の利益になる経済近代化プロセスに取り掛かった。世界銀行の報告書の勧告に従い、アルベンス政権は農業振興に焦点を当て、農地を再分配し小農を支援する政策を採り入れたのであった。

アレーバロもアルベンスも急進左派というわけではまったくなく、むしろ根っからの民主主義者であった。彼らは、所得と機会の分配状況を改善しようとはしていたが、企業の役割に疑問を投げかけていたわけではなかった。現にアルベンス大統領は、就任演説で「わが国の政治経済は民間部門主導で、グアテマラ資本の発展に基づくものでなければなりません。グアテマラ資本の手にこそ、私たちは国民経済の基本的な活動を見出していかなければならないのです[41]」と熱っぽく宣言していた。しかしながら、両大統領とも米国企業（特にユナイテッド・フルーツ社）やビジネスエリートたちから発せられる、恒常的かつ情け容赦ない敵意に対処していかなければならなかった。彼らは、共産主義を支援し、グアテマラを崩壊させようとしているのだと非難されたのである。例えば一九四四年、大土地所有者協会は「労働者の果たすべき責任に何ら言及することなく、彼らの権利だけを称揚したり誇張したり、これ以上ないほど破壊的な心情を煽り、さらには、一致団結して国の富を生み出し増やすという崇高な目標の達成に不可欠な社会の調和を「それ故に破壊しつつある」[42]」として当時のアレーバロ政権を非難した。そしてその一〇年後、ビジネスエリートと米国政府は、軍に対し政府転覆計画を促して成功し、アルベンス大統領は辞任に追い込まれたのであった。

ラテンアメリカの至る所で、制度が弱いこととエリートが競争的な選挙を本気で支持してないことが相まって、政治体制は民主主義と権威主義との間を繰り返し行ったり来たりしてきた。民主主義体制下にある国の数は、一九五〇年の八か国から、一九五五年六か国、一九五九年一二か国、一九七六年五か国、と推移した。一九五〇年から一九九〇年にかけて、世界中で起こった民政・軍政間の体制転換のうち、半数近くがラテンアメリカで起こったものであった。[43]

大統領を本人の意に反して辞めさせることは、二一世紀にあっては稀なことだが、不平等度が高い社会では形式的民主主義に対する脅威が未だ続いていることを示す事例がいくつか見られる。ホンジュラスでは、マヌエル・セラヤ大統領が二〇〇九年六月二八日、軍によって手荒くたたき起こされ、パジャマ姿のまま飛行機に乗せられ、コスタリカに移送された。たしかに彼の罷免は、議会の多数派からも最高裁判所からも支持を得たものであったが、その手続きは明らかに違法であった。[44]悪いのは彼だったのだろうか。政敵は彼のことを、大統領再選への出馬に道を開く憲法改正をしようとしたと非難したが、彼がなぜ亡命を強いられたのか、説得力のある理由がもう一つある。エリート層が彼の経済政策に懸念を持っていたことである。大統領に就任後、セラヤは大方の予想に反して左にシフトした。労働組合運動を支持して最低賃金を六〇パーセント引き上げたほか、社会支出を大きく増やし、またベネズエラのウーゴ・チャベス大統領〔次節を参照のこと〕に接近したのである。[45] こうした（再）分配政策すべてに脅威を感じたビジネスエリートは、熱烈にクーデターを支持したのであった。

さらにパラグアイでも、ルーゴ大統領が不透明な形で職を追われた。二〇〇八年に選出されたルーゴ大統領は、パラグアイ史上初めての左派系大統領で、同国の支配政党である右派のコロラド党以外から大統領が選出されたのも六一年ぶりのことであった。元カトリック司教のルーゴ大統領は、新たな社会政策の導入と税制改革をはじめとする進歩的な政策を実施すると公約していたが、なかでも彼の中心的な政策提案は、多くの人が求めていた農地改革であった。土地分配のジニ係数が九三と、パラグアイは世界で最も農地分配が不平等な国の一つであり、このことが深刻な貧困問題に結びついていたのである。[46]

ルーゴ大統領は政権発足当初から、大土地所有エリートたちの猛反発に直面した。当選から数か月のうちに、パラグアイ農牧協会（ARP）と大豆・穀物・油糧作物生産者協会（APS）が反政府デモをいくつも組織し、またマスメディアを使ってルーゴ政権の再分配政策に向けた取り組みを公然と非難した。APS会長のクラウディア・ルセールは、大統領が共産主義ゲリラと繋がりを持っているとまで言ってのけたのである。[47] 在職中のルーゴに対する執拗な攻撃は、二〇一二年六月、彼の罷免にまで行き着いた。警察と土地なし農民との衝突への対応を誤り、一七名の犠牲者を出したとして、何ら証拠もなく告発された。六月二一日に弾劾発議されたルーゴは、その僅か二四時間後に出された評決の結果、大統領職を解かれることになった。彼には反論をする時間的猶予が与えられず、また議会での尋問もまったく正当なものではなかった。この罷免過程があまりにも異例であったので、多くの専門家、そして近隣諸国のほとんどは、これを軍部ならぬ「議会によるクーデター」と評したのであった。[48]

4 現在へと至る流れ――民主主義の限界と新たなポピュリズムの反応

一九七八年をスタートラインに、ラテンアメリカの政治制度は、誰も止めることのできない民主化の波を経験した。一九七八年のエクアドルに始まり、二〇〇〇年のメキシコで完結するまで、形式的民主主義がラテンアメリカ地域全体に広がり、政治的環境を根本的に変化させた。この地域には民主化の波前夜の一九七七年には三か国（コスタリカ、コロンビア、ベネズエラ）しか民主主義体制下にある国がなかったが、二三年後の二〇〇〇年には、キューバを除くラテンアメリカのすべての国が民主化されていたのである。

外圧もこの政治的変化を後押しした。欧米をはじめとする強力な国際社会のアクターが民主主義への支持を強めたために、独裁の維持が困難になったのである。近隣諸国が民主化を遂げていく過程そのものにもデモンストレーション効果があった。例えば、アルゼンチンでの民主化過程は、隣国ウルグアイでも同じような圧力の引き金になった。しかしながら、変化は究極的には国内のアクターによって推し進められたのであった。当然のことながら、権威主義体制はその当初から不人気であった。チリ人の六六パーセント、ウルグアイ人の七九パーセントは、それぞれの国で起こったクーデターの直前でも軍政には反対であった。[49] 一九八〇年代を通して、独裁に対する社会からの抵抗運動も激しくなった。例えば、一九八三年と一九八四年の二年間に、チリの労働者はピノチェト政権に反対し、一一〇件を超えるストライキを組織した。また、ブラジルの金属労働者は、若き指導者ルイス＝イナシオ・ルーラ＝ダ＝シルバに率いられ、次から次へと政治的自由化を求める抗議運動を展開した。ちなみにルーラはおよそ二〇年後の二〇〇三年に同国大統領となる。[50] ペルーでは、同国で一九一九年以来となる一九七七年七月のゼネストが、労働組合や社会運動の強さを見せつけた。このゼネストは、民主主義を掲げる諸政党の発言力を強め、当時の軍事政権に民政移管の開始を決断させたのであった。[51]

　下からの圧力は、経済危機〔第3章で議論した一九八二年の累積債務危機とその前後を指す〕とも相まって、権威主義体制内部の最強硬派の力を弱め、それが新たな交渉への弾みとなった。国によってそのスピードはさまざまであったが、南米のどこでも軍事政権は次第に民主化が不可避であることを受け入れるようになった。もはや民主主義を大きな脅威とは捉えなくなったのである。しかしながら、その一方で中米諸国では、民主化の過程は相当な痛みを伴うものであった。民主主義に移行するまでに、長期にわたる血みどろの内戦を経なければならなかったからである。

　それでは、なぜビジネスエリートは、ここに至って民主化に同意し、時にはそれを支持すらしたのだろうか。二つの理由が特に重要だろう。第一に、エリート層にとって権威主義体制がそれまでほどの魅力を持たなくなったことである。アルゼンチンなど一部の国では、エリートたちは軍事政権の経済政策運営の拙劣さにうんざりし始めていた。メキシコでは、万年与党だった制度的革命党[•11]（Partido Revolucionario Institucional: PRI）が腐敗の度を増し、政策の一貫性を失ったことによって、ビジネス界が同党への支持を控えるようになった。ブラジルでは、政治的影響力を及ぼすことのできなくなったビジネス界が、権威主義体制への支持を引き揚げた。[52] エルサルバドルでは、保守的な大土地所有者と国際化した新興ビジネスグループとの間でエリート層が分裂したことが、民政移管が実現した要因の一つに挙げられる。[53]

第二に、民主化による新体制がビジネスエリートの経済的利害や政治的影響力を侵害することはないと確認できたことが挙げられる。この点についてはチリの事例がわかりやすい。民政移管は、軍幹部と経済エリートの利益を保護するような形で組み立てられたのである。新たな選挙制度は、保守系・ビジネス界寄りの諸政党の議員が数多く選出されることを保証し、急激な左シフトを防ぐようになっていた。チリ上院には選挙を経ないで与えられる議席があり、軍部選出の議員や、軍事独裁政権の大統領職を退いたばかりのアウグスト・ピノチェトその人にそれが割り当てられていた。ビジネス界も、マスメディアや主要シンクタンクをコントロールしたり、経済をめぐる議論（当然のことながら自由市場思想によって全面的に支配されていた）に影響力を行使したり、選挙運動に多額の献金を行ったりして、公式・非公式を問わずさまざまな手段に訴えることで政策形成を左右していくことができたのである。

ラテンアメリカのどこでも、新自由主義的な政策の拡大がエリートにとっての安全装置となった。[54] 一方で経済自由化は、新政権が急進的な政策を採用する自由度を狭めることになった。左派系の大統領が税率や最低賃金を大幅に引き上げれば、資本逃避をはじめ経済的困難への対応を余儀なくされてしまうからである。他方で世界銀行など有力な国際金融機関は、新自由主義的な政策パッケージを受け入れるよう各国に強要した。また、ラテンアメリカ各国で中央銀行の独立性が高められたことから、金融政策などの分野も政府の好き勝手にはできなくなったのである。

しかしながら、こうした「制限された民主主義」と新自由主義経済モデルの限界は、ほどなくして明らかになった。一九九〇年代後半には社会的な不満が高まっていったからである。ラテンアメリカ全域で民主主義への支持が急落した。一九九五年から二〇〇一年までに、その値は一一ポイントも低下し、すべての国で四〇パーセントを切る水準になった。前出のポール・ドレイク教授によれば、ほとんどの政権が「きわめてエリート主義的、専制的、中央集権的、大統領専横的、属人的、縁故的、無能で腐敗している」と見られていた。「そうした政権は、社会経済的・地域的な既得権益の受益者を満足させつつ、公平性を伴った経済成長も同時に達成できるような政策を……何とかひねり出そうと苦心していた」とドレイク教授は説明する。[55]

市場主義の拡張と真の民主主義の欠如に対する抗議が次第に高まっていった。ボリビアでは、水道事業・ガス事業民営化への反対運動が、「ゴニ（Goni）」の愛称で知られる新自由主義派の大統領ゴンサロ・サンチェス＝デ＝ロサーダの辞任に繋がるとともに、「社会主義運動（Movimiento al Socialismo: MAS）」の勢力拡大〔本節後半部および第6章で詳述〕を後押しすることになった。エクアドルでは、先住民運動によって組織された抗議活動が、一九九七年と二〇〇一年にそれぞれ大統領を辞任に追い込んだ。アルゼンチンでは、二〇〇一年の経済危機を契機に市民たちが街頭に繰り出し、「政治家なんかみんなやめちまえ！（¡Que se vayan todos!）」と気勢を上げた。[56]

ほどなくして街頭での抗議運動は、中道左派の大統領がラテンアメリカ各地で選出されることに結びついた。当時これは「ピンクタイド（Pink Tide）」と呼ばれた。一九九八年を皮切りに、ベネズエラ、アルゼンチン、ブラジル、チリ、ウルグアイ、パラグアイ、エクアドル、ボリビア、エルサルバドルで進歩派の大統領が選出された。二〇〇〇年代半ばまでにラテンアメリカの四分の三以上が進歩派政権になったのである。[57] 就任した進歩派大統領たちは、押しなべて政治的包摂（先住民をはじめ差別を受けてきた集団の権利拡大）と経済的再分配を公約していた。

たしかにピンクタイドは不平等の縮小には役立ったのだが（第6章で詳述する）、問題がないわけではなかった。チリのようにいくつかのケースでは、当時の左派政権がビジネスエリート層と良好な関係を維持したことで、周期的に抗議運動や社会的な不満が湧き起こった。他方、ベネズエラやボリビアなどでは、二〇世紀半ばのラテンアメリカに特徴的だったポピュリズム政治（本章2節参照）への回帰が見られたが、その帰結は以下で述べるように、それぞれの国で異なったものとなった。

まず、ベネズエラでは、一九九八年の大統領選挙でウーゴ・チャベスが圧勝したが、これは同国の民主主義制度の排他的な性格に新自由主義改革の不人気が組み合わさってもたらされた結果であった。多数派を占める低所得者層は、当時の二大政党にうんざりしていた。四〇年にわたって石油収入を中間層とエリート層の間で分配するばかりで、自分たちを排除してきたからである。またほとんどのベネズエラ人は、一九九〇年代前半に導入されながら、経済危機を食い止めることができなかった新自由主義改革にも反対していた。低成長とともに所得分配の急速な悪化も進行していた。一九八一年から一九九七年にかけて所得下位四〇パーセント層の所得が国民所得全体に占めるシェアは、一九・一パーセントから一四・七パーセントへと四ポイント以上縮小したが、その一方で上位一〇パーセント層の所得シェアは、二一・八パーセントから三二・八パーセントへと一〇ポイント以上も拡大したのである。[58]

チャベスは新自由主義を「地獄への道」であると批判し、「他でもない人民がうなり声を上げ、政治参加することこそがその本質である真の民主的プロセス」の創設に取り掛かった。[59] 長期政権の下、彼は社会政策を拡大し、新たな公的医療分野での取り組みや初等教育から大学教育まですべての課程での学校教育プログラムに石油収入を注ぎ込んだのである。[60] しかし同時にチャベスは、彼に先立つラテンアメリカのポピュリスト政治指導者の多くと同じように、政治制度を強化しようとはしなかった。貧困層にすばやくアプローチすることを望んだために、チャベスの取り組みの多くは、既存の制度の外に独自のルートを新設して実施されたのだった。チャベスはまた、社会の分極化も助長した。彼のねらいは、「人民（el pueblo）」との緊密な関係の構築であったが、同時に政治的には野党を、経済的には「寡頭支配層（oligarchy）」を、容赦なく攻撃した。もっとも、二〇〇二年に失敗に終わった軍事クーデターで伝統的エリート層がチャベスを追い落とそうとしたことからもわかるように、チャベスが彼らに敵意を抱いたとしても、それがまったく筋が通らない話だったとまでは言えないのだが。

チャベスが在任中の二〇一三年に死去すると、彼が企図したことは瓦解していった。後継者のニコラス・マドゥーロには、ポピュリスト政策を継続していくのに不可欠なカリスマ性と政治的手腕が欠けていた。マドゥーロはまた、国内経済のボトルネックや悪化しつつあった国際経済環境にも対応しなければならなかった。国内で言えば、国営石油公社（PDVSA）の非効率性がますます目立つようになり、産油量は急激に落ち込んだ。この頃には国際原油価格も大きく下落したので、マドゥーロ政権は社会プログラムの資金源を失うことになったのである。インフレ対策として導入した価格統制は、買いだめや売り惜しみに繋がり、闇市場の発生を促しただけで、ハイパーインフレを食い止められなかった。そのような中で米国の経済制裁がベネズエラ経済の見通しをさらに悪化させた。マドゥーロがあらゆる手段を講じて政権にしがみついたために、ベネズエラの民主主義は決定的に弱体化し、政治的分極化は激しくなり、社会の中で不満が高まっていった。所得分配状況を改善し、より包摂的な社会を作り上げていくというチャベスの取り組みは、最終的にことごとく裏目に出てしまい、またもやラテンアメリカにおける致命的な不平等のコストを白日の下にさらすことになってしまったのである。

一方、エボ・モラレス政権下ボリビアでの経験は、特に経済的な意味では、ベネズエラと比べはるかに好ましいものだった。アイマラ系先住民出身の労働組合活動家でありコカ栽培者であったモラレスは一九九八年、前出のMASの指導者となった。[61] MASのメンバーは、二〇〇〇年に打ち出されたコチャバンバ市の水道民営化計画や、その三年後に決定された天然ガス輸出計画など、新自由主義改革に対する抵抗運動に加わった。既存政治を変えてほしいという願望の広がりが、二〇〇五年の大統領選挙でのモラレスの圧勝をもたらした。米国やビジネスエリート層からの妨害にも関わらず（というよりは、恐らくそれ故に）モラレスは五二パーセントの票を獲得した。ちなみに米国に関して言えば、駐ボリビア大使その人が、選挙に先立つ三年前、ボリビア国民に対し「モラレスの正体をちゃんと見」て、彼には投票しないように、と呼びかけていたのであった。当選が決まると、ボリビア史上初の先住民大統領は「今や私たちは、ボリビアの歴史において新たな段階に入りつつあります。この新たな段階で私たちは、平等と、正義と、公平性を追求していくのです」と誇り高く宣言したのであった。[62]

モラレス政権は、国家による天然ガス部門への出資比率を増やし、公的年金制度や社会福祉事業を拡充し、農村地域への投資プロジェクトに着手した。こうした新たな政策は、天然資源が牽引した経済成長とも相まって、二〇〇六年から二〇一七年までの一二年間に貧困率を半減させるとともに、ジニ係数も一〇ポイント低下させることに繋がった。同政権は、政治的包摂、ジェンダー平等、そして先住民の権利保障も推進した。世界で最も進歩的な憲法の一つと評価される二〇〇九年憲法は、国会議席のジェンダー平等を定めるとともに、先住民自治も拡大した。[63] これらの政策はすべてマクロ経済の安定を脅かすことなく実施された。このような進歩的な政権の味方には普通はならない国際通貨基金（IMF）ですら、二〇一六年に「先の資源ブームの間、健全なマクロ経済運営と貧困削減を両立した」としてボリビア政府を称賛したのであった。[64]

前述のような疑いようのない成果にも関わらず、モラレス政権の時代は、過去の多くの「ポピュリズムの実験」と同様、有終の美を飾ることはできなかった。二〇一九年一〇月、彼は大統領選挙で四選を果たしたが、野党も米州機構（OAS）などの国外の機関もともに選挙不正があったと非難したのだった。MAS政権の支持派と反対派双方からの激しい抗議行動が二週間続いた後、エボ・モラレスは、副大統領のアルバロ・ガルシア＝リネラス以下、閣僚たちとともに国を離れ、メキシコで政治亡命者として受け入れられた。右派の上院議員であるジャニネ・アニェスが率い、軍の大半に支持された暫定政権がMAS政権に取って代わった。アニェスは速やかに大統領選挙を告示するものとみられていたが、その後数か月にわたり政権の座に居続け、モラレス前政権の政策をひっくり返すような改革を実施して論争を巻き起こしたのである。

エボ・モラレスの最終的な命運とMASの長期的な行く末については、まだわからない。[•13] しかしこの二〇一九年の危機は、またもやポピュリストの政治戦略と伝統的エリート層の権力が、いずれもリスクを孕むものであることを示した。一三年超の長期にわたって大統領の座にあったモラレスが、かなりの程度、自由民主主義を軽視する態度を取ったことも事実である。可能な限り長く権力の座に留まる、というのが政権の第一の目標となっていったのである。モラレス大統領自身、二〇一六年に「私たちＭＡＳは大統領宮殿に間借りしているわけではありません。社会運動体として、私たちは一生住まい続けるために大統領宮殿に来たのです[65]」と発言している。権力の座にあった最後の数年間、モラレス政権は司法の独立を侵害するとともに、報道関係者や野党、「非友好的な」シンクタンクを脅迫していた。さらに目を見張らざるを得ないのは、モラレス大統領自らが、四選出馬を禁止する二〇一六年国民投票の結果を無視したことである。当然のことながら、これには保守派だけでなく、野党のより進歩的な勢力すら憤った。同時に伝統的な政治的・経済的エリート層は、モラレスと彼が体現するあらゆることを嫌悪するようになり、彼を大統領の座から引きずり下ろすことのできるチャンスを血眼になって探しまわっていたのである。

近年では、ラテンアメリカでボリビア以外にも保守派が政権に返り咲くような例が見られる[66]。チリとアルゼンチンでの左派から右派へのシフトは、たとえそれが所得分配の面では望ましくない影響をもたらすものであったとしても、健全な政権交代の一部と見做せるだろう[67]。しかし右派新政権を、左派政権の再分配政策に対するエリート層や上位中間層からのリベンジとして捉えるべき国々もある。前節ですでに紹介したパラグアイのルーゴ大統領の例が挙げられるが、彼は疑問の余地のある弾劾手続きを経て、親エリート的な大統領に交代させられたのであった。

ブラジルも憂うつな事例として数えられるだろう。同国は、一三年間にわたり進歩的な労働者党（Partido dos Trabalhadores: PT）出身のルーラ（二〇〇三年〜二〇一〇年）とジルマ・ルセフ（二〇一一年〜二〇一六年）の二人の大統領によって治められていた。両者の大統領選出は、それぞれ歴史上特筆すべきことであった。正規の教育を僅かしか受けていない労働組合活動家だったルーラは、労働者階層出身者として初めての大統領、そしてルセフはブラジル初の女性大統領であったからである。二人が政権を担当する中で、ブラジルは、国際的にも評価の高い条件付き現金給付政策であるボルサ・ファミリア（Bolsa Família）をはじめ新たな社会政策を実施し、最低賃金を引き上げ、〔大学入学者や公務員採用者等の〕人種別割当政策を拡大し、フォーマル雇用を促進した。その結果として、三〇〇〇万人を超える人々が貧困から脱し、中間層の仲間入りをした。それと対照的に上位中間層の経済的・社会的影響力は低下した。相も変わらずきわめて羽振りの良いスーパーリッチを別にすれば、富裕層の二〇一四年の所得シェアは、労働者党政権以前の二〇〇二年と比べて低下していたのである。[68]

経済成長率が高く、国がうまくいっている間は、保守派グループでも労働者党政権にあまり手を出すことができなかった。ルーラは退任時、支持率が八〇パーセントと過去に例を見ない高さであり、彼ほどカリスマ性のなかったジルマ・ルセフがそのおかげで当選できたほどであった。[69] しかし経済が減速し、一連の汚職スキャンダルが労働者党を襲うようになると、保守派からの攻撃は容赦ないものとなった。二〇一六年、ルセフは予算編成過程での不正会計操作の嫌疑を受け、弾劾された。そのような操作は、過去歴代の政権も行ってきたにも関わらず、である。しかも、議会での弾劾手続きの過程で、この不正会計操作について言及した野党議員はほとんどいなかった。彼らはむしろ「国家を救済する」「共産主義に終止符を打つ」「キリスト教の基盤を回復する」として弾劾決議案に賛成票を投じたのであった。特にひどかった議員はジャイル・ボルソナーロで、彼は自ら投じた弾劾賛成票を、軍事独裁政権期にルセフを拷問した軍人に献呈するとしたのである。[70] その二年後、依然として国内で最も人気の高い政治家であったルーラ前大統領も、どちらかというと説得力に欠ける証拠しかない、比較的軽微な汚職事件のかどで有罪判決を受けた。国内外のブラジル・ウォッチャーの多くは、この事件が政治的な動機で引き起こされたものであると見做したし、それに続くメディアの報道は、この事件の担当判事の言動に疑義を呈した。

二〇一八年一〇月、そのボルソナーロが大統領に選出された。世論調査でトップを走っていたルーラは、有罪判決のためにその選挙への出馬を許されなかったのである。ボルソナーロは、少々毛色の変わったポピュリストである。経済面では、彼は富裕層に有利なことには全面的に賛成し、新自由主義的な改革を断行していった。政治面では、彼はポピュリスト的な言説を弄し、SNSを使って選挙民との直接的な結びつきを築くとともに、社会の分断を煽るようなメッセージを拡散していった。彼の「敵」は、労働者党、女性（彼は労働者党の女性議員に「俺はあんたのことはレイプしないよ。それに値しないからね」と言い放った）、同性愛者（「ホモだったら自分の息子でも俺は愛せないね」）、黒人（「アフリカ系ブラジル人は何もできやしない。子作りだってろくにできないし」）であった。[71] 彼はまた、犯罪組織対策の面でも、殺傷能力の高い武器の大量使用を含む強硬策を主張した。

アウトサイダーであったボルソナーロが大統領に選出されたのには、いくつもの要因がある。例えば、大規模な汚職スキャンダルにまみれた既存政治家たちへの怒りや、治安悪化に対する懸念などである。

しかし、それが上位中間層や富裕層による反革命であったことには、ほとんど疑問の余地はないだろう。彼らは、自分たちの手にブラジルを取り戻したかったのである。実際、ボルソナーロは第一次投票で、中・高所得者層が住む自治体では最大七五パーセントを得票したが、低所得者層が住む自治体では二五パーセントも獲れなかったのである。[72]

5 不平等がもたらした政治体制から再び不平等へ

ここまで述べてきたラテンアメリカの経験は、不平等が政治面でも大きなコストをもたらすことを示している。富裕層は、いつの世でも再分配を恐れ、真の意味での民主主義を支持するのを拒否してきた。それに呼応する形で貧困層は、往々にしてポピュリズム的な解決策を求めてきたが、それは長期的には権力関係を変化させることにも、民主主義的な制度を強化することにも失敗してきたのである。しかしながら、問題はここで終わるわけではない。「制限された民主主義」とポピュリズム、そして権威主義は、翻って不平等の拡大をもたらしてきたのである。

この政治的悪循環を明らかにするために、まずはラテンアメリカの「制限された民主主義」が不平等に対し、いかにして悪影響を及ぼしてきたのか、検証するところから始めよう。「制限された民主主義」体制において、ビジネスエリートは政治的決定に影響を与える公式・非公式の仕組み[14]を数多く手にしている。そのうちの三つについては、第3章ですでに触れた。エリート層によって支配されたメディアが政治的議論の形成に果たす役割、エリート層の人々が民間部門と公的部門を行ったり来たりする「回転ドア」の利用、そして（主に保守系）政党との緊密な結びつきである。これらによってエリート層は絶えず政策論議を形成できる。以下では、彼らがいかにして選挙結果を直接的に左右できるのかを見てみることにしよう。

ビジネスエリート層は、メディア支配を通じて選挙に大きな影響力を及ぼしてきた。すでに他界したホベルト・マリーニョとエミリオ・アスカラガは、それぞれブラジル（グローボ社）とメキシコ（テレビサ社）最大のメディア企業体のトップであったが、彼らが傘下のテレビや新聞を駆使して政治家に影響力を与えることなど朝飯前だと公然と吹聴していたことはよく知られている。こういった新聞社やテレビ局のオーナーは、大抵彼らのお気に入りの政治家には選挙広告料に割引価格を適用するのである。そして言うまでもなく、そういった政治家たちが再分配を促進するような政策指針を持っていることなどまずなかった。[73] ときにはメディア界の大物が同時に政治家であることもあった。例えば、ボリビア最大のメディア企業の一つであるウニテル社は、エボ・モラレスに敵対する元上院議員がオーナーであった。二度チリの大統領となった同国最富裕層の一人であるセバスティアン・ピニェーラは、大統領選に勝利して数か月経ってもチレビシオン社の共同オーナーの座に留まっていたし、ブラジルでも多くの地方政治家がローカルメディアを同様に支配している。[74]

選挙運動資金はラテンアメリカのどこでも、少なくとも部分的には民間からの献金で賄われている。ビジネス界の大物たちの多くは、一つの政党・一人の候補者だけに賭けるリスクを回避する行動をとるものだが、保守系の政党の方により一層肩入れする傾向がある。グアテマラのケースがきわめて分かりやすいだろう。二〇一一年の大統領選挙では、主に財界からの献金のおかげで、保守党が選挙戦に使った額は左派系の一二倍に上り、当然のごとく選挙を制することになった。[75] 公的規制が厳しくなってきてはいるものの、選挙資金にまつわる不正は、ラテンアメリカ全域にわたり今でも普通のことである。このことは、ビジネスエリートの影響力が続いていることを明らかに示している。

ほとんどの場合、ラテンアメリカの政治制度は、富裕層の影響力に抗うにはただ単に弱すぎるのである。再分配的な政策アジェンダをきちんと進めることのできる政党は、同地域ではどちらかと言うと僅かな数しかない。ウルグアイの拡大戦線（Frente Amplio）、ブラジルの労働者党、そしてチリの中道・左派政党連合[15]（Concertación）くらいである。ほとんどの国々で政党は、短命であるか、あまりにも弱小であるか、一貫した選挙公約を打ち出すことに無関心であるかのいずれかである。その結果として、どのような政権であっても、本当の意味で経済を変革し、所得と機会を再分配できるような経済政策を推し進めることなど到底無理なのである。

ポピュリスト体制は所得分配の改善に貢献はしてきたが、それも長期的には多分に問題を含んできた。少なくとも以下三つの理由がある。第一の理由は、ポピュリスト政権の中には、状況を改善しようとして、逆にきわめてコストの高い金融危機の引き金を、結果的に引いてしまった場合もあったことである。例えば、第一次ペロン政権は、この問題を鮮明に描き出してくれる。ペロンは政権を担当した最初の数年で、実質賃金を一・五倍に引き上げた。当初この賃金引き上げは問題を引き起こさなかった。国際的な農産物価格の急上昇により、同時にアルゼンチンの輸出額もまた急拡大していたからである。しかし一九四九年に農産物の国際価格が下落すると、アルゼンチンの貿易収支は黒字から赤字に転じ、同国の外貨準備は瞬く間に底をついたのであった。農業部門が危機に陥ると、工業化のための資金も枯渇した。

ペロンは当初、景気を支えるために通貨供給を増やすことで対応したが、このために一九四九年のインフレ率は三二パーセントになった。結局、所得再分配の試みはあっという間に危機に結びつき、一九五〇年以降は、痛みを伴った、そして不平等を拡大させるような経済安定化政策への転換を余儀なくされたのである[76]。

ブラジルの進歩派経済学者で同国の財務大臣も務めたルイズ＝カルロス・ブレッセル＝ペレイラは、この「ポピュリスト・サイクル」について説得力のある説明をしている。まず政府が拡張政策を採用する。その内容には、為替レートの切り上げ（輸入品を安くするためだ）、公共支出の拡大、そして賃金の引き上げが含まれる。当然のことではあるが、消費も投資も増加するので経済成長は加速する。しかし残念ながら、この望ましい傾向は長くは続かない。あらゆる経済指標が少しずつ悪化していく。ただし、ペロン政権下のアルゼンチンが経験したように望ましくない外的ショックが伴った場合は、経済指標の悪化がかなり急激になることもある。いずれにせよ、輸入が輸出よりも速く増加するので貿易赤字が発生し、政府支出が税収を上回ることになるので財政赤字が増大し、それに引き続いて通貨供給量の拡大とインフレが起こる。こうしたすべての問題が合わされば、確実に国を「深刻な危機」に導いていく。その「深刻な危機により、クーデターとまで行かなくても、何人かの大臣の首は飛ぶかもしれない。……どちらにしても経済政策の根本的な変更を迫られることは間違いない[77]」。こうした経済危機と、そしてそれに続く新自由主義政策が所得分配に及ぼす影響は、大抵の場合、破局的なものとなる。

このように、ポピュリスト政権は、国際的な諸条件の変化への適応に特に苦慮してきた。彼らの目玉政策である公共支出を通じた再分配は、政府収入を減少させるような外的ショックと両立することはほぼありえない。これは過去の問題というだけではない。現在のベネズエラでも、原油価格が何年も上昇した後に下落に転じると、マドゥーロ政権は価格統制と複数為替相場制への依存度を高めることとなった。同政権はまた、通貨増発を通じて公共支出赤字を埋め合わせたが、これが悲惨なハイパーインフレへの引き金を引いてしまった。その結果、二〇一八年にはインフレ率が年率一〇〇万パーセントを超えることになってしまったのである。

第二の理由は、政府から独立した社会運動の育成に、多くのポピュリスト政治指導者たちがほとんど関心を抱いてこなかったことである。二〇世紀のヴァルガス政権下のブラジルから二一世紀のチャベス政権下のベネズエラに至るまで、そうしたポピュリスト政権のほとんどは、労働組合を自らの傘下に取り込み、反対意見が上がってくるのを抑制した。政府の方針に従わない労働組織・社会組織は、裏切り者と見做された。しかし、下からの組織的な圧力なしに、不平等に対する戦いに勝利することはほぼ不可能なのである。[78]

第三の理由は、ポピュリスト政治指導者たちが間断なく推し進める分極化を長期的に維持することがほぼできないことである。こうした指導者たちはすべて、「人民」の敵は寡頭支配層であるとか、支持者は多数派であり、敵対者は少数派であるといったように、国内を分断する術に長けている。ウーゴ・チャベスが「勝利したのは私ではない、人民だ」と宣言したときのことを、あるいはラファエル・コレアが二〇〇九年の大統領選を制した後、「エクアドル自身が自らのために投票したのだ」と得意気に叫んだことを思い起こしてほしい。[79] 彼らの戦略は、ときにはもっともだと思わされることもないではない。ラテンアメリカでは勝者であるエリート層とそれ以外の人々との間には越えがたい溝があるからだ。しかし、そのような言説は一貫して不信感と諍いを生み出してきたのである。このような状況下で、どうして対話と交渉が行われ得るというのだろうか。無理である。野党は、対話や交渉をしないどころか、きまって大統領に「正統性」がないと応ずる。与野党のいがみ合いの連鎖は、多くの場合、所得分配に好ましくない影響を与えてきたし、権威主義体制の介入を許すことにもなってきたのである。

権威主義体制が所得分配にもたらす影響は破滅的である。権威主義体制は、政治的暴力と経済改革を組み合わせ、進歩派の動きを弱体化させ、所得をごく少数の人々の手に集中させてきたからである。チリのピノチェト軍事独裁政権（一九七三年〜一九八九年）は労働組合員や野党支持者を三〇〇〇人以上、ペロン失脚後のアルゼンチンの軍事評議会（一九七六年〜一九八三年）は少なくとも三万人を殺害した[80]。抑圧と恐怖が社会を統制する手段として用いられた。そしてその目的は、体制に対する挑戦者を抹殺することばかりでなく、労働コストを引き下げることで利潤を増大させることにもあったのである。

ほとんどの場合、そうした戦略は「成功」であった。実質賃金は停滞し、社会政策は縮小され、結果として所得格差は急速に拡大したからである。例えばチリでは、所得最上位一〇パーセント層の所得シェアは、ピノチェト政権開始時の一九七三年に三四パーセントであったものが、同政権末期の一九八七年には五二パーセントへと拡大した一方、それ以外はどの所得階層の所得シェアも縮小した。チリ国内で刊行されているある雑誌が説明しているように、ピノチェト独裁政権は金持ちのために貧しい人々からお金を奪うばかりでなく、スーパーリッチのために普通の金持ちからもお金を奪ったのである。極端なまでの「逆ロビンフッド」だ[81]。

ブラジルでは、軍事独裁政権（一九六四年〜一九八五年）が国の近代化に注力し、いわゆる「ブラジルの奇跡」に貢献するところとなった。一九六八年から一九七四年にかけて成長率は年平均で一〇パーセントを超えた。しかしそれは、富裕層と上位中間層だけにとっての奇跡であって、貧しい人々にとっては奇跡でも何でもなかったのである。一九六〇年から一九七〇年の間に所得下位五〇パーセント層の所得シェアは、一七・四パーセントから一四・九パーセントに縮小する一方、所得上位一〇パーセント層のそれは三九・六パーセントから四六・七パーセントへと七ポイント以上も拡大した。つまり一九七〇年の時点で、最上位一〇パーセント層は、所得下位五〇パーセント層の三倍もの所得を得ていたのである。民主化が進行した一九八〇年代にも、結局のところ所得格差は拡大を続け、ジニ係数は五八・五から六三・五へと上昇した。[82]

クーデターが所得分配にもたらす逆進性は、最近の事例を見ても明らかである。例えば、二〇〇九年にマヌエル・セラヤ大統領が政権を追われた後のホンジュラスを思い起こしてみよう。政変後の数か月間に抑圧は急速に強められた。「クーデター後――ホンジュラスで続く暴力・脅迫と無処罰という現状(After the coup d'état: Violence, intimidation and impunity continue in Honduras)」と題された人権NGOヒューマン・ライツ・ウォッチの報告書では、一八人の殺害、数百件に上る脅迫とともに、平和的な抵抗運動に対する組織的な武力行使が記録されている。[83] ここでも政治的抑圧が経済的な不平等に繋がった。セラヤ政権下では、所得上位一〇パーセント層の所得シェアは伸び悩んだが、二〇一〇～二〇一一年には、それは年率七パーセントも拡大することになった。その結果、ホンジュラスは、ラテンアメリカでこの期間にジニ係数が上昇した僅か二か国のうちの一つとなったのである。[84・16]

6　時間旅行から現在へと戻ってみると

　本章で学んだ教訓を一言でまとめるならば、不平等な環境の下で、十全に機能し安定的な民主主義体制を維持するのは、きわめて困難だということである。過去一〇〇年以上にわたってラテンアメリカは、民主主義とポピュリズムと独裁の間を揺れ動いてきた。そして、所得分配をめぐる抗争こそがその根本原因である。これまでに見てきたとおり、一九〜二〇世紀の民主主義体制下では、エリート層はほとんどの国で国家をわがものにすることに成功し、実質的に所得再分配を阻止してきた。それに不満を抱く国民の多数派が、より公平な扱いと政治参加の拡大、そして生活水準の改善を求め、それに応じる形でポピュリスト政治指導者が登場してきた。しかしポピュリズムはほとんどの場合、逆効果に終わり、クーデターか経済危機か、あるいはその両方に結びついてしまった。

　このようなラテンアメリカの経験は、世界の他の地域でも今後起こりかねない事態について、真剣に考えるよう警告するものである。米国、イギリス、インド、フィリピンといった、それぞれ状況がまったく異なる国々でも、所得格差の拡大は政治家や国の制度への不満にすでに結びついてしまっている。ますます多くの有権者が、政党は国民の方を向いておらず腐敗しており、国民の生活・福祉を保障するよりも、富裕層を保護することに関心があるのだと見ている。これらの不満は、ある意味もっともである。ここ数十年の間に主要政党が繰り出す経済政策パッケージは、右派も左派も関係なく、技術官僚《テクノクラート》が「正しい」とするものへと収斂してきたからである。すなわち、「市場からの信頼」を確保し、高い限界税率を引き下げ、金融政策を政府から独立した中央銀行の手に委ね、（少なくともコロナ禍までは）財政赤字を最小限に止めることを優先課題とする必要性を、右派政党も左派政党もともに受け入れてきたということである。どのようなタイプの経済政策を選ぶのか議論する代わりに、政党間の論戦は、移民を受け入れるのかどうか、多様性を認めるのかどうか、ジェンダー平等にどのくらいの価値を置くのか、あるいはナショナリズムの役割は何かといった社会的・文化的問題に焦点が当てられるようになってきたのである。

第1章でも登場したフランスの経済学者で、『21世紀の資本』の著者トマ・ピケティは、前述の政党間の経済政策における収斂を、政党システムの変容と示唆的に関連づけている。彼によれば、米国や多くのヨーロッパ諸国では、政党政治は階級に基盤を置く競争から、異なるエリート集団間の競争へと移行してきているというのである。[85] 一九五〇〜一九六〇年代には、左派政党は熟練度の低い低賃金労働者によって支持され、他方、高所得・高学歴の人々は、ほぼ右派政党に票を投じていた。二〇〇〇年代以降は、左派政党が「知的エリート」の道具となった一方で、右派政党は主として高所得者層（「ビジネスエリート」）によって支持されている。そのような中、低所得者層に属する有権者は、主要政党はどれも自分たちの立場を代弁してくれていないと感じ、それに代わるような、もっと過激な政治勢力を探し求めているのである。

自分たちのことを代弁してもらえないというこうした不満に応えるように、米国のドナルド・トランプからフランスの国民連合に至るまで、既存の政治制度を否定するような政党や指導者が近年急増してきた。そうした勢力のほとんどは、グローバル化や移民流入に反対で、ナショナリズムを擁護し、ジェンダーやセクシュアリティー問題については保守的な政策方針を推し進める必要性を社会に訴えている。

「わが国のこれまで忘れ去られてきた男性・女性の皆さんが忘れ去られることはもはやありません」と、ドナルド・トランプが二〇一六年の大統領選勝利宣言で公約したことでも、このことはよくわかる。[86]

そうした勢力の動きには、「ポピュリズム」的な特徴が多くみられる。分断的なレトリックが使われ、多数派の価値観が称揚される。例えば「エリートに対するふつうの人々の反乱がここにあるのです」と二〇一七年フランス大統領選挙で極右候補のマリーヌ・ルペンは述べた。[87] そこでは皆が常にスケープゴートを探し求めている。例えば中国、移民、非白人などだ。そして多くの場合、有権者に直に繋がってくれるカリスマ的な政治リーダーが好まれる。トランプ、ルペン、ハンガリーのオルバーン、トルコのエルドアン、彼らは皆、自らが代表しているはずの政党そのものよりも、個人としての方がよく知られている。

さらに、近年のポピュリズム的政治動向は、まさにラテンアメリカと同じように、形式的民主主義制度を弱体化させてきた。前出のベストセラー『民主主義の死に方』は、米国を含む多くの国々で起こっている制度の弱体化に関する警告の書である。民主主義的なゲームのルールを拒否したり、信念の異なる政治家の正当性を否定したり、暴力を許容したり、言論の自由を含む基本的人権を抑圧するぞと脅しをかけたりする新しい政治の動きが増えてきている。[88] 実際、トランプ政権は、こうした類の言動の事例をこれでもかというほど見せつけてくれている。

しかし、ラテンアメリカのポピュリストたちと異なるのは、こうした世界の動きが保守派の利害を代弁しており、再分配政策への支持をほとんど表明していないことである。彼らは大抵、税率の引き上げ、団結権の保護、ユニバーサルな社会政策、最低賃金の引き上げといった所得分配を改善するのには不可欠な政策すべてに反対している。例えば米国では、トランプ肝煎りの政策提案は、所得最上位一パーセント層をさらに潤すだけの減税であったし、ハンガリーでは、オルバーン首相が国有化など主流派経済学的でない政策を採用しつつも、所得税を所得水準に関係なく僅か一五パーセントという単一税率とし、もともと逆進的な性質を持つ消費税率を欧州で最高水準の二七パーセントに引き上げたのである。[89] こういった現状に、二〇〇六年から二〇一〇年までチリの財務大臣を務めたアンドレス・ベラスコは、とある論説記事で「米国のトランプからハンガリーのオルバーンまで、イタリアのサルヴィーニからブラジルのボルソナーロまで、ポーランドのカチンスキからフィリピンのドゥテルテまで……、彼らポピュリストの政策は所得分配を改善するというよりは悪化させているようだ」と警告を発している。[90]

こうしたポピュリストが社会的な支持を得るために用いる方法もとりわけ懸念すべきものである。これまでのラテンアメリカのポピュリストたちのようにビジネスエリートを批判するのではなく、彼らは女性やマイノリティといった人たちを攻撃してきたからである。特に近年のポピュリストたちは総じて根っからの女性嫌いである。またマイノリティの中では、とりわけ移民が、テロリストだ、犯罪者だ、怠け者だ、国家に対する脅威ないし福祉国家に対する脅威だ、低賃金と不平等拡大の原因だなどと、格好の標的とされてきた。こうした排他的な言説が生み出されるのは、誤った二分法によってである。例えば、自国民と外国人というような二分法で、そこでは常に外国人が、証拠もなしに、自国民が抱える問題の原因とされてしまう。「若者の失業率がゼロになるまで、そして国民が付加価値の高い仕事に就けるようになるまで、私は外国人なんて一人だって要らないと思っています。いえ、私は人種差別主義者なんかじゃありませんよ。私が必要だと思っているのは、わが国の国民がきちんと職に就くことができるということなんです。今の世の中、不法移民なんて労働者の賃金を押し下げるためのからくり以外の何ものでもないんですよ」。米国で極右ポピュリズム・イデオロギーを喧伝していたスティーヴ・バノン[17]はこのように吹聴したが、彼は今ではこうした排他的イデオロギーを国外で売り歩いている[91]。

本章の議論は、上で述べてきたような類のポピュリズムへの旋回が、大きな不平等という状況の下でなぜ懸念すべきものなのかを明らかにしてきた。ラテンアメリカでは、不平等を縮小しようとしたポピュリストたちが失敗を繰り返してきたが、新自由主義的な経済の現状維持を擁護しつつ、民主主義を弱体化させてきたトランプのようなポピュリストの下では何が起きるのだろうか。有権者たちは、自らの経済状況が未だに改善していないと気付いたとき、どのような行動に出るのだろうか。このような文脈にあって、民主主義の未来はどのようなものになるのだろうか。有権者たちは結局、このようなポピュリストからも無視されたと感じたり、怒りを覚えたり、騙されたと思い、失望するかもしれない。これまで本章で見てきたように、社会的に不満が高まっていくことは、政治的・経済的不安定の増大に結びつくだけである。そして不安定な社会にあっては、所得分配と民主主義と平和的共存とが、同時進行でますます壊されていくのである。

訳注　第4章

●1　ペロンの二番目の妻で、労働者層や貧困層を救済する財団を創設するなど、その存在はペロン政権の人気の源泉の一つであった。貧困層を中心に崇拝され、彼女の生涯を描いたミュージカルは有名である。なお、本章でたびたび出てくる「エビータ」はエバの愛称形である。

●2　ルビの「デスカミサードス（descamisados）」は、ペロンを支持する労働者のこと。「ワイシャツ・シャツ（camisa）を着ていない人たち」、すなわち、みすぼらしい身なりをした人たちが原義である。

●3　一九四三年、ペロンの打ち出した新労働者政策が大衆の支持を受けたことから生まれた運動のこと。この運動から生まれた正義党（別名ペロン党）は現在でもアルゼンチンの主要政党の一つである。

●4　人間が生まれながらにして持っている権利のこと。日本語では通常、自然権と呼ばれる。国家以前に存在し、国家でさえそれを侵すことのできないものとされる。人権がその代表例である。

●5　ラテンアメリカの伝統的エリートは、主として一次産品輸出で利益を得る大土地所有者であり、工業化には基本的に反対であった。

●6　ラテンアメリカのポピュリズム政治では、自らの政治手法こそが「本当の意味での民主主義」であるという都合の良いレトリックをよく用いる。

●7　スペイン語でAméricaはアメリカ合衆国のことではなく、南北アメリカ全体を指す。アプラ党は、全ラテンアメリカの政治的統一を党の五大綱領の一つとしていた。

●8　公正かつ言論や結社など市民的自由が保障され、定期的に実施される選挙によって代表が選出されることを指す。「手続き的民主主義」とも呼ばれ、本章で後述されるように、「手続き」ばかりで貧困や不平等の解消など実質面が伴っていないことへの批判的文脈でも使われる。

●9　原著者の考える進歩的な社会運動の重要性については、第6章および第7章で詳しく議論される。

●10 チリでの民政移管（一九九〇年）の際、急進的左翼に政権を奪われないために軍主導で（軍に保護されて）実現した民主主義を指す。民政移管後も民主主義を守るという口実のもと、軍の特権が守られたという意味も含む。

●11 一九二九年に国民革命党として結党以来、「メキシコ革命の継承者」として二〇〇〇年まで一貫して政権を担った政党。労働組合、農民組合、公務員組合等を市・州・全国の各レベルで組織化し、同党の支配体制のもとに組み込むコーポラティズムを特徴とする。累積債務危機後は新自由主義政策へと方針転換した。

●12 共産主義（シンボルカラーは赤）ほど急進的（radical）ではない左派（穏健左派）政権が同時期に次々と誕生した現象を指す。「ピンクの波」とも訳される。なお本書でたびたび言及される「進歩派／進歩的（progressive）」は、概ねこの穏健左派に対応する。

●13 原書の出版後、二〇二〇年一〇月の大統領選挙でモラレス派のルイス・アルセ元財務大臣が過半数の票を得て当選した。

●14 公式の仕組みとは、法律や政府組織など明文化されたものを、非公式の仕組みとは、慣習やエリート層内での人脈など、明確に定められているわけではないが、実際には機能しているものを、それぞれ指す。

●15 正式名は「民主主義政党連合（Concertación de Partidos por la Democracia）」で、ピノチェト軍事政権末期の一九八八年に結成され、一九八九年の民政移管以降二〇一〇年まで政権を担った。

●16 二〇〇〇年代は多くのラテンアメリカ諸国で歴史上初めて不平等が改善した時期であった。第6章3節で詳述。

●17 二〇一六年の大統領選挙でトランプ陣営の選挙責任者を務め、同氏当選の立役者となった。同氏の大統領就任後は首席戦略官となったが、クシュナー上席顧問らホワイトハウスの「国際派」と確執が生じ、二〇一七年八月に解任された。

第5章　不平等の社会的コスト

小さく、壊れた所もほったらかしの家々が何百軒もごちゃごちゃとひしめき合っている。作りかけの家も多いが、どの家もトタン屋根で雨露は何とかしのげている。通りを挟んだ反対側に目を遣ると、堂々としたマンションが一棟そびえ立っている。各階にプライベートプールがあるというのがこのマンションの売りであるようで、建物全体はテニスコート二面と大きな共用プール、そして芝やら植木やらがきれいに刈り込まれた庭に囲まれている。これはパライゾポリス地区とモルンビ地区という、ブラジル最大の都市であるサンパウロ市の南西部で隣接し合う、二つの別世界である。[i]

ブラジル人写真家トゥカ・ヴィエイラがこの対照的な現実を撮影した二〇〇四年の作品は、あっという間に話題になった。二〇一七年のインタビューで、彼はこのような光景をいかにして撮影したかったのか説明している。「金持ちと貧しい人々の間の不公正で残酷なまでの格差を描き出したかったんです。それは、奴隷制の負の遺産ですし、他の多くの問題、例えば暴力、在るべき水準にまったく届かない教育、偏見などの大もとになっているものだからです[1]」。似たような写真はラテンアメリカの他の多くの都市でも撮ることができたことだろう。メキシコシティからブエノスアイレスまで、多くの人々が空間的・社会的分断に直面している。人々は社会階層の異なる隣人を「信頼できない人々」として扱っており、「彼ら」と「自分たち」とが一緒に取り組むことができることを見つけ出せないでいる。お互い言葉を交わすことも、公共スペースを共有することも、同じ目的のために共闘することも、まずないのである。

本章では、ラテンアメリカ地域全体に見られる不平等の社会的コストと、その結果としての悪循環（図5-1を参照）について考える。そのためにまず、暴力の問題を検討する。今日、ラテンアメリカは世界で最も殺人率が高く、世界で最も危険な都市をいくつも抱えている。フェミサイド（女性であることを理由とする殺人）件数も毎年最悪を更新している。この残念な状況には多くの原因があるが、所得格差が最も重要なものの一つである。「不平等は不利な立場の人々の間に不公平感を生み出し、その結果、彼らは他の手段を通じてその埋め合わせを求めてしまうのだ」と世界銀行エコノミストのハーマン・ウィンクラーは説明している。[2]

続いて、所得格差が空間的・社会的分断に及ぼす影響について議論する。ここ数十年間、ラテンアメリカでは、ますます多くの裕福な人々が、ゲーテッドコミュニティへと移り住んできた。ゲーテッドコミュニティとは、敷地内に居住者専用の運動場などの娯楽施設や警備システムなどを備えた、塀で閉ざされた街区である。彼らとコミュニティ外部との関係性は表面的かつ散発的なものである。不平等はそれゆえ、日常生活の中で何を経験し、何を期待し、何を選好するのか、階層ごとの差異を生み出してしまうのである。不平等はまた、社会サービスの分断化にも繋がる。富裕層・中間層と貧困層はほとんどの場合、同じ病院や学校に行くことがないのである。

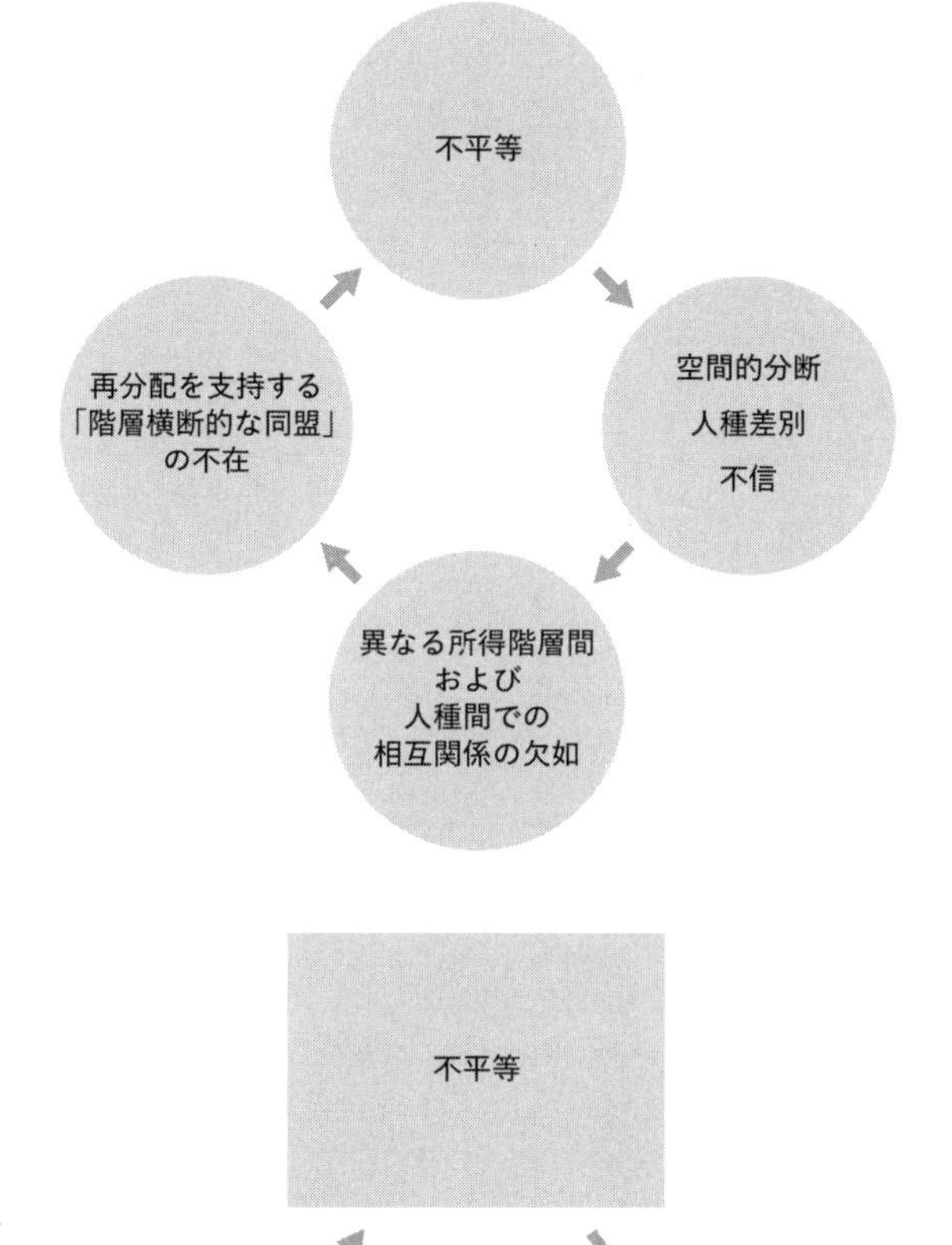

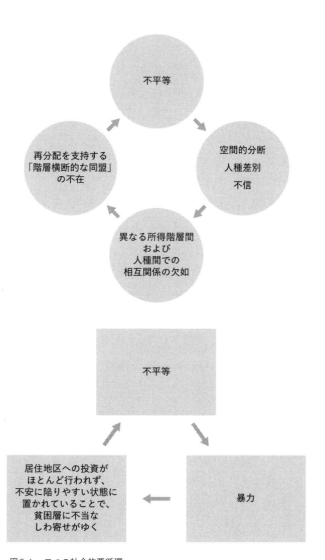

図5-1　二つの社会的悪循環
出所：筆者作成

大きな所得格差はまた、隣人や制度への信頼を弱めてきた。ラテンアメリカでは誰もが自分本位で、他人と協力しようにもできないでいる。ラテンアメリカの人々はまた、政治リーダーや政党や公的機関にも相当懐疑的である。その中でもとりわけ極端なのは、ベネズエラ人で警察を信頼している人の割合が僅か一九パーセントであるという事例だ。これはアフガニスタンやシリアといった紛争国よりも低い数字である（どちらの国においてもこの数値は三二パーセントであった）[3]。

本章ではまた、人種差別と民族差別と不平等の複雑な関係について考察する。「混血性（mestizaje）」や「人種民主主義（racial democracy）」〈詳細は本章4節を参照のこと〉といった、ラテンアメリカのすべての人は同じ一つの「混血人種」に属するという信念に基づく支配的イデオロギーの存在にも関わらず、アフリカ系や先住民の人々は他の国民に比べて低学歴で、雇用機会が少なく、貧困レベルが高い。ほとんどの国でエリート層は、彼らの権力と影響力を永続させる手段として人種間・民族間の差別感情や憎悪を煽り、貧困層や中間層の内部に存在する異なる人種・民族集団間にくさびを打ち込んできたのである。

これまでの章でも再三示してきたように、問題は、不平等が社会的コストをもたらすというだけではなく、それらの社会的コストがまた、さらなる不平等に繋がるということである。暴力が蔓延する社会では、低所得者層が被る損害は、感情的にも金銭的にも過度に大きくなる。分断された社会では、富裕層と貧困層との間に大きな教育格差が存在し、階層横断的な社会ネットワークはほとんど存在しない。さらに、信頼関係のない社会では、再分配的な社会プログラムの拡充に不可欠であるはずの、貧困層・中間層間の同盟形成の機会は著しく阻害されてしまう。こうして、さまざまな社会的悪循環を通して、ラテンアメリカでは構造的な不平等が長きにわたって続いてきた。今日ではラテンアメリカ地域以外の国々も似たような問題を経験していることが少なくないし、将来的にはさらにこの問題に対し苦戦を強いられかねないのである。

1 世界で最も暴力の蔓延する地域

オンタリオ大学名誉教授（心理学・神経科学）のマーティン・デイリーによれば、不平等は「他のどんな変数よりも」殺人率をうまく予測するという。『競争相手を殺す——経済不平等と殺人（*Killing the Competition: Economic Inequality and Homicide*）』（未邦訳）の著者であるデイリーは「もしあなたが、自分が置かれた場での社会的評判以外のものを手にできていないとしたら、それは何としても守らなければならない。不平等があるところでは、このための戦いは一層切羽詰まったものとなる。なぜならば、勝者と敗者がいて、あなたが敗者の一人となりつつあると感じられるときには、一か八かの大勝負に出なければならないからだ」と説明している。[4]

世界で不平等と暴力が最も蔓延する地域であるラテンアメリカは、この不平等と殺人の間に見られる関係の生き証人である。ラテンアメリカでは、一時間ごとに一八人が殺されており、この数字は世界最多である。ラテンアメリカの殺人率は世界平均の三倍で（それぞれ一〇万人当たり二一・五人と七人である）、世界で最も暴力の蔓延している五〇都市のうち四三都市がラテンアメリカの都市である。[5] 殺人だけではない。強盗件数も警察に届けられたものだけで人口一〇万人当たり四二六件で世界平均の四倍にもなるが、ここでも南米は世界ランキング一位なのである。[6,2]

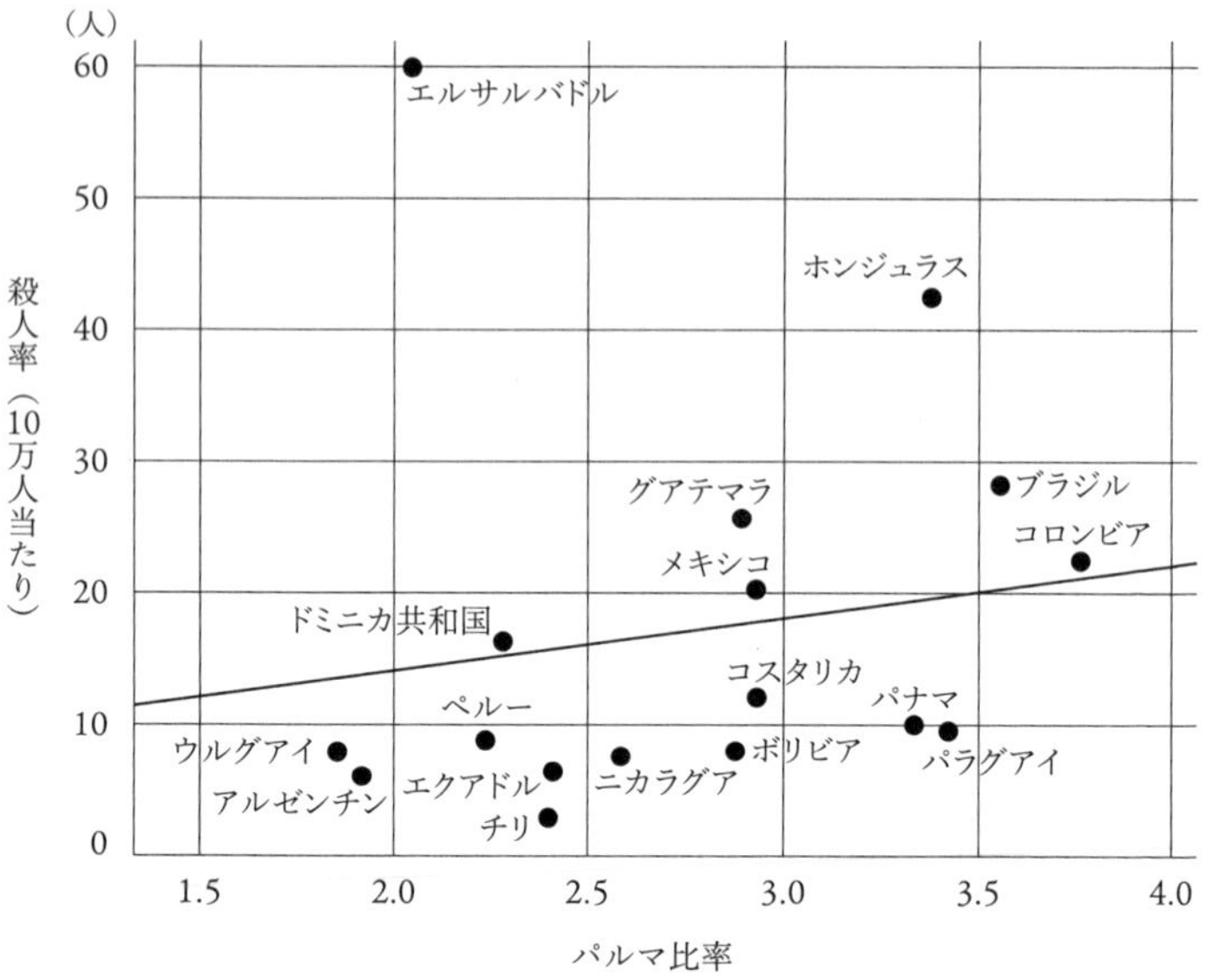

図5-2　ラテンアメリカにおける不平等と暴力の関係
出所：Igarapé Institute（殺人率）およびSCEDLAS（不平等度）より筆者作成
注：不平等度のデータは2014年またはそれ以前の場合は2014年に最も近いもの。殺人率のデータは2017年のもの。

不平等と殺人率の関係については、ラテンアメリカ域内の国々を比較しても明らかである。図5－2は、第1章でも扱ったパルマ比率を、ラテンアメリカ各国の殺人率と関連づけたものである。最も不平等な国々であるブラジル、コロンビア、ホンジュラス、グアテマラは殺人率も最も高い。それとは対照的に、ラテンアメリカの中では最も平等度の高いアルゼンチンとウルグアイは殺人率も最も低い。パルマ比率は低いが、殺人率は世界で最も高い国の一つであるという、完全な外れ値であるエルサルバドルのケースを除けば、二つの指標の関係はもっと明確になるだろう。

ラテンアメリカの最近の動向をフォローしている読者は、本当にそうなのかと思われるかもしれない。二〇〇〇年代には不平等はラテンアメリカの大半の国々で縮小する一方、暴力犯罪は高止まり、もしくは増加していた事実を指摘する読者もいることだろう。[7] もしくは不平等ではなく、過去における権威主義体制の歴史、軍部の政治介入、一九八〇年代の債務危機、新自由主義改革、国際的組織犯罪の増加といった、複数の要因が絡み合ってラテンアメリカにおける暴力を生み出していると指摘する向きもあろう。

しかしながら、全体としてはラテンアメリカにおける不平等と暴力の間の正の関係を支持する証拠は説得的なものである。この関係は、不平等と差別による被害を最も受けている大勢の若い男性の生活を見るならば一目瞭然である。彼らこそがほとんどの場合、暴力の被害者であり犯人となっているのだ。二〇〇九年には、二〇歳から二四歳の男性を被害者とする殺人率は一〇万人当たり九三人で、全人口平均のほぼ四倍であった。

若者たちは、不平等な社会では自らの立場が弱く、また将来の見通しがないことを鋭く認識している。ブラジルのファヴェーラ（リオデジャネイロやサンパウロなどの都市の周辺部に拡がる貧困かつ不法占拠地区）で四世代を調査したジャニス・パールマンは、「周縁性という神話」から「周縁性という現実」への逆説的な移行について指摘する。一九六〇年代後半に彼女がインタビューを開始した頃は、ファヴェーラの住民は農村から都市にやって来たばかりで将来にまだ希望を抱いていた。三〇年後、彼らの子どもたちは親世代よりも高い所得を得て、教育・医療へのアクセスも改善した事実がある一方、仕事の見通しが立たないことや日々苦しめられる差別や隅々まで蔓延する暴力の恐怖に失望していた。希望は幻滅に取って代わられ、暴力が不満のはけ口として使われるようになったのである。[8]

中米では、社会的格差が一九八〇年代と一九九〇年代初めに見られたギャング集団出現の背景となった。グアテマラのギャング集団が危険を冒しながら生きている様子を鮮やかに描いた『アディオス・ニーニョ（*Adiós Niño*）』〔未邦訳〕で、デボラ・レヴェンソンは数十年にわたりギャング団員の声を集めた。同書では、一九九〇年代初頭のギャングたちが、彼らの使うギャング言葉で彼らの犯罪行為を語っている。例えば、ブランド物のセーターとジーンズに白いスニーカーを身につけたベルリンという名のおしゃれな若者はレヴェンソンにこう語った。「スニーカーはたまたま会った『ブルゲス〔ブルジョワの意〕』から盗んで、このジーンズは別のブルゲスの奴から盗んでやった。これが俺のやり方で、こうやって生きていくのに必要なものを手に入れてる」。他のギャング団員たちも同じような説明をしている。

俺はどんなものだってカツアゲしてきたよ！　俺はプロの泥棒なんだ。「犯罪者」なんていうのよりはもうちょっとカッコイイだろ。けど、俺はいつだって金を持ってる奴らからしか盗らないよ。貧乏な人のものを盗むのは悪いことだよ。（カイショ）

いいかい、俺が盗むのは金を持ってる奴らからだけなんだ。だって俺と同じような奴のものを盗るなんてまともじゃないだろ。モンテ・マリアとかベルガとか、私立学校のガキ連中からチェーンアクセサリーを捲き上げてやった。（シビオ）

その後、一九九〇年代後半から二〇〇〇年代にギャング団が凶暴化すると事態は変わった。ロサンゼルスを拠点とする「マラス」[•3]（マラ・サルバトルチャ、バリオ18が二大勢力）に倣い、彼らはますます縄張り争いと殺し合いにのめり込んでいったのである。ある「マレーロ」（マラスのメンバー）がまさに説明するように、「全員が自分のことを、ジュネーブ条約[•4]なんて一切関係ない戦争で、自分の「バリオ」［ギャング団、あるいはそのなわばり］のために命を懸ける戦士だと思って」[10]いたのだ。エルサルバドルでは、同国史上、最も殺人件数が多かった二〇一五年には、毎日一八人の国民が殺されており、そのほとんどは「マラス」によるものだった。[11]殺人率は、エルサルバドルとともに、いわゆる中米北部三角地帯を成すホンジュラスとグアテマラでもやはり高かった。

この中米ギャング集団の「マラス」化は、複数の国内的・国際的要因を持つ複雑な現象である。米国の市民権を持たないすべての重罪犯人を母国に強制送還するという米政府の決定は、その中でも重要であった。二〇〇〇年代初頭、有罪判決を受けた者四万六〇〇〇人と不法移民一六万人以上がエルサルバドル、グアテマラ、ホンジュラスに強制送還された。[12]大半がロサンゼルスの「マラス」の中で育っていて、すぐさま彼らの「新しい」[•5]母国で同じ組織を再現しようとした。長い中米内戦[•6]の名残で大量の武器が入手可能だったため、その実現はいとも簡単だった。

しかし所得格差もまた、中心的な役割を果たしたことには疑いの余地がない。一九九〇年代に、中米諸国はエリート主導の新自由主義改革を行い、民間部門は新たな富の蓄積の機会を得ていた。エリート層はこれまで以上に権力を増し、多国籍化した。[13]人類学者のエレン・ムーディがエルサルバドルにおけるこの社会的・政治的変化とその帰結を明快に説明している。「経済を根本から再構築しようとしたのは国民共和同盟（ARENA）［エリート層を代表する右派政党］だった。『解放運動』を立ち上げようとしたのもARENAだった。しかし、それはエリートたちの無制限な資本蓄積のためのもので、大衆の包摂への権利のためのものではなかったのである」[14]。こうして、新自由主義は不平等と若者の失業を引き起こし、ギャングたちの疎外感を醸成したのだった。「社会は俺たちのものじゃない。他のやつらのものだ」と元「マレーロ」のウィリアムは言う。「ギャング団に入ると、外の世界なんてどうでもいいじゃん、ていう気になれるんだ」[15]。

中米以外でも、このような周縁性や排除が若者の暴力の背景にある。例えば、初めはサンパウロの若者受刑者の自衛グループだったが、今では一万一〇〇〇人以上のメンバーをもつ大規模犯罪組織となっている「州都第一コマンド（Primeiro Comando da Capital: PCC）」は、ブラジルの人種差別と所得格差が生み出したものである。「貧しい黒人や肌の色の濃い男性は、その身体的特徴と住んでいる地区を理由に彼らを犯罪者に仕立て上げていく社会の仕組みの標的であったし、今でもそうあり続けている……。このような社会システムによる暴力は、PCCが支持を集める基盤ともなっている」とケンブリッジ大学教授のグラハム・デニヤー・ウィリスは説明する[16]。

こういった犯罪集団がもたらす脅威は、エリートたちによって、政治的な議論を低開発と不公正から遠ざけるために巧妙に利用されてきた。中米では、マラスは大企業のCEOからインフォーマル部門の労働者まで「善良な」市民に共通の脅威として仕立て上げられてきたのである。グアテマラ国家警察の広報がこの戦略を見事に文章化している。

私たちとは誰のことか？　私たちは、労働者であったり、経営者であったり、主婦であったり、アストリートであったり、チューインガム売りであったりする。あるいは最新型のベンツを運転する者だったり、バスに乗ったり通りを歩いたりしている者だったりするが、いずれにしてもこの国の多数派なのだ。私たちは国と家族のために、建設的で望ましい何事かをしている者たちで、例の青少年ギャング「マレーロ」たちが引き起こす混乱と暴力に日々立ち向かっている者たちだ。私たちは慎ましい人々で、困難だが不可能ではない何事かを実現しようと日々努力している普通の人々なのだ。「平和」を、である。[17]

ラテンアメリカ各国政府は、教育を拡充したり、きちんとした賃金労働を生み出したりすることなく、暴力でギャング問題を解決することを選択してきた。それはスペイン語で「マノ・ドゥーラ（mano dura）」（鉄拳の意）と呼ばれる。警察による殺人、裁判なしでの収監、そして拷問が一般的な政府の対応になった。こうして、「不平等によって……貧困層の犠牲と犯罪者化は再生産され、彼らの権利は無視され続け、彼らは裁判を受けることすらできないのだ」と、ラテンアメリカにおける暴力と排除についての著名な専門家の一人であるテレサ・カルデイラは説明する。[18]

二〇〇〇年代のサンパウロ市では、警察はたった二年間で、ブラジル軍政期の二〇年間で殺された人の数よりも多くの人を殺害していた。[19] 国際人権NGOアムネスティ・インターナショナル・ブラジル支部のレナータ・ネーダーはこの事実について、「都市周辺部に住む黒人の若者は殺人の対象になっている。ファヴェーラは征服すべき敵地なのだ。これは戦争のロジックだ……。警察が殺人を止めれば、殺人率は二〇～二五パーセントほど低下したことだろう」と述べて非難している。[20]

一方、中米では、ギャング集団と戦うための「鉄拳」政策は二〇〇三年にエルサルバドルで初めて導入された。初期の政策には、一二歳以上でギャングに関連するタトゥーをはじめ、明らかにギャングと分かるシンボルがある者は、機械的に収監する政策が含まれていた。結果として、二〇〇三年七月から二〇〇四年八月の間に二万人以上のギャング団員が逮捕された。[21] こういった政策は後に憲法違反と判断されたが、エルサルバドルはギャング集団に対し暴力的な戦争を継続し、殺人という火に油を注ぐこととなった。グアテマラとホンジュラスも近年、数度にわたり似たような政策を採用してきたが、やはり成果は上がらなかった。

こういった逮捕・収監は、不平等と直接的に結びついている。ラテンアメリカの受刑者のほとんどは低所得者層出身だからである。刑務所の状況は過酷である。受刑者は定員超過した建物に収容され、ひどい食事しか与えられず、高頻度の暴力に晒される。チリ、メキシコ、ペルーの受刑者の四人に三人にとっては、刑務所内の方が外の世界より身の危険が高いというし、この比率がさらに高いと思われる国も中米にはいくつかある。[22] このように、新たな犯罪者の養成所となってきた刑務所は、ラテンアメリカの階級格差を再生産してしまっているのである。筆者が数年前にドミニカ共和国の刑務所数か所を訪れた際には、ほとんどの受刑者がシャワールームやら狭い居室やらにすし詰め状態だった。一方で少数の幸運な受刑者たち（お金があるかコネがあるかどちらかだが）は、二人部屋をあてがわれ、そこに自分のテレビまで持ち込んでいたのである。

暴力について扱っている本節では、ラテンアメリカにおけるフェミサイドの蔓延に触れないわけにはいかないだろう（それ自体で本一冊を書くに値するトピックでもあるのだが）。二〇一八年には、ラテンアメリカで三五〇〇人以上の女性が、女性であることを理由に殺害され、もっと多くの女性たちが同じ理由で誘拐されたり強姦されたりした。[23] エルサルバドルはかなりの期間、フェミサイドが世界で一番多かった。二〇〇七年から二〇一二年の間に、一〇万人当たり一四人の女性が、女性であることを理由に殺害されたのである。[24] 近年の目に見える改善にも関わらず、二〇一八年のフェミサイド率は、依然一〇万人当たり七人であった。[25] さらには、シウダー・ファレスというメキシコのたった一都市で過去二五年間に少なくとも一七七九人の女性が殺されてきた。彼女たちのほとんどは通勤途中にレイプされたり拷問されたりした末に殺害されていた。[26]「女性であることを理由とした殺人は、ラテンアメリカ地域の女性が被る一連の暴力のなかで最悪のものだ」と国連ラテンアメリカ・カリブ経済委員会（CEPAL）事務局長のアリシア・バルセナは説明する。「その数字は……ラテンアメリカで見られる家父長的で差別的、かつ暴力的な文化様式の根深さを表している」のである。[27]

それゆえ、フェミサイドは多種多様な性暴力の一部であるが、性暴力は相互に関連し合う複雑な要因によって引き起こされてきた。マチスモ〈男性優位主義〉、犯罪が適切に処罰されないこと、国家が弱いことはすべて重要な要因である。ラテンアメリカ地域のほとんどの国の政府は、未だに性暴力に対して十分に真摯な対応ができていない。例えばブラジルでは、裁判官や警察官の過半数が性暴力を問題だと見做していない。不平等がここでも複数の経路を通して重要な役割を果たしてしまっている。間接的な経路は、すでに本書のこれまでの章で見てきたように、不平等が弱い国家を生み出すことである。直接的な経路は、性暴力がより蔓延しやすくなるような、貧困かつ疎外された地域が不平等によって作り出されてしまうことである。翻って、女性に対する広範な暴力は、彼女たちの政治力を弱め、女性同士が社会的に連携する機会を減らすことによって、さらなる不平等を生じさせているのである。[28]

2　分断された生活、閉じられた空間

ペルーの首都リマ市郊外、ラス・カスアリーナス地区とパンプローナ・アルタ地区は「恥の壁」[7]で隔てられている。一方には、美しい芝生と複数のプールと過剰なまでの警備員に囲まれた、価格二〇〇万ドルの邸宅が立ち並ぶ。もう一方には、一戸当たりの価格は三〇〇ドル、廃材で建てられた面積僅か二五平方メートルの小さな家々が折り重なるように建っている。ラス・カスアリーナス地区では、プールから庭や噴水まで、水を至る所で見ることができるが、パンプローナ・アルタ地区では多くの住民が水道の蛇口から水を飲むことすらできていない。[29]

ラス・カスアリーナス地区とパンプローナ・アルタ地区を隔てる一〇キロメートルのコンクリートとワイヤーの壁[8]は、所得格差の空間的演出効果を劇的に表現している。富裕層は、安全と美観を求めて居住者とその訪問客だけが入ることのできるゲーテッドコミュニティを建設する。彼らは、自身の増大する資産を用いて、外の世界の騒音や土ぼこりや暴力とは無縁のパラレルワールドを建設するのだ。こういったゲーテッドコミュニティに住むことは、権力と特権的地位の象徴であると同時に、他の人々の問題を無視する手段でもある。

ゲーテッドコミュニティは、スペイン語で「閉じられた地区（barrios cerrados）」、ポルトガル語で「閉じられたコンドミニアム（condomínios fechados）」と呼ばれ、ここ数十年間でラテンアメリカ中に広まっ

てきた。ジムやプールや緑地帯を持つ高級マンションがどの主要都市にも突如として出現してきたのである。ラテンアメリカ最大の富裕層居住国ブラジルでは、「閉じられたコンドミニアム」にはありとあらゆる種類の異彩を放つ仕様が用意されている。各戸に専用のプライベートプール、メイド三人分のベッドルーム、お抱え運転手の待機所、クリスタルガラス製の食器をはじめ高価な品々を保管するための部屋といったものまで備えられている[30]。ラテンアメリカのゲーテッドコミュニティには、ニカラグアの首都マナグア郊外の戸建てからブエノスアイレスやリオデジャネイロの近代的高層マンションまで、さまざまなスタイルがあるけれども、どれもが要塞化されていて、別世界を作り出してきたことには変わりがない。

もちろん、ラテンアメリカの都市における階層分断は新しい現象ではない。二〇世紀もほとんどずっと、富裕層は都市の中心部や郊外の高級住宅地のきちんと設備の整った地区に住んでいた。彼らは週末を会員制クラブで過ごしていた。ゴルフコースとプールとお洒落なレストランを備えたカントリークラブで、彼らはお互いの親交を深め、ビジネスについて議論を交わし、有力政治家と交流することができたのである。一方、低所得者層は主要都市周辺の不法占拠地区に続々と流入を続けていた。彼らの多くは農村部から出てきたばかりの人たちで、適当に空き地を見つけては家を建てていたのだ。例えばサンパウロでは、一九六〇年代〜一九七〇年代には、こうした流入民や不法開発業者などの民間アクターが好き勝手に開発した結果、市の周辺部に新しくできた居住地域の人口は、年一〇パーセントずつ増加していったのである[31]。これらの地域のほとんどには国家行政の手が及ぶことはまったくなく、土地利用計画も公園の設置も電気や下水道といった基本インフラの整備もなされなかった。

今日のラテンアメリカの隔離居住で特異な点は、人々がきわめて近くに住みながら、実際にはきわめて遠い存在だということである。ほとんどのラテンアメリカの都市にある高級住宅地は「貧困という大海原の中に浮かぶ富という島々」のようになっているが、これらの島々は壁と監視カメラと数多くのガードマンたちによって厳重に守られている。ますます多くの地区で、低所得者が住むみすぼらしい住宅群が、厳重に警備された富裕層向けタワーマンション群や邸宅群に隣接して建っているのを見ることができる。例えばブエノスアイレスでは一九九〇年代、伝統的に労働者階級が集中していた南部地区に、ゲーテッドコミュニティが次々と出現した。同じようなことはメキシコシティでもはっきりと目に見えるようになっており、今日では富裕層と貧困層がかつてなく近接しあって居住している。そのため、不平等が以前よりもずっと目につきやすくなったのである。低所得者層はもはや以前のようにメキシコシティの東側に集中するのではなく、さまざまな地区にも散らばっている。自発的移住と地価の安さと公営住宅建設が重なって、多数の貧困家庭が以前はもっぱら上位中所得者層や富裕層が住んでいた地区へと移動していったのである。しかし、隣接して住んでいるからといって異なる階層間での相互関係が生まれることはなかった。

社会学者のクリスティーナ・バヨンとゴンサロ・スリビが行った一連のインタビューがこのメキシコにおける社会階層間の深い溝を描き出している。[32] 例えば、彼らがインタビューしたアンドレス（二六歳）は、ミゲル・イダルゴ区（メキシコシティ一六区のうち最も富裕層が居住しかつ観光化された区の一つ）に住んでいるが、彼の友人たちがいかに他の階層の人々の状況を知らないかを説明してくれている。

大学で多くの先生たちが口を揃えて言うのは、「君たち、絶対にラ・エラドゥーラ地区より向こうに行かなくてはいけないよ」とか「本当のメキシコを知るためにインテルローマス地区より向こうに行かなくてはいけないよ」ということなんですが、同級生たちは行ってないと思いますよ。僕の大学では多くの人がこういう「そんなメキシコは見たことがない」という考え方だし、そんなものが存在しているとすら思っていないでしょう。「いやいや、そんなこと絶対あり得ない」と言っているのを何度も聞いたことがありますし、僕の大学の女子学生の何人かは「なんでメキシコで住む家がない人がいるのか、全然わかんないし」って言っていたのもよく覚えています。[33]

不平等がもたらす階層分化は差別の原因ともなる。貧困地区であるチマルワカン地区で小学校教師として働くミゲル・イダルゴ区出身の別の若者は、この問題を如実に描いて見せる。

「そこ〔貧困地区〕に行こうよ」って言うと、彼らは、そこに行くってことは強盗に遭うか、レイプされるか、誘拐されるか、その全部かだって思っているんです。本当に本当ですよ。彼らはとても怖がっているんです。幸い、私にはまだ何も起きてないですけどね。メキシコに深刻な犯罪問題があるのは確かですけど、そこに行くことがイコール危険ってわけでは必ずしもないんですけどね。ここの人たちは、テカマチャルコとかウィスキルカンとかラ・コンデサといった地区でしか過ごしたことがなくて、それ以外の地区には行かないんです。

彼らは、チマルワカンはとんでもないところだって思っているんじゃないですかね。いつも諍いがあって、麻薬常習者だらけの地区だと思っているんです。最悪な地区だと見ていますしね。「私が住んでいる地区で」「チマルワカンに行こうよ」なんて言うと、こんなふうに言い返されてしまいます。「だめ、あそこはだめ……君の行ってるあたりなんか、殺されちゃうよ」「あり得ないね。考えてもみなよ。なんで君がそんなところで働いてるのか分かんないよ。暴力ばかりの地区なんだよ[34]」。

もちろん、隔離居住はシカゴからロンドン、パリまで世界中で見られる問題である。しかしながら、世界のこれらの都市の多くでは、まだ比較的規模の大きな中間層が存在しており、階層間で相互に関わり合う余地がまだ残っている。富裕層出身のメキシコ人学生が、こういった世界の都市とラテンアメリカの都市の間に見られる違いを、私が提供し得るどんな統計よりも分かりやすく説明してくれている。

僕は一時期カナダに住んでいたんですけど、そこはメキシコと同じじゃなかったんです。一度、ちょっと面白いことがありましてね。ある学校で英語を勉強していて、いつだったか、僕たちが学校の建物の外でお喋りしていたら、道路を掃除している人がいたんです。……で、その晩、僕たちが行ったバーでその人にばったり会って、その人と喋ったり色々することになったんですよ！ここではそんなこと起こりませんよ。メキシコではそんなの見たことないです。バーで道路掃除の人に会うなんて。それも僕が友人たちと一緒に行く同じバーで、ですよ[35]。

最後に引用する、次のインタビューは、所得格差と差別の間の関係をさらに分かりやすく示してくれる。メキシコシティで富裕層が多く住むサンタ・フェ地区に住んでいるマリアナは、彼女のマンションの住民が使用人たちにどう接するかを説明している。

私が住んでいるマンションは……無菌室みたいなんですよ。使用人の人たちは表玄関から入ってはいけなくて、別の彼ら専用の建物を使わなくてはいけないんです。ひどいと思いませんか。もし使用人の人たちがメインエレベーターを使ったら、居住者は怒るでしょうね。でももっと差別的なのは、使用人用の裏口があることなんです。まるで二等市民扱いじゃないですか。それでももちろん、あの人たち「マンション居住者」はとても人道的なんですよ……それがこの階層の人たちならではの特徴なんですけどね。すごく人道的な人たち……だから使用人の人たちには、家庭内暴力なんかに対処するための特別な「自尊心向上ワークショップ」が用意されているんです。でも、このマンションがまさにその元凶なのに、どうやってその人たちの自尊心を下げないようにしようというんでしょう。[36]

悲しいことに、これはメキシコシティだけに見られる現象では決してない。ブラジルのいくつかのゲーテッドコミュニティでは、使用人は仕事が終わって建物を出るときに手荷物検査をされている。また、ラテンアメリカのどこでも、ほとんどの高級マンションでは、異なる階層の人々に別々のエレベーターが設置されている。

不平等と近接居住と差別が組み合わさり、低所得者層にさらなるコストがのしかかる。エリート層の家の前を通りかかるとき、社会的流動性の欠如[●9]が否応なしに彼らの目の前に突きつけられる。さらに低所得者層に属する人たちは、就職面接でどこに住んでいるかを言うとき、雇用主になるかもしれない相手の表情から自分の社会ステータスのなさを実感させられるのである。例えば、リオデジャネイロ市のファヴェーラ住人たちは、今も昔もファヴェーラに住んでいること自体が、社会階層を移動することに対する一番の障壁だと見做している。彼らはおそらく正しい。ファヴェーラに住んでいる人々よりも平均的な「カリオカ」〔リオデジャネイロ市民のこと〕の方が、事実、教育の恩恵をずっとたくさん手にしている。[37] 同じようなことはブエノスアイレスでも起きており、スラム居住区の若者（一八歳〜二四歳）が働かず学校にも行っていない割合は、より裕福な地区の若者と比べ六六パーセントも高いのである。[38]
「富裕層のための空間が内向きになるにつれ、その外側の空間は、内側の世界に仲間入りできない人々のためのものだとして放っておかれてしまう」とテレサ・カルデイラは説明する。[39] ラテンアメリカの都市の多くでは、異なった階層や人種や民族の人々が混じり合い、交流し合うことができるような公共空間には、ほとんど関心が払われていない。また、人々が安心して歩ける歩道も十分に整備されていない。私は、仕事でひと夏を過ごしたコスタリカの首都サンホセで、娘を保育園に連れて行くのがとても大変だったことを未だによく覚えている。私たちはベビーカーと一緒に次から次へと道路にあいた穴を飛び越し、道路をあっちの端からこっちの端へと渡り、延々と車道を歩かなくてはならなかった。公共交通機関も不平等である。ブエノスアイレスやボゴタといった交通インフラが一番整っている都市でさえ、バスは混雑していて窮屈で、車が買える人は皆マイカーのハンドルを握る。

所得格差は空間的分断を生み出すだけでなく、他の分野での階層分化をも生み出す。二〇〇〇年代にいくらか改善されたとはいえ、ラテンアメリカの上位中間層と富裕層は一般に公共サービスを利用せず、我が子を私立学校に行かせ、民間医療機関で受診する。[40] ブラジルでは、所得上位二〇パーセント層の五人に三人が公的医療保険に加え民間医療保険に追加的に加入している一方、下位二〇パーセント層では、その割合はたった五パーセントである。チリでは、（民間）医療保険を利用している人の約六〇パーセントが所得上位二〇パーセント層に属しており、エリート層の間ではその割合はもっと高くなっていることだろう。より貧しい国々では、民間部門の役割はさらに大きくなる。グアテマラ、ホンジュラス、ニカラグア、パラグアイでは、民間医療支出はＧＤＰの四パーセント以上に上り、これは公的医療支出と同じかそれよりも高いのである。

中間層に属する人々の多くも、富裕層と同じような質の高い医療サービスを受けたいと強く望んでいるが、残念ながら公的医療機関では、待ち時間が長かったり、不備な点がさまざまあったりする。それを避けるためには、民間医療保険に加入するか、自費で民間の病院・医院で診てもらうか以外に対応のしようがないのが現状である。コスタリカのようにラテンアメリカの中では公的医療の質が高い国ですら、中間層は健康診断や血液検査の際には、民間部門をますます好んで利用するようになっている。その結果、「医療はとても不平等だ。最良の医療にアクセスできる層がいる一方で、そうでない層もいる。まるで国が二つあるようだ」と著名なアルゼンチン人神経科学者であるファクンド・マネスは非難する。これは不幸なことである。なぜなら、マネスが説明するように、「世界において医療とは、単に病気と戦うことではない。社会的一体性に向けた鍵となる要素なのだから」[41]。

ラテンアメリカの教育システムに対する不平等の影響は、さらに深刻である。ラテンアメリカでは、およそ五人に一人が私立学校に通っており、この割合は世界のどこと比べても著しく高い。このうちエリート層の子どもたちは、インターナショナルスクールに通うか、海外で教育を受ける。中間層の多くもまた、設備が整っていて教師の数も多い学校を求めて公教育システムから抜け出てきた。ブラジル、コロンビア、コスタリカ、ウルグアイでは、中間層の子どもたちの三〇パーセントが私立の小中学校に通っている。さらにこの割合が高いのが、ペルー（四二パーセント）、アルゼンチン（四九パーセント）、チリ（七九パーセント）である。一方、下位中間層（所得が一日当たり四ドルから一〇ドルの家庭）では、子どもを私立学校に行かせることができる割合はずっと低くなり、ブラジル、コスタリカ、メキシコ、ウルグアイで一〇パーセント未満となっている。[42]

教育システムがきちんと機能することは、社会的一体性と社会的公正の原動力となる。異なる人種や出自や所得水準の子どもたちが同じ教室で学び、生涯にわたる絆を作り、互いを尊重することを学ぶのだ。分断された、不平等な教育システムは、社会的分断を生み出すだけではなく、増幅しさえする。上位中間層と富裕層は力を合わせ、彼ら以外の人々のことを忘れようとする。彼らは最高の理科実験室とコンピューターと運動競技場の恩恵を受けるのだ。もっと懸念すべきは、彼らは同じような家庭出身の子どもたちとだけ過ごし、互いの家を訪ね、その結果、排他的な社会観を信じ込むことになってしまうことである。その一方で残念なことに、「最貧困家庭出身の生徒たちは、公立学校で世の中の動きからますます隔離されてしまい、他の社会階層の子どもたちや若者と触れ合う機会が少なくなってしまうことになる」とラテンアメリカの教育システムに関する調査を行った不平等の専門家グループは指摘している。[43]

ゲーテッドコミュニティに住み、各種民間サービスを利用することは、ラテンアメリカでは究極的にはステータスシンボルである。自分の子どもをお洒落な学校に通わせ、最先端の（民間）病院を利用することは、カントリークラブのメンバーになるのと同じ価値を持つ。これは、その一家が「成功」し、「成功者」から成る特権階級に仲間入りしたことを証明するための方法であり、同時に彼ら一族の社会ネットワークを強化し、社会での彼らの地位を守るという、不平等社会ではとりわけ重要なことを実現するツールでもある。残念だがこのことは、結果として明確に分断された社会を生み出す。そこでは、不平等が社会的アパルトヘイトと社会的分極化の双方を生み出すのである。

3　相互不信と制度に対する不信

二〇一三年、後にブラジル大統領となるジャイル・ボルソナーロ（在二〇一九年～二〇二二年）は、「我々は……無知な連中や金のない連中が子どもの数をコントロールできるような方法を考え出さなければならない。なぜなら我々はきちんとコントロールできているからだ。なのに貧乏人はやりたい放題だ[44]」と声高に叫んだ。しかし彼の言っていることは、貧困層は怠け者で、信頼に値せず、暴力的で、子どもを作るのが大好きだという、ラテンアメリカ全体に流布する見方を焼き直したにすぎない。現に、ラテンアメリカ一八か国のうちの一二か国で四五パーセント以上の国民（アルゼンチンに至っては三人中二人）が、公的社会扶助を受け取っている人々は単なる怠け者だと考えているのである。[45]

著名人から一般人までさまざまな分野の講演をYoutubeで無料配信するTEDトークで、アルゼンチン人のマイラ・アレーナは、自らと同じ貧しい人々について語られる、こうした俗説の誤りを指摘している。彼女は、貧困層の暴力的な行動は失望と怒りから来ていることを、そして貧困層が「子どもを多く持とうとするのは、子どもが自分たちで増やすことのできる唯一の財産であり、……その子ども一人一人の存在が毎日を頑張るための糧になっているから」だと説明する。彼女のトークは他の階層の人たちとの間に橋を架け、互いに交わり合うことを呼びかけるものだ。「トイレのある家［彼女の家にはなかった］の人たちから遊びに来るように誘われると……トイレの使い方以上のことを教わることができるんです。違う人生もあり得ることを教わりますし……でも、私だけが学んだというわけじゃないんです。彼らもまた私や私の家族から学んだんです」[46]。

しかし、こうした交わり合いこそ、まさにラテンアメリカではなかなか起きないことなのである。不平等が激しいために、ゲーテッドコミュニティに住む人々とスラム街に住む人々の間で、エリート私立学校に通う子どもたちとジリ貧状態の公立学校に通う子どもたちの間で、僻地の農村に住む人々と都会の高層マンションに住む人々との間で、分断がますます深刻なものになってしまっているのである。こうして、不平等と社会的分断は、人々が「他者」に対し懐疑的になるにつれ、不信を引き起こす。つまり、富裕層は貧困層を「怠け者」であり「犯罪者」であると見做すようになり、貧困層は富裕層を「高飛車」であり「権力濫用者」であると見做すようになるのである。

実のところ、世界のほとんどの地域と比較してもラテンアメリカにおける個人間の不信の度合いは高い。チリに拠点を置き、毎年ラテンアメリカの二万人以上を対象に調査を行う非営利組織「ラティノバロメトロ（Latinobarómetro）」のデータによると、自身のコミュニティの人々を信頼していない人の割合は、ブラジルでは六〇パーセント以上、ボリビアとペルーでは五〇パーセント以上、パナマ、ベネズエラ、ドミニカ共和国、メキシコ、エルサルバドル、グアテマラでは四〇パーセント以上であったという。ちなみにこの割合は、隣人を信頼している国であるとは言い難い米国ですら二〇パーセントであり、カナダでは一一パーセントである。[47]

ラテンアメリカでは、他者に対する不信の念はすべての社会階層で高く、しかも増大してきてもいる。例えば、パールマンの研究は、ブラジルのファヴェーラに住む人々が、以前と比べてどれほど他者に対して懐疑的になり、コミュニティとの関わりを持たなくなってきたかを示している。一九六九年には、彼女がインタビューを行った人々の四分の三以上が、自分のコミュニティは「とても団結している」または「かなり団結している」と感じていたが、その三五年後には五五パーセントの人々が自分のコミュニティは「団結が欠けている」と思っていたのである。彼女のインタビューに答えた人たちは「麻薬ディーラーと警察との板挟みになっていると感じていて、どちらのことも信頼していない……彼らは、警察と比べれば麻薬ディーラーの方がまだましで、助けをくれると感じているが、結局のところ警察も麻薬ディーラーもコミュニティの生活のことなどまったくお構いなしな人たちだと思っている」という。[48]

政治制度に対する疑念はさらに深い。政府と政党と警察は「最も信頼できないで賞」をかけてデッドヒートを繰り広げている。ラテンアメリカでは、警察に対して少なくとも何らかの信頼を置いている人々の割合は僅か三五パーセント、同じく選挙制度に対しては二八パーセント、裁判所に対しては二四パーセント、政府に対しては二二パーセント、議会に対しては二一パーセント、政党システムに対しては一三パーセントである。一部の国々ではさらに悪い数値も見られる。例えば、政党を信頼している人の割合は、エルサルバドルとブラジルではそれぞれ僅か五パーセントと六パーセントである。この数値は、せいぜいのところ全政党の党員数の合計に毛の生えた程度といったところだろう。[49] リオデジャネイロやメキシコシティやブエノスアイレスの街角でインタビューしてみると良い。「警察は組織犯罪と手を結んでいるんだ」とか「政治家は全員、腐ってるよ」といった声ばかりが聞こえてくることだろう。アルゼンチンの新聞連載四コマ漫画に描かれた六歳のおませな主人公マファルダが、[11] 誰よりも分かりやすく人々の国家に対する見方を披露してくれている。それらの中で秀逸なストーリーの一つに、こんなものがある。マファルダのお母さんが「あなたたち、何をして遊んでるの？」と訊くと、マファルダの友人たちがノリノリで「政府ごっこだよ」と答える。それに対してお母さんが「ヘマをしたりしないようにね」と言うと、間髪入れずにマファルダが「大丈夫よ！　私たちなーんにもしてないから」と応じるのである。[50]

なぜラテンアメリカの人々は、こんなにも制度を信頼していないのだろうか。汚職が相当に蔓延していたり、公共サービスが行き届かなかったりなど、多くの理由がある。しかし、所得と政治的機会における格差が、恐らく第一の原因である。ほとんどの人々が自身の置かれた社会的地位が不当であると腹を立てており、政治制度は自分たちのことを代弁してくれていないと感じている。事実、ラテンアメリカのほぼ五人に四人が政府は権力者を利する政治を行っているにすぎず、有権者の選好には無関心だと確信している。この数値は世界のどこよりもはるかに高い。[51]

驚くに値しないが、低所得者層は司法システムといった公的制度にとりわけ懐疑的である。二〇一七年には、米国に拠点を置く研究者グループがサンティアゴ（チリ）とメデジン（コロンビア）で多数のフォーカスグループを作り、不平等と信頼度と司法システムの利用の間の関係を調査した。その結果、（人種的に、あるいは階層的に、もしくはその双方の観点で）最も差別されているグループは、裁判官はいつも自分達を不当に扱うだろうと考えていることが分かった。結果として、彼らはもめごとを解決し、正義を求める手段として、しばしばインフォーマルな仕組みややり方に訴えていた。例えば、コミュニティの会合やNGO、さらに懸念すべきことに犯罪ギャング集団などである。そうでなければ、こういった人々は単に諦めて、危険な状況から逃げ出してしまっていた。[52]

残念なことに、公的制度への信頼の欠如により、ラテンアメリカの人々は軍に解決を求めてしまう。ラテンアメリカは過去に権威主義を経験しているにも関わらず、どの国でも軍は最も信頼される公的アクターとなっている。多くの人々が、軍のことを警察よりもプロ意識があり、大半の政治家よりもクリーンであると見做している。軍は党派的利害とは関係がなく、国の厚生のためだけに尽くしてくれるという（神話的な？）信念があるのである。

軍に対するこうした人気を土台に、ラテンアメリカにおける一部の政権は二〇〇〇年代以降、軍を政策に積極的に関与させるようになった。本章ですでに見たように、中米ギャングへの「鉄拳」政策への軍の動員が最初だった。二〇一七／一八年度からは、軍の活動範囲が他の多くの政策分野にも拡がっていった。元陸軍大佐のボルソナーロ率いる政権下のブラジルは最も極端な例である。大統領に当選して何か月と経たないうちに、彼は「民主主義と自由は軍がそう望むときにのみ存在する[53]」との警告を発したのである。彼が政権発足時に登用した閣僚メンバー二二人のうち、六人が軍の元高官であった。他にも巨大石油企業ペトロブラスを含む政府系企業や公的機関のトップになったり、顧問になったりした軍人たち（残念なことに女性は一人もいなかったのだが）もいた。[54]

メキシコでは、左派のアンドレス＝マヌエル・ロペス＝オブラドール大統領が「徐々に軍を街中の治安維持から撤退させる」と選挙運動中は公約していたのが、時間の経過とともに、軍は「国内の平和と安全のための鍵」であると発言をシフトさせた。結局のところ、彼の任期一年目に、軍は組織犯罪との戦いの先頭に立ち、石油関連施設やインフラプロジェクト建設の警備を担当するようになったのである。[55]

軍が政策立案に参画するということは、健全な民主主義にとっても、不平等との闘いにとっても望ましくない兆候である。「軍が政府の政治的支持と結びつくと権威主義体制に陥るリスクが高まる」と、ブラジル人政治学者ワグネル・デ＝メロは警告する。[56] 透明性の欠如、不十分な人権擁護、レイシャル・プロファイリング、[12] 政治の不安定性が、将来ラテンアメリカで容易に増すこともあり得るだろう。また、軍の政策立案への関与の度合いが高まると、不平等や所得の再分配にますます関心が払われなくなることもあり得るだろう。

明らかに、本章で見てきた問題はすべて互いに関連し合っている。例えば、社会的信頼は暴力や人々の暴力に対する考え方と密接に結びついているし、社会的信頼と暴力は両者ともに所得格差と関連しあっている。人々が犯罪を恐れていると、相互に交流する機会が少なくなってしまい、他者への信頼を簡単に失ってしまいかねないのである。次のようなことを読者はどのように感じるだろうか。ラテンアメリカの三分の二の人々が、ここ一二か月で少なくとも一度は治安を理由に週末の計画を見直したことがあるという。[57] その大半の人々は、自宅で週末を過ごすという選択をすることで、友人や同僚とともに時を過ごすことを断念したのである。

4　人種主義と差別——不平等の原因として、不平等の帰結として

最後の一つの（相互に関係し合う）問題を取り上げよう。人種主義と差別である。アフリカ系および先住民に対する差別は所得格差の原因となり、また所得格差が差別の原因となってきた。事実、グアテマラ（統計によってばらつきがあるものの、先住民人口が国民の半数以上を占める）などいくつかの国では、人種格差と所得格差が一体化してしまっており、両者を見分けるのは難しい。

ラテンアメリカにおける差別は、植民地化の過程にそのルーツを持つ。第2章で見たように、ラテンアメリカ征服後、スペイン人たちは先住民の抑圧を基本とする人種差別社会を作り上げた。多くの先住民が殺されるか、ヨーロッパから持ち込まれた疫病によって死んでいった。生き残った先住民も、その多くは農場や鉱山で長時間働かなければならず、白人の農園主の許可なしには移動することもできなかった。その後ほどなくしてアフリカ系の人々が連れて来られ、先住民と共に社会ピラミッドの底辺を構成するようになった。一六世紀から一九世紀の間に、五〇〇万人から一〇〇〇万人のアフリカ人奴隷が強制的にラテンアメリカに連行され、砂糖プランテーションや鉱山をはじめとする労働集約的産業で働かされた。奴隷貿易の規模はあまりにも大きく、一八〇〇年代初頭までに、ブラジル人、パナマ人、ベネズエラ人の六〇パーセント以上がアフリカ系となっていた。[58]

独立後の一九世紀、ラテンアメリカのエリート層は二つの異なる人種プロジェクトを展開した。彼ら

はまず、人口の白人化を推進しようとした。アフリカ系と先住民は怠け者で役立たずだという神話を土台に、白人の数を増やす方法を模索した。トランプ大統領などが最近用いているのと同じ論理〔メキシコなどラテンアメリカからの移民は皆犯罪者だというもの〕に訴え、アフリカ出身者の移民を禁止した国も存在した。それと同時に、ヨーロッパ移民を呼び寄せるための誘致策が案出されたが、ヨーロッパ移民を惹きつけることに成功したのは、アルゼンチンやベネズエラなどほんの僅かな数の国だけだった。[59] 差別は先住民人口が多い国々でとりわけ強く、先住民は国民として政治参加が期待される政治的主体というよりも、単に経済的な富を生み出すための道具と見做されていた。「人口の大多数は進歩の原動力とはなりえず、むしろそのための手段である」とは、グアテマラのエリートの一人が、国の大多数を占めるマヤ系先住民について書いた言葉である。[60]

二〇世紀初頭からは、ラテンアメリカの国々は新たな人種プロジェクトとして「混血性（mestizaje）」を打ち出すようになった。ここに至ってラテンアメリカのエリートたちは、国民のほとんどは混血であり、差別は存在しないという考えを推進し始めたのである。「混血性」は新たな国民統合プロジェクトに人々を一体化するための試みであり、そうしてラテンアメリカの「人種的融和」を米国南部の人種隔離政策と対比させたのである。メキシコ人哲学者であり政治家であり革命家であるホセ・バスコンセロスに至っては、「宇宙的人種（cosmic race）」論を展開した。これは、すべての異なる人種を見事に一体化させるであろう人種として規定された。彼は一九二五年に次のように書いている。「スペイン系アメリカには……単一色の人種は存在しなくなるだろう……ここから生まれるのは究極的人種である。それはすべての民族の才能と血とから成り、それらが合成された、すなわち統合された人種である。それゆえに、真の友愛と真の普遍的視野を最も体現することができる人種なのである」[61]。

ブラジルでは、同国が「人種民主主義」を作り出すことに成功したとの議論を社会学者たちが展開した。彼らの見方では、奴隷と先住民と白人との間の混血は、調和と寛容を高めることになったという。小説家や音楽家や芸術家たちが、ブラジルの他に例を見ない社会文化的融合とその結果としての人種間相互理解を称賛した。この「人種民主主義」をブラジル・サッカーの成功を説明するのに利用する者すらいたほどである[62]。

ラテンアメリカで、例えば米国よりもさらに人種的混淆が進んでいることには、ほとんど疑いはない。しかしながら、残念なことに「混血性」プロジェクトは、差別と人種主義の存在を覆い隠すことにも、しばしば貢献してきてしまった。「混血性」によってラテンアメリカ社会は、肌の色が間違いなく所得レベルを決めているという醜い真実と向き合うことを避けることができた。今日においても、一九八〇年代に進んだ民主化から三〇年が経ち、民族的・人種的不平等にも（いくらかではあるが）対応がなされてきたにも関わらず、アフリカ系と先住民の人々は、他の人々よりもはるかに生活水準が低いままである。ボリビア、グアテマラ、ホンジュラス、ニカラグアといった国々〔ラテンアメリカ地域で最も所得の低い国々。うちボリビアとグアテマラは先住民人口の比率も高い〕では、国民の五人に三人が貧困である。パナマでは、先住民の貧困率は九〇パーセントであるのに対し、それ以外の国民の貧困率は三〇パーセントである。ブラジルでは、ヨーロッパ系の人々の一人当たり所得は、アフリカ系の人々の二倍以上である[63]。ラテンアメリカの中では相対的に平等度の高いウルグアイでさえ、アフリカ系の人々の生活が貧困線以下である確率は白人層の二倍以上である[64]。

教育などの社会サービスを受けられるかどうかに関する差別も未だに存在する。グアテマラの先住民女性の識字率は、非先住民女性よりも二六ポイント低い。さらに、母親が出産時に死亡する確率は、先住民では非先住民の二倍である。[65] ラテンアメリカ全体で、先住民とアフリカ系の児童・生徒の学校への出席状況は悪く、就学年数も短い。メキシコは、しばしば「ポスト人種社会」と見做され、二〇一七年九月に大統領自らが「混血性」を「人類の未来」と断言したほどであるが、そこでも、白い肌をした人たちの平均教育年数が一〇年であるのに対し、肌の色の濃い人たちのそれは六・五年である。ラテンアメリカでは今でも、肌の色の方が、住んでいる地域や経済部門（都市か農村か）やジェンダーよりも、富の格差と教育格差の重要な説明要因なのである。[66]

人種主義と差別は、日常生活においても明らかである。ラテンアメリカのどこでも、新聞やテレビのコマーシャルは、高価な商品を売るときには白人モデルを使い、貧困を表現するときには先住民やアフリカ系のモデルを使う。事例は豊富にある。例えば、ペルーの人形のコマーシャルでは金髪の女の子たちしか出演せず、別のコマーシャルでは白人女性モデルが（アフリカ系ペルー人の）ルームメイトが臭いと文句を言う。[67] 時に広告会社は、偏見と戦おうとして逆に偏見を助長してしまう。例えば、メキシコの「インディオ」という銘柄のビール製造会社は「インディオであることの誇り（Proudly Indian）」（*#OrgullosamenteIndio*）と銘打ったキャンペーンを立ち上げた……のだが、そこに出演したのは白人モデルだけだったのである！[68]

アカデミー賞を受賞したメキシコ映画「ローマ」の成功に対する反応の中には、いかに差別がラテンアメリカに深く根付いているかを示しているものも見られる。このネットフリックス映画[13]は、一九七〇年代メキシコの、ある先住民家政婦の生活を描いた作品で、主演女優のヤリッツァ・アパリシオをスターの座に押し上げた。オスカー主演女優賞にノミネートされた彼女は、先住民家庭出身で、それまで演技の経験はなかった。彼女の国際的な成功にも関わらず、あるメキシコ人俳優グループは、メキシコ国内の映画各賞への彼女のノミネートに反対したのである。メキシコ人俳優のセルヒオ・ゴイリは、後日暴露された俳優仲間とのプライベートな会話で、このスター女優に対して人種差別用語（「ろくでもないインディオ女（pinche india）」）を使って、彼女の成功を過小評価したのである。[69・14] ここ数十年の間に状況は改善されているのだが、「インディオ」を軽蔑的な用語として使うこと、また先住民やアフリカ系の人々の社会への貢献を過小評価することは、残念ながらまだまだよく見られることなのである。

人種・民族差別は、階層間の不平等によって引き起こされた結果であると同時に、階層間の不平等を引き起こす原因でもある。『平等社会――経済成長に代わる、次の目標』の著者であるリチャード・ウィルキンソンとケイト・ピケットによると、「より不平等な社会では支配を志向する人々が多くなり、より平等な社会では包摂と共感を志向する人々が多くなる」[70] という。ラテンアメリカの人々は、自身の社会での地位や立場を守るために、他の階層の人々を食い物にしようとする。先住民とアフリカ系の人々は、その際のお手軽なスケープゴートなのだ。多くの人々が、近代化と経済発展の遅れを彼らのせいにしてすませている。

影響力を持つ経済（かつ政治）エリートたちは、不平等を維持する手段として差別を継続的に推進してきた。なかでもグアテマラは、劇的な事例を見せてくれる。[71] 暴力的かつ多くの犠牲を払った内戦を数十年にわたって戦った末、グアテマラ政府と反政府ゲリラは一九九六年に和平協定に調印した。その三年後、政府は、増税、土地の再分配、国の近代化などを含んだ和平協定の主要項目に対する支持を得るために国民投票を実施しようとした。ラテンアメリカで最も保守的とされるグアテマラのビジネスエリートは、それにより再分配と国家権限の強化がなされることを恐れ、否決を呼びかける「国民投票では〝NO〟」キャンペーンに多額の資金を投入した。彼らは恐怖を煽るデマ戦術を駆使し、先住民が権力を握ると、民族間抗争が起きる恐れがあると不安を掻き立てたのである。グアテマラのビジネスエリートは、自分たちの全財産を手付かずのまま守ることを目的に、次から次へと人種差別的主張を繰り出した。例えば、グアテマラは先住民国家になってしまい、非先住民の人々は隅っこに追いやられてしまうだろう、国民投票は少数派の権利を強化するために、それ以外のすべての国民を犠牲にするものだ、といった主張である。悲しいことに、ビジネスエリートたちの作戦は大成功だった。投票に行ったのは全有権者の僅か一八・五パーセントに止まり、投票結果も五五パーセント対四五パーセントで、和平協定案は否決された。[72] もっと最近では、ボリビアで二〇一九年に先住民出身のエボ・モラレス大統領（第4章および第6章を参照）を失脚させた保守系野党による暫定政府が、人種差別的なシンボルを用い、彼ら自身の利益のために社会的分裂を起こそうとしたとして非難されたこともあった。[73]

5　不平等がもたらした暴力・分断・不信・人種差別から再び不平等へ

さて、本節では前章までと同様に、社会的病理から所得格差への逆方向の関係性を見ていこう。前節からの続きで、人種主義と差別が所得分配にもたらす負の影響から始めよう。人々を人種と民族で線引きすることにより、社会的分裂と分極化が推進される。そうすると、低所得者層はもはやエリート層を最大の敵として重視しなくなってしまう。むしろ〔低所得の〕白人たちは、先住民とアフリカ系の人々を目の敵にし、彼らを支配しようとする。アルベルト・アレシーナとエド・グレーザーは、ラテンアメリカ以外で人種的対立に陥っている国としてよく知られる米国の社会政策を論じながら、この負のプロセスを以下のように説明している。

貧困層の中にかなりの数の少数派が存在する場合、人口の多数派は、自分達とは異なるそういった少数派の人々にお金を回すことに反感を持ち得ることになる。人種的・民族的差別に関するもう一つの考え方は、福祉国家の推進者は一般に経済的な階層によって線引きをしようとするというものである。ところが、人種的・宗教的・民族的分裂が存在すると、前述の経済的階層による線引きから人々の目を逸らさせることになり、経済的階層に基づく共通のアイデンティティを練り上げていく能力を減殺させてしまうのである。[74]

ラテンアメリカ域内での所得分配構造の違いに関する私自身の研究では、先住民・アフリカ系人口が少ないことが、歴史的に見て不平等が小さいことの必要条件であったことが分かっている。[75] 人種的に分断された国で不平等と闘うことは、日常的に人種主義と差別の影響を受けるがゆえに、今日までのところ困難であると証明されてきたのである。

グアテマラやボリビアといった先住民の多い国では、先住民の貧困層と非先住民の貧困層は多くの場合、互いを疑念に満ちた目で見てきた。一方で、ラテンアメリカのどこでも、中間層は先住民が不当に扱われていることを頭では概ね理解しているが、それでも彼らのことを無学で教養がないと見做してきた。ブラジルでは、中間層の大部分が暴力と犯罪を肌の色と同一視する。結果として中間層の人々は、アフリカ系の人々と学校や病院などの場を共用することに、ましてや政治同盟を形成することにほとんど関心を示さないのである。

このように、空間的分断と社会政策の断片化は、不平等を永続化させる原因となってきた。貧困層と中間層の子どもが一緒に遊んだり、同じ学校に行ったりすることがないのに、どうやって彼らが同じ政策を求めるようになるだろうか。中間層はほとんどが私立学校に行くのに、彼らが公立学校の改善のために闘う理由などどこにあるというのだろうか。また、ラテンアメリカの至るところでこのように医療や年金や教育が断片化されていることは、個人主義と利害の分断の一因にもなってきた。アルゼンチンの例を見てみよう。アルゼンチンでは、二三ある州がそれぞれ独自の公的医療システムを運営しているが、それと並行して三〇〇ある民間の社会保険基金が中間層にサービスを提供している。異なった人々がそれぞれ異なった制度を通して別々の医療保険システムに加入しているため、直面する問題もそれぞれ異なってくるのである。例えば、首都ブエノスアイレス市では病床数は人口一〇〇〇人当たり七・三床だが、北東部国境地帯のミシオネス州ではたった一・一床である。[76]

米州開発銀行（Inter-American Development Bank: IDB）が行った研究は、社会的信頼の不在がいかに所得分配にも負の影響をもたらすのかを明らかにした。二〇一八年に、ＩＤＢの研究者たちは、多数のラテンアメリカの人々に対し、制度が信頼できるか、また公教育・警察による治安維持・所得再分配の各政策を支持できるかについて尋ねた。その結果、すべてのケースにおいて、社会に対しての信頼度が低い人々の方が、平等推進的な国家介入への支持が低い傾向にあった。こういった人々は、よその家の子どもたちが、きちんと自宅学習をして良い成績を取ろうとなんてしないだろうと信じる傾向がある。彼らは、貧困層のことを「ずるをする人たち」だと思っており、それゆえに再分配プログラムを支持しないのである。[77] 残念ながら、このことはもう一つの悪循環を引き起こす。すなわち、不平等は低信頼社会に繋がり、それによって国民が再分配政策を支持しなくなり、それゆえ不平等が一層深刻化する結果になるのである。

この点において、ラテンアメリカと北欧の国々との対比ほど目を見張るものはないだろう。北欧では、再分配を支持する「階層横断的な同盟」が継続的に平等の実現に貢献してきた。長年にわたり、貧困層と中間層が一緒になって労働組合に参加し、平等化政策を推進する社会民主主義的政党に投票してきた。こういった「階層横断的な同盟」が、富裕層からそれ以外の社会階層へと所得と機会を再分配する、高賃金と充実した社会プログラムが推し進められていく背景にあったのである。それゆえに北欧諸国は、悪循環ではなく好循環の恩恵を受けてきた。この社会的不平等の小ささが、中間層と貧困層のさらなる協力関係に寄与し、そしてさらなる再分配へと繋がったのである。

さて、本節を締め括るに当たり、所得格差に対する暴力の影響について考察してみたい。ほとんどの新聞記事や多くの国際報道では、犯罪は誰にでも等しく降りかかる問題として描かれている。警告口調の見出しが、殺人率が高いのでその国に行かないようにと観光客に注意喚起をしているし、格付け会社は、犯罪は外国投資に悪影響を及ぼすので、その国の経済を減速させかねないと懸念を表明している。

ところが、実は犯罪は限られた地区でしか発生していないのである。「暴力は……かなり集中する傾向にある」とブラジルのイガラッペ研究所共同創設者であるロバート・マガーは説明する。「全員が等しく危険に晒されているという多くの都市で見られる認識は、はっきり言って間違いである……。コロンビアの首都ボゴタでは、二パーセントの街路で殺人事件の九八パーセントが起きているのだ」[78]。ラテンアメリカ全域で見ても、殺人事件の半数は街路の僅か一・六パーセントで発生している。[79・15]ラテンアメリカの人々の大半は、たとえ殺人事件のニュースを何千回と目にしたことがあったとしても、殺人現場を目撃したことは一度もない。その一方で周縁地区に住む貧困層の人々は、多くの殺人を目撃している。彼らが一生の間に被る暴力のコストは計り知れず、またあらゆる方向から降りかかってくる。例えば、不安、精神的不安定、家計支持者の死亡、教育や経済機会への投資の困難さ、などである。

富裕層は、ほとんど犯罪に悩まされることがないだけでなく、身を守る手段もより多く手にしている。彼らは多額のお金を民間警備会社に支払っている。つまり、裕福であればあるほど、ボディガードやテクノロジーによって自身の安全がより守られるようになるのである。ラテンアメリカには、現在、一万六〇〇〇社の民間軍事会社・警備会社が存在し、推定では二四〇万人が雇用されている。[80]ブラジルでは、警察官一人に対し、四人の民間警備員が存在しているが、グアテマラではその比率は一対五に、ホンジュラスでは一対七になっている。[81]

それゆえ、貧困層が暴力に苦しめられ続ける一方で、富裕層はそれを見事に回避しているのが現実なのである。結果として、貧困層はより大きなストレスを抱え、それにより日々の生産性が落ちてしまうにも関わらず、彼らのコミュニティには、より豊かなコミュニティと比べて投資が行われず、経済機会も少ない。不平等が暴力を生み出し、そしてそれがさらなる不平等への引き金を引いてしまう。これが本書で議論してきた数々の悪循環の最後のものである。

6　ラテンアメリカから世界への警戒信号

本章でここまでみてきたように、ラテンアメリカの不平等は、暴力・分断・不信・民族差別・人種差別を引き起こしてきた。これらの問題は、翻って社会に見られる不公正を永続化させ、富裕層と貧困層との間の溝を狭めることを困難にしてきた。このような状況下で構造的不平等と闘うことは、これまで勝ち目のない戦《いくさ》であった。

今日、同じような問題が、世界の国々で日に日に明らかになっている。経済協力開発機構（ＯＥＣＤ）加盟国の多くも例外ではない。恐らく米国が、それを最もはっきりと示している例であろう。富裕層と貧困層の間の大きな所得格差がさまざまな社会不安を引き起こしているからである。暴力を例に取ってみよう。ここ数十年間で米国の殺人犯罪件数は減少してきたものの、他の先進諸国のほとんどと比べると依然として高い。米国の殺人率はＯＥＣＤ平均のほぼ二倍であり、大陸ヨーロッパ諸国の一一倍、日本の二七倍である。[82] 所得格差がこの望ましからざる結果の原因である。多くの殺人は若い米国人男性の手によるものであるが、彼らは経済機会の縮小に直面しており、経済は富裕層を利する仕組みになっていると感じている人たちである。[83] 所得格差は、州ごとの殺人率と相関しているとともに、ある地区が他の地区よりもなぜ窃盗犯罪が多いのかも説明できてしまうのである。[84]

米国はまた、ＯＥＣＤ諸国の中で最も社会が分断化した国の一つになった。米国ではどの都市（大都市でも中小都市でも）を歩いても、対照的な二つの世界を目にすることになるだろう。ぼろぼろの家が立ち並ぶエリアを通りすぎると、大きくて設備の整った家が立ち並ぶ通りに出る。公園や公共スペースはほとんどなく、ニューヨークやボストンなどのいくつかの大都市を除けば、あったとしてもほとんど誰もそれを利用しない。市の中心部を離れると、何もないところに忽然と現れたような、ゲーテッドコミュニティや戸建て住宅が軒を並べる郊外住宅地が、何キロメートルにも渡り延々と広がっている。社会学者のロバート・パットナムが、米国での不平等拡大から二〇年が経っていた二〇〇〇年代初頭に、今では米国人は孤独な生活を送り、他の階層の人々と交わる機会をほとんど持たなくなって、「孤独なボウリング」をプレーするようになった[16]と指摘したことは有名である。[85]こういった状況下では、政治的分極化が強まることにより、再分配を支持する「階層横断的な同盟」を作ることをこれまでにないほど困難にしてしまった。もちろん人種差別主義も再分配への障壁となる。警察の蛮行に関する近年の複数の事件[17]が示してきたように、米国での民族や人種に基づく差別は大きいままで、この民族的・人種的差別が過去数十年における米国の再分配的福祉政策弱体化の一因となってきたのである。

米国では信頼の度合いもまた低い。それは、所得の集中の度合いが加速するにつれて、着実に下がってきた。他者を信頼するという米国人の割合は、一九六四年の七七パーセントから二〇一四年には僅か三八パーセントにまで下がってしまった。[86]周囲の人々と制度、双方への信頼が失われていたことが、トランプが予想に反して大統領に当選した背後にある要因の一つであった。彼の支持者は、メディアや自由主義派エリート、そして自分達と異なる人々に猜疑心を抱く人々だったからである。この傾向をひっくり返すのは、本章での議論が示してきたように、厳しくなってきているかもしれない。

総じて言えば、ますます高まる所得の集中により、大半の人が認めたくないと思っている水準まで米国がラテンアメリカに酷似してきていることは、ほぼ疑いない。しかし、いつでもこうだったというわけではなかった。学界で不平等研究を主導する一人であるリチャード・ウィルキンソンが説明するように、「米国がどちらかというと平等度の高い国であった頃、米国民の健康は、世界で一番ではなかったにしてもきわめて良好で、上位数か国にランクインしていた。それが今では、先進国すべての後塵を拝している。そして、日本と立場が逆転してしまった。日本はかつて不平等度の高い国の一つで、国民の健康状態は悪かったが、一九五〇年代から一九八〇年代にかけて日本は平等化したのだ」[87]。

ヨーロッパの場合はもっと複雑である。ヨーロッパでは福祉国家が強く、それが社会に対する所得分配の負の影響を和らげている。ヨーロッパ諸国では、南北アメリカ諸国よりも信頼の度合いが高く、結束力があり、暴力も少ない。それでも、近年見られている不平等の拡大は社会的緊張を引き起こしており、それは将来的に加速する可能性がある。社会的分断と社会的不満は高まっており、再分配を支持する昔ながらの「階層横断的な同盟」を維持するハードルはどんどん高くなってきている。スペインからイタリア、そしてスウェーデンまでも、中間層の人々が自分たちを貧困層と区別するための新たな方法を見つけ出そうとするようになるにつれ、社会的分断が高まってきているのである。

さて、本章を結ぶに当たり、ヨーロッパでのこうした不平等を原因とする社会問題の出現を例証する動きを二つ紹介しよう。一つ目は外国人排斥感情の高まりである。ますます多くのヨーロッパ人が難民や移民に反感を抱くようになってきた。外国人移民が、賃金上昇の抑制、雇用不足、社会サービスの質の低下、文化的規範の崩壊の原因とされてきたのである。こういった考えはすべて間違っているのだが、それでも外国人移民はヨーロッパの抱える諸問題のスケープゴートにされてきた。一方で、政治的（かつ経済的）エリートの一派は、移民に対する誤った非難を呼び起こすことができて、願ったり叶ったりと思っていることだろう。それによって、所得が自らの手に集中していることから人々の関心を逸らすことができるのだから。

不平等はまた、ヨーロッパでの社会的分断を引き起こしつつある。ヨーロッパの至るところで、新たな中間層の一部はエリート層をまねて、民間サービスを選ぶようになってきている。人々が個人主義的な価値観を抱くようになるにつれて、一部負担金のある学校（ヨーロッパ諸国では、大学まで含めて学費は無料であることが多い）や民間医療保険・民間年金基金の利用が人気になってきた。不平等度が高まる状況下でステータスを失うことを恐れ、中間層は他人より抜きん出るための新たな方法を探し求めている。スペインにおけるここ一〇年間での民間医療保険の拡大は、このような大きな潮流の一例にすぎない。今日では、スペイン人の四人に一人が公的医療保険を補完すべく民間医療保険にも加入している。こうした事態に対し、スペイン医療経済学会の元会長ファン・オリーバは、次のように警鐘を鳴らしている。「危険なのは、私たちが医療アクセスに関して、スピードが異なる二つのルートを作りつつあることだ。民間保険を持つ人々のための速いルートと、公的保険しか持たない人々のための遅いルートである。我々の公的医療制度は［今のところはまだ］しっかり機能しているが、もし公的医療を放棄する国民が増えるのなら、公的医療制度は崩壊し、質の低下を招くだろう」[88]。ラテンアメリカの経験を踏まえると、私たちが所得格差を縮めるために今以上の努力をしない限り、この危険性はスペインだけでなく、他の多くのOECD諸国でも、間違いなく将来的に加速することだろう。

訳注　第5章

●1　本章で明らかにされるように、ラテンアメリカの都市では、所得階層による地区の住み分けが起こっているのが一般的である。これを本書では「隔離居住（urban segregation）」と呼んでいる。なお、ここでパライゾポリス地区は低所得者層居住区、高級マンションが建っているのがモルンビ地区である。

●2　ラテンアメリカでは、警察が住民から信頼されておらず、また犯人からの報復を恐れることもあって、強盗に遭っても被害届を出さないことが多いので、この数字ですら実際に起こっている強盗件数よりはるかに少ない可能性がある。もちろん、仮に被害届を出しても的確に捜査されないことも少なくないと言われ、また捜査がなされても犯人が必ず検挙されるとは限らない。

●3　一九九〇年代にアメリカから「強制送還」された中米の若者達を起源とする、中米北部を中心に活動するギャング集団の総称。以下の訳注5も参照されたい。

●4　ジュネーブ条約とは、戦時における傷病者・捕虜に対する救護・看護に関する国際条約である。

●5　米国で生まれ育ったので「母国」には行ったこともない者が多かったと言われる。スペイン語に不自由する者も少なからずいたようである。また、この時に強制送還の対象になったのは米国政府が「重罪」を犯したと判断した者であるが、実態は必ずしも「重罪」犯ばかりではなかったと言われる。

●6　エルサルバドル内戦（一九八〇年～一九九二年）、グアテマラ内戦（一九六〇年～一九九六年）、コントラ戦争（ニカラグア、一九七九年～一九九〇年）を指す。なお、ホンジュラスは同時期の内戦はなかったものの、ニ

●7 カラグアの反政府ゲリラ・コントラの拠点が置かれるなど間接的に影響を受けていた。

●7 リマ市の南東の丘に約一〇キロに渡って建設された壁。二〇二二年末に憲法裁判所が差別にあたるとして撤去を命じた。

●8 「恥の壁」はコンクリート製だが、場所によってはその上にさらに有刺鉄線が張られている。

●9 社会的流動性（social mobility）とは、現在所属している階層から別の階層への移動のしやすさのことなので、その欠如とは、この文脈では「自分がどんなに努力しても、このようなお金持ちには絶対になれない」という意味になる。第1章訳注3も参照されたい。

●10 チリでは新自由主義改革によって保険が民営化されている。またラテンアメリカでは所得下位層は無保険であることも多い。

●11 一九六〇年代に連載が開始され人気を博した。連載終了後も他の媒体にたびたび転載され、全集（*Toda Mafalda*）も刊行されている。マファルダとその家族や仲間たちの日常を描きながら政治・社会を痛烈に風刺した。

●12 警察等の捜査機関が、人種、肌の色、国籍、民族的出自をもとに職務質問や取り調べの対象者を選ぶこと。

●13 二〇一八年に公開されたアルフォンソ・キュアロン監督の半自伝的映画。タイトルはメキシコシティの往年の高級住宅街、ローマ地区に由来する。

●14 現在では英語のインディアンと同じくインディオも差別用語となっているが、本書では原文で使用された箇所はそのまま訳している。

●15 ラテンアメリカの都市部では、基本的に住所は「街路名＋番地」で表示される。殺人事件のほとんどがごく限られた場所で発生していることが分かる。

●16 この指摘を行ったパットナムの本のタイトル（原題は *Bowling Alone*）から。原著とは少々異なる説明になるが、本来は同じレーンで他者と競い合うボウリングを、各レーンで一人ずつ、みんな黙々とボウリングをしている図を想像すると、この表題の意図がわかりやすいだろう。

●17 二〇二〇年のジョージ・フロイド事件など、ブラック・ライヴズ・マター（ＢＬＭ）運動に繋がった、白人警察官によるアフリカ系市民への不当な暴力や殺害事件のこと。

第6章　ラテンアメリカから学べることもたくさんある、という話

二〇一八年一〇月のある晴れた日曜日、教皇フランシスコは、エルサルバドル出身のオスカル・ロメーロを聖人に列した。「自らの命を顧みず、貧しい人々とその家族に寄り添った」と褒め称えてのことである。[1]多数のエルサルバドル人が大きな喝采の声を上げた。彼らは遠くローマまでやってきていたのだが、それは不正義を告発し、エルサルバドルを平和な国にしようと呼びかけたこの司祭が捧げた命を崇敬するためであった。そして、より平等でより良い世界を実現することは可能なのだということを示そうと、今や「南北アメリカの聖ロメーロ」となったロメーロ神父の列聖にみんなで立ち会ったのだった。

その生涯の大半の期間、どちらかというと保守的な人物であったロメーロは一九七七年、サンサルバドル大司教に就任した後、劇的な変化を経験した。友人であったルティリオ・グランデ神父が七二歳の同行者とともに暗殺されたこと、そして国家を黒幕とする暴力が激増したことが、心の底から彼を変えたのである。彼は、当時の権威主義政権と左翼ゲリラとの間の紛争と、進歩的な聖職者に対する嫌がらせが増えていることを心配するようになり、[2]貧しい人々と迫害の対象となった人々に対する疲れを知ら

ぬ擁護者となったのである。ミサでの説教をはじめ公の行事では、殺害された人々の名前を唱え、また政府に対し軍事作戦を終わらせるよう呼びかけた。彼はまた、貧しい人々が主役であることを説く「解放の神学」に信頼を寄せるようになり、その主要な指導者たちに助言を求めるようにもなっていた。[3]

一九八〇年三月二四日、ロメーロ大司教は、ミサを挙げている最中、国家と結ぶ暗殺団によって殺害された。彼は、政府、軍、そして富裕なエリート層にとって、大きな脅威になりすぎたのであった。暗殺の前日であった日曜日にはカテドラルでいつも通り説教を行っていたが、その中で彼は軍に対し暴力を終わらせるよう次のように促していた。「神の名において、そしてその叫びが日ごとに危急の度を増しつつ天にまで昇っている受難の人々の名において、その抑圧をやめるよう、あなた方に請い、願い、そして命ずるものであります！」と。[4]

ロメーロ神父の生涯、暗殺、そして列聖は、ラテンアメリカで不正義が蔓延していたことを思い起こさせるとともに希望を呼びかけるものでもある。彼が「解放の神学」を支持したこと、国家による暴力を告発したこと、正義を求めたこと、そして貧しい人々に一身を捧げたことは、ラテンアメリカの、そして世界中の多くの人々を鼓舞してきたのである。

本章では、ラテンアメリカ地域から積極的に学べる教訓について、いくつかを取り上げ議論していく。ラテンアメリカの人々は、根深い経済格差に対し、独創的な手法でもって向き合ってきた。彼らの経験は、世界のさまざまな場所で不平等と闘っている人々に新たな発想を提供することができるだろう。本章では、こうした建設的な経験を、相互に関係する三つの分野——思想、政治、政策——に分け、ラテンアメリカ以外のさまざまな文脈で活動している政策決定者、活動家、学生たちにとってそれらが役立つものであることを示そうと思っている。

ラテンアメリカは、かねてから進歩的な思想のゆりかごであり続けてきた。経済学から神学に至るまで、批判精神あふれる思想家たちは、ラテンアメリカの大多数の人々が被ってきた搾取を彼らの分析の中心的な対象としてきた。マルクス主義をはじめとするヨーロッパ起源の諸理論を超えて、彼らは途上国に特有の性質に焦点を当ててきた。例えば、植民地としての過去を持つこと、国外のアクターに対して従属状態に置かれていること、エリート層が強力であること、労働市場が不平等であること、などである。神学者は「構造的暴力」について、教育者は「抑圧」について、経済学者や社会学者は「従属」や国内外のエリート層の存在について、それぞれ語ってきたのである。

ラテンアメリカから発信された革新的な思想すべてについて説明するには、本章で使えるよりもかなり多くの紙幅が必要になるので、私はここでは大きな貢献三つについてのみ焦点を当てることにする。まず構造学派経済学と従属学派から議論を始めよう。これら二つの考え方は、どちらも国際的な要因と国内の不平等との間の結びつきを強調するものである。それに続き「解放の神学」に話を進めよう。「解放の神学」とは、貧しい人々を中心に位置づけ、政治的・経済的・社会的不正義との闘いに焦点を当てる、カトリック教会内部の進歩的な一派である。三つ目の（そして前の二つとも関連する）アプローチは、ブラジルの教育学者パウロ・フレイレとその門下生たちによって提起された「被抑圧者の教育学」である。それぞれ異なった学問分野から出てきた思想ではあるが、これら三つはいずれもラテンアメリカの思想の創造性を鮮やかに示すものであるとともに、現代的な教訓をもたらしてくれるものである。例えば、これら三つの思想は、経済の鍵となる諸部門、これらの部門が生み出すエリート層、そして所得再分配のための機会という三者間の相互作用について検討する必要性を指摘している。またこれらの思想は、低所得者層の人々は犠牲者であると同時に変化の担い手でもあるとし、貧しい人々に関する新たな政治と倫理を求めている点でも共通している。

ところで、不平等に対する政治の影響を評価する際には、フォーマルな制度に止まらず、社会運動の役割を考えに入れることも肝要である。ラテンアメリカは、不平等や抑圧と闘う進歩的な社会運動組織が育まれる場でもあった。過去においては、そうした組織の多くが暴力的なもので、現に、一九五〇年代から一九七〇年代にかけては左翼ゲリラの活動はラテンアメリカ全域で日常のことであった。しかし、そうした組織の実際の影響力は限られたものであったし、社会正義を求めつつ暴力に訴えるという意味で矛盾するものでもあった。しかし近年では、新自由主義に反対する運動が、ボリビア、ブラジル、チリ、メキシコなどの国々で政治権力におけるパワーバランスの変化に力を与えるようになってきた。ラテンアメリカの社会運動は、社会のさまざまなアクターがより民主的な未来を粘り強く求め、新しい技術を創造的に用い、社会と政党との間に新たな結びつきを築く必要性を示してくれている。

本章の最後では、二〇〇〇年代に見られたラテンアメリカでの所得分配の改善について議論しようと思っている。二〇〇〇年代は、ラテンアメリカの歴史において特異な時代であった。ラテンアメリカ以外の多くの地域が不平等度を増していたその時期に、ラテンアメリカでは一八か国中一四か国でジニ係数が低下したからである。最低賃金の引き上げ、労働市場への政府の介入、そして再分配的な社会政策が組み合わさったことが、こうした望ましい結果に結びついたのである。もちろん、ラテンアメリカ以外の地域では事情が異なり、それぞれの地域の文脈にあった政策が必要ではあろう。それでも、この時代のラテンアメリカの経験は、給付型年金や条件付き現金給付政策の〔財源として税金を用いる政策としての〕有用性など、役立つアイディアをいくつも提供してくれるのである。

さて、本章を本格的に始める前に、ちょっとした注意書きを付け加えておくべきだろう。それは、私がこれから紹介する思想や社会運動や政策の影響力を過大評価してはならないということである。ラテンアメリカで見られた創意工夫が、たとえ現在と将来における世界での不平等との闘いにヒントを与えることができるとしても、それらの思想や社会運動や政策の最終的な効果は、これまでのところどれも限定的であったからである。第5章までで議論してきたように、ラテンアメリカでは政治的・経済的・社会的な悪循環があまりにも強力なので、所得の集中は残存したままなのである。ラテンアメリカの教訓は、ひどい所得分配の不平等を解決する手段に関するものというよりも、自分たちに降りかかるその不平等のコストを少しでもなんとかしようとする試みに関するものであったというべきである。

1　思想のゆりかごとしてのラテンアメリカ

私は、学問の世界で働き始めて以来、毎年ずっとラテンアメリカ経済論を教えてきた。私が特に気に入っている授業の一つは「構造学派経済学」に関する授業である。私が自慢に思っているのは、主に先進国の人々によって提唱されてきた主流派経済学とは異なり、構造学派経済学が自らの問題を説明するためにラテンアメリカ人によって提起されたという事実である。構造学派経済学が成功したことは、内発的な思想や政策を練り上げていくことが大切だということを示している。とはいえ、現代における構造学派経済学の重要性は、ラテンアメリカ地域に限定されるものではない。その洞察の多くは実のところ、ラテンアメリカ以外の地域における課題を理解する際にも有用なのである。

構造学派経済学の最初の構想は、一九四〇年代末、アルゼンチン人経済学者ラウル・プレビッシュによって提起された。一九〇一年、トゥクマン市に生まれたプレビッシュは、アルゼンチン政府機関で若き日のキャリアをスタートさせた。一九三〇年代には何人かの閣僚のアドバイザーを務めるとともに、アルゼンチン中央銀行の創設者の一人でもあった。その中で、彼はイギリスの経済学者ジョン＝メイナード・ケインズが提案していた、政府が経済運営においてより積極的な役割を果たすべきだとする考え方にも親しむようになっていった。

一九四九年、プレビッシュは設置されたばかりの国連ラテンアメリカ経済委員会（Comisión Económica para América Latina: CEPAL）のために創設宣言を執筆した。ＣＥＰＡＬ[i]は、チリの首都サンティアゴに本部を置く国連の地域機関である。五八ページにも及ぶその論文でプレビッシュは、ラテンアメリカの諸問題を歴史的な視野の下に位置づけるとともに、それを同地域がグローバル経済の中で置かれた立場と関連づけた上で、その解決策を提案したのであった。そしてこの「ラテンアメリカ宣言」は、ＣＥＰＡＬで働く人々全員にとっての発想の源となったのである。[5]

構造学派経済学は、当時、経済に関する新しい考え方を展開した。それは、アングロサクソン流の主流派経済学と比べ、より歴史的であるとともに、より空間に根差したものであった。プレビッシュとその後継者たちは、ラテンアメリカが発展できないのは、一次産品への依存と技術的な遅れから来るものであると説明した。鉱産物や農産物の輸出は、欧米で生産されている工業製品の輸出に比べ不利になるのだと主張したのである。

このように構造学派経済学は、不平等に新たな解釈をもたらした。それによると、ラテンアメリカ各国内でなぜ所得格差が存在するのかを理解するには、世界経済がどのような仕組みになっているのかという観点からアプローチしなければならない。技術革新は、そのほとんどがイギリス、フランス、米国といった国々——「中心（center）」——で、しかもその多くの部門で同時多発的に起こっている。これらの「中心」国の経済は、単に成長率が高いだけでなく、多様化が進みかつ生産性の高い部門を数多く擁している。例えば、繊維産業から蒸気機関車の製造まで、またワイン醸造から鉄鋼業に至るまで、あらゆる種類の製造業部門で働く労働者は、きわめて生産性が高く、したがって相対的に高い賃金を得ている。それに対してラテンアメリカやアフリカ、そしてアジアのほとんどの国々——「周辺（periphery）」——は、農産物や鉱産物に特化しており、外国で生み出される技術革新に頼っている。「周辺」国では、経済活動の多く（特に製造業部門）が低開発状態にあり、国内で生み出される富のほとんどは一次産品輸出部門に偏在している。雇用もそのほとんどがインフォーマルであり賃金も低い。

つまり、構造学派経済学者にとっては、ここにこそ所得格差の主要因があるのである。すなわち、「中心‐周辺」関係によってもたらされた諸部門間での生産性格差と、そこから派生する大きな賃金格差である。この生産性の格差が、どの国であれラテンアメリカ経済の内部に階層構造を生み出している。その最上層にはその国の主要産業部門における巨大企業のオーナーがおり、最下層には教育水準が低く、生存農業、あるいは露天商など都市インフォーマル経済で働く労働者たちがいる。各国が自国経済を多様化し、諸部門間の生産性の格差を縮小し、フォーマル雇用をもっと創出しない限り、不平等は存在し続けることになってしまうのである。

しかしながら、話はここで終わるわけではない。所得分配は、単に主要産業部門とインフォーマル雇用とに関係する経済問題に止まるわけではないからである。所得分配はまた、エリート層の権力と影響力にも直接的に結びついている。プレビッシュ自身が説明しているように、「周辺」国における資本主義は「経済権力の集中と不平等を促進する。そして経済権力の集中は、最も恵まれた階層への政治権力の集中に繋がる」のである。[6] エリート層は、主だった経済活動をすべて支配しているので、価格形成力を行使したり、労働者を雇ったり解雇したり、政治家に影響力を及ぼしたりすることができる。また、フォーマル部門の中で労働組合に加盟している労働者は、ラテンアメリカでは少数派に属するが、彼らも高賃金という特権を守るための権力を何がしかは有している。それに対し、弱い立場にあるインフォーマル部門の労働者には、交渉力はまったくないのである。

このような構造学派の説明と、ほとんどの主流派経済学者が行う説明との間には、きわめて大きな違いがある。主流派経済学は多くの場合、所得格差を説明するのに、労働と資本の需要と供給に焦点を当てる。彼らの見方では、ある国で資本家が僅かしかいないにも関わらず多くのビジネスチャンスがあるならば、資本家への需要がその供給を上回るので資本家が受け取る利潤が大きくなる。もし高学歴労働者の数が高スキルを必要とする求人数と比べて少なければ、高学歴者への需要がその供給を上回るので、彼らは高い賃金を受け取ることになるだろう。もし最高経営責任者（CEO）が天文学的な額の報酬を得ているのならば、それは彼らが特別の才能を持っており、他の人が真似できないような貢献を会社に対してしているからということになる。主流派経済学者の多くにとっては、不平等は需給バランスが崩れることによってたまたま起こるハプニングであり、経済的な権力だとか、その国の経済の特質だとかとはほとんど関係ないものなのである。政治的影響力の重要性と独占の危険性を認識している進歩的な主流派経済学者ですら、その多くは構造学派経済学者のように経済諸部門間の差異を重要視することはないのである。

構造学派経済学は、一九五〇〜一九六〇年代には特に大きな影響力を持った。彼らの政策提言に従って、多くのラテンアメリカ諸国が国内市場を保護し、低金利融資をはじめ各種の補助金を供与することによって製造業部門を振興した。さらに、いくつかの国々では社会支出も増大した。総じて言うならば、国家主導型開発または輸入代替工業化と呼ばれるこの新たな政策モデルは、多くの成果を達成した。経済成長が加速し、新たな製造業（アパレル産業から自動車産業まで）が発展し、いくつかの国々では不平等度も低下した。しかしながら、こうした成果は実のところ期待通りのものではなかった。経済成長率は乱高下を繰り返し、鉱産物・農産物輸出への依存は続き、そして最上層への所得集中は依然として大きいままだった。その結果として、第4章で議論したように、社会的な不満が増大し、政治的な緊張が高まっていくことになったのである。

このような状況を前にして、新たな世代のラテンアメリカ思想家たちが、より急進的な考え方を提示するようになった。「従属学派」の登場である。彼らの見方では、ラテンアメリカ域内で見られた変化は、そのほとんどが米国や一部ヨーロッパ諸国の利害と、多国籍企業の意向によってもたらされたものであるという。この従属学派の中の最も急進的な一派に至っては、例えば社会主義革命を推し進めることによって外国勢力から完全な独立を達成することこそが、ラテンアメリカの長期的な発展を実現し、所得分配を改善できる唯一の方法だ、とすら考えていたのである。

とはいえ、従属学派には構造学派ほどの貢献はなかったと私は常々感じてきた。というのも、ラテンアメリカの停滞はすべて外国勢力のせいだ、ということにしてしまうと、国内エリート層が格差拡大の主因であるという事実を隠蔽してしまうことになるからである。グローバル経済の根本的な変革を求めることは重要だけれども、所得分配状況の改善は国内でまず着手されなければならないし、国内の各階層が連携して取り組むべき事項である。革命などの急進的な現状打破を求めたことで、「従属論者(dependentistas)」の最急進派は、日常的な政治的働きかけがもたらし得る建設的な貢献を軽視してしまったのである。

しかしながら、批判的思考に関して従属学派が重要な貢献を行ったことは、ほとんど疑いの余地がない。ラテンアメリカは、欧米では決して生み出され得なかった〈ものの見方〉を提示することによって、世界の思想を先導したのである。また従属学派は、ラテンアメリカのさまざまな領域で進歩的な思想や運動が湧き起こる豊かな環境を整えることにも貢献した。そのような領域の一つに「解放の神学」がある。私が議論したいと思っている、平等に関するグローバル思想へのラテンアメリカの貢献のうち二つ目のものである。

「解放の神学」とは、献身的なカトリック聖職者たちが、一九六〇年代に日々の生活のなかで目にした不正義と搾取に対して出した一つの答えである。もちろん彼らが出した答えは、唐突に現れたものでも、孤立していたものでもなく、より広範な進歩的思想の潮流の中に位置づけられるものであった。すでに一九六五年には、第二バチカン公会議(教皇パウロ六世が主導した全司教による特別会議)が全カトリック教会に対し、社会問題にもっと注意を払うよう促していた。その三年後、今度はラテンアメリカ地域の全司教がコロンビアのメデジン市に集まり、社会正義の実現に向けて次のように声高らかに宣言した。「私たちは、貧しい人々、そして人道的にも社会的にも劣位に置かれた状態で生活しているすべての人々を再生し、高みに引き上げようとする真摯な努力のすべてを支援していかなければならない。……私たちは、各国の階級と階級の間、市民と市民の間に見られる深刻かつ過酷な不平等を隠蔽し助長する制度や構造を支持することはできない[7]」。

同じく一九六八年、ペルー人の司祭で哲学者であったグスタボ・グティエレスは「解放の神学をめざして」と題された講演を行った。これがこの分野に関する彼の最初の著書『解放の神学』(一九七一年刊)の元となった講演である。多くの人々が彼に続いた。ほんの一部の名前だけを挙げるとしても、メキシコのサムエル・ルイス、在エルサルバドルのスペイン人であったイグナシオ・エリャクリーアとヨン・ソブリーノ、ブラジルのペレ・カサルダリーガとレオナルド・ボフ、ニカラグアのエルネスト・カルデナルなどがいる[8]。先住民の役割を強調する者、社会変革の必要性に力点を置く者、それよりももっと急進的な者など、彼らの間には違いも多かったが、それでも彼らは共通の土台の上に立っていた。

彼らは全員、貧困と不正義を思考の中心に置いていた。「解放の神学」は、「貧しい人々を優先する選択」というフレーズを人々の間に広めた。これは、社会の最下層にいる人々に徹底的に献身するということである[9]。貧しい人々を最優先にするには、彼らがどのように生活し、彼らが何を必要としているのかを理解することが不可欠である。それにはまた、他者からまったく尊重されないこと、差別されること、不安に苛まれていることをも含む、貧困のあらゆる側面を考慮に入れることが求められる。本当の意味で貧しい人々を最優先にするカトリック信徒は、慎ましく生きなければならない。例えば、本章冒頭で取り上げたオスカル・ロメーロ神父は「貧しい人々に奉仕する清貧な教会」であることを提案した。しかし、これはラテンアメリカのエリート層にとっては受け入れ難いことである。

もちろん、解放の神学者にとっては、貧困とは個人のふるまいの問題ではなく、むしろ構造的な現象であり、社会が犯している罪である。「貧困とは、聖書に照らしてみるならば、人間の尊厳に反する、したがって神の意思に反する恥ずべき情況なのである」とグスタボ・グティエレスは前出の著書『解放の神学』で書いている。[10] つまり、貧困は、私たちが形作る経済や社会構造がもたらす帰結であるので、貧困と闘っていくには、ローカルレベル・国レベル・国際レベルそれぞれでの根本的な変化が求められる。したがって「解放の神学」は、貧しい人々を賛美するに止まらず、富裕な人々や途上国で起こっている搾取に対して非難を行うのである。

カトリック教会と社会を近づけていこうとするこのようなやり方は、解放の神学者の考え方や行動に大きな影響を及ぼしてきた。当初から、彼らは社会科学の知識を取り入れていた。貧しい人々の解放は、お祈りをしたり、霊的な支援をしたりするだけでは成し遂げられない。それには、人々の日常生活を改善していくことが求められる。そのためには、一国経済やグローバル経済がどのように組織され、また異なる集団の間でなぜ紛争が起こるのかを理解することが、解放の神学者たちにとって不可欠だったのである。階級闘争（資本家と労働者の間の恒常的な紛争）の存在を認識するや、解放の神学者たちはマルクス主義を取り入れ、歴史を学び、従属学派からアイディアを借用した。彼らの学際的なアプローチは、「解放の神学」の思想をことさら力強いものにしたのである。

彼らはまた最初から言葉だけでなく、積極的に行動に移そうとした。一九六〇年代から一九八〇年代初頭にかけて、数多くの聖職者も平信徒もキリスト教基礎共同体を組織して貧しい人々とともに活動し、また貧困と不平等を公然と非難した。最も急進的な人々は、コロンビアのゲリラに加わり、一九六六年に戦死したカミーロ・トーレス神父の例に倣って左翼ゲリラ運動を支持した。

「解放の神学」は、飽くことなく現状に疑問を投げかけてきた。彼らは当初から、カトリック教会があまりにも長きにわたって権力者の後ろ盾となり、権力者の活動にお墨付きを与え、暗に不平等と搾取を支えてきたと主張したのであった。彼らによれば、伝統的なカトリック教会の考え方は、あまりにも霊的な事柄だけに焦点を当てすぎていたという。つまり、神への信心を持ち、カトリックの原則すべてに従うことは、日々の不正義と闘うことよりも重要なこととされていたというのである。それとともに教会は、あまりにも階層的序列が厳格であった。司祭が権力をすべて握り、規則をすべて定めていたので、男女を問わず平信徒が主体性を発揮する余地はほとんどなかったのである。

驚くには値しないが、カトリック教会の上層部は、こうした解放の神学者たちの批判を快く思わなかった。一九八四年、教理省（「真の」カトリック思想の維持・保護を担うバチカンの機関）は、「解放の神学」を痛烈に批判する文書を発表した。後に教皇ベネディクト一六世となるドイツ人枢機卿ヨーゼフ・ラッツィンガーが署名した文書『「解放の神学」のある種の側面に関する指示』は、「ある種の解放の神学によりもたらされている、信仰およびキリスト者の生活を毀損するような逸脱、および逸脱の危険性」に警告を発するものであった。[11] 同文書はさらに、「解放の神学」について、暴力性を内包し、ほぼ「階級闘争」のみに焦点を当て、カトリックの霊的側面を無視し、厳格さを欠いていると非難した。それに加えてバチカン教皇庁は、前出のブラジル人神父レオナルド・ボフに一年間の箝口令を発したほか、ニカラグア人神父エルネスト・カルデナルほか数名の聖職者には、ニカラグア革命に参加したかどで司祭資格を停止するなど、解放の神学者に対する懲罰も行ったのである。[12]

このような教皇庁からの攻撃は、「解放の神学」に大きな打撃を与えた。しかしながら、不平等に対する闘いにおけるその意義は、依然として残っている。カトリック教徒であれ非カトリック教徒であれ、今でも「解放の神学」から学べることは少なくない。例えば、彼らが貧しい人々の擁護と支配層への批判を行ったこと、霊的成長〔信仰が生む内面的な成長〕と日常の活動を創造性豊かに結びつけたこと、そして不正義に対する非暴力の抵抗を支援したことである。さらには、「解放の神学」が常に他の分野の思想家たちとの実りある対話を構築し、影響力を与え合ってきたことも特筆に値するだろう。

さて、パウロ・フレイレは、恐らく最もよく知られたラテンアメリカ人の一人であろう。フレイレの教育に関する思想が、本節で私が議論したいラテンアメリカ人の貢献のラストを飾る。フレイレは一九二一年、ブラジルで最も貧しい地方である北東部に生まれた。彼は若い頃、家族が困窮し、その結果として一時は四年遅れで学校生活を送ることとなった。しかしながら、彼は最終的に大学で法学を学び、卒業後は中学校で教師を務め、その後には非営利団体で労働者とその家族を支援した。フレイレはほどなくして、ブラジルにおける教育編成方針と労働者の家族の実際の生活とがかけ離れていることに気づくことになった。[13] 一九五〇年代、彼は博士課程を終えると、いくつかの識字計画を成功に導き、これがブラジルの公教育政策の雛型となった。一九六四年に軍事クーデターが起きると、フレイレは投獄された後、亡命を余儀なくされた。彼はチリへと移り、農地改革関係の仕事をした後、ハーヴァード大学の客員教授を経て、ジュネーヴにある世界キリスト教会議の教育担当特別顧問に就任した。

決して物怖じすることのない、また長いひげを蓄えたフレイレの姿は、進歩的かつ献身的な知識人のルックスそのものであった。彼は最初の著書『自由の実践としての教育』を一九六七年に、そして主著『被抑圧者の教育学』を一九六八年にそれぞれ上梓した。『被抑圧者の教育学』は、一九七〇年に英語版とスペイン語版が出版されたが、ブラジルでは一九七四年まで日の目を見ることはなかった。軍事政権が反対したからである。これらの著書と、彼が後年アフリカとブラジルで行った活動により、パウロ・フレイレは二〇世紀で最も影響力を持った教育者となった。彼の進歩的な思想は、世界中の教員たちに影響を与えるとともに、カリキュラム編成のモデルとなり、教育の役割を不平等と抑圧に対する闘いへと効果的に結びつけていった。

フレイレの出発点は、抑圧者と被抑圧者との間の区別である。資本主義社会はどこであれ、人々の大多数が低所得、生活上の不安、そして差別に苦しんでいる一方、社会システム全体が少数エリートに有利なように形作られている。エリートたちの影響力は経済的なものに止まらず、イデオロギー的な側面にも及ぶ。彼らはほとんどの市民に、社会とはこんなものだ（こうあるべき、ではなく）ということを受け入れさせ、また成果主義、生産性至上主義、あるいは市場は正義であるといった支配的なナラティヴを自らの考えだと思わせることができるのである。

フレイレの主張では、フォーマルなものであれインフォーマルなものであれ教育が抑圧を再生産し、反論を制限している。彼は、生徒・学生の第一の目標は知識を蓄積することにあるという考え方に基づく教育を「銀行型教育」と呼び、それを危険なものとして警告している。フレイレは「銀行型教育」を

『被抑圧者の教育学』の中で「対話を行うのではなく、教師が公式見解を発して〔それを生徒という預金口座に〕貯めていき、生徒たちはそれを我慢強く受け取り、暗記し、反復する」教育と説明している。[14] この教育法に従うならば、生徒たちは、掛け算の九九や世界の国々の首都名、あらゆる種類の歴史的事実を暗記することに力を注ぎ込まなければならず、それがなぜ便利であったり、重要であったりするのかと疑問を抱くよう奨励されるべきではないということになる。

「銀行型教育」には多くの欠点がある。それは社会的文脈や政治的意味を欠いた暗記のための知識を強調する。「銀行型教育」はまた、青少年に「指導者」の権威に従い、批判的思考を回避すること教え込む。そのような教育は、所得の少ない人たちに、彼らがたとえ豊富な人生経験を持っていたとしても、自らがすでに持っている知識を過小評価させ、自分たちのことを無知だと思わせてしまうのである。フレイレは、姪に宛てた連続書簡として書かれた素敵な自伝である『クリスティーナへの手紙』で「エリート主義で、権威主義的な学校」を批判している。なぜなら、そのような学校は「カリキュラムを編成する際、また教育プログラムの内容を取り扱うに当たって、支配され搾取されている社会階級によって生み出された知識をまったく考慮しない」からである。[15] 学ぶことは退屈な訓練になってしまい、結局のところ多くの生徒たちのやる気を削いでしまう。これは、第3章で議論したように、ヘイリー・ジョーンズがこのときから数十年後、ブラジルの教育と社会政策に関して行った研究で観察したことと同じである。

それとは対照的にフレイレが提案したのは、解放――「解放の神学」の用語からの借用だ――に焦点を当てた教育である。彼の見方では、教育は批判的な思考を奨励し、生徒たちに質問をすること、そしてより深い意味を見出すことを促すものでなければならないのだ。教員は、発見のプロセスを推し進めなければならない。それにより、生徒たちが現実に疑問を持ち、そして世界を形作っていくのに、より創造的な方法を探求できるようにすべきなのである。進歩的な教育者はまた、生徒たちがすでに持っている知識や経験を活かしていくべきなのである。例えば、文章を書くことを教える際に、学校文法に焦点を当てる代わりに、子どもたちがすでに身に付けている語句を基礎に文章力を伸ばしていくことができるだろう。この提言を行うに当たり、フレイレは自分自身の経験を思い起こしていた。彼は愛惜を込めて説明する。彼が習った一番いい先生の一人は、「私が知っている単語を全部、一列に書き並べなさいと言いました。それが終わると、私はその単語を使って文章にすることになっていました。その後になって、私たちは私が作った文一つ一つの意味について話し合ったのです。このようにして私には、自分の中にあった動詞、時制、叙法などが少しずつ分かり始めたのです。私の先生が最も気にかけていたのは、文法的な定義を私に暗記させることではありませんでした。……私はいつも自分の努力でできるようになるように導かれていたのであって、決して単なる知識によって満たされるべき空っぽの容器のように扱われることはなかったのです」[16]。

「解放のための教育」は、対話の上に成り立つものでなければならない。生徒たちは、カリキュラムを設計する、新たな概念を学ぶ、練習問題に取り組むなどすべての段階で対話のプロセスに参画すべきなのである。対話のプロセスを踏むことで、教師と生徒の間の壁が取り払われ、権威主義的ではなく、より民主主義的な関係が促進されることになる。良い教師は、理論と実践の間を常に橋渡しし、生徒たちが教師に疑問を呈することを許し、ともに発見するということを促していくべきである。「解放のための教育」アプローチは、今日においてすら、ほとんどの学校で行われているやり方と、どれほど異なるものであろうか！

抑圧と不平等という状況の下での教育の最終的な目標は、生徒たちを支配的な考え方から自由にし、彼らが世界を変えていけるよう勇気づけることである。変革的教育（transformative education）をフレイレはしばしば呼びかけた。それは同時に、他者に敬意を払うことを促すような教育でもある。「理想を言うならば、反抗的意識から革命的意識への変革を促すことです。党派的にならずに、根本的な変化を企図する人であるように。人の弱みに付け込むようなことをせずに、戦略的な人であるように。日和見にならず、器用な人であるように。潔癖にならず、高い倫理観を持つ人であるように」と、彼は姪に対して雄弁に説明している。[17]

さて、本節で議論してきたラテンアメリカ発の思想には、どれもさまざまな問題が内在している。例えば、人種やジェンダーに関して十分な配慮がなされていないこと、対外的要因に焦点が当てられすぎていること、マルクス主義の影響が過大であることなどである。しかしそれにも関わらず、これらの思想は今日でも重要なものであり続けている。それらはいずれも欧米発の支配的な考え方に対する有用な代替案となっているからである。これらの思想はまた、「資本主義」や「知識」、あるいは「市場」といったものを抽象的に表現しようとしているのではなく、個別具体的な現実やその矛盾について省察を行おうとしている。それはラテンアメリカの歴史に埋め込まれているため、当然のことながら不平等や排除、搾取に力点を置いているのである。

特定の状況に根差すものであったとしても、本節で扱ってきた思想は、普遍的な重要性を有してもいる。不平等の拡大、エリート権力の強大化、そして貧しい人々に対する恒常的な搾取が、経済学における構造学派を、キリスト教思想における「解放の神学」を、そして教育論におけるフレイレの提案を、かつてなく有用なものとしているのである。これらの思想の影響力について、たった一つではあるが例を示しておきたい。それは、「貧者の行進（Poor People's Campaign）」である。これは、米国におけるキリスト教をベースとする社会運動で、不平等と闘い、貧しい人々の社会的・経済的権利を増進しようという運動であるが、実は「解放の神学」から多くの考え方を借用している。ウィリアム・バーバーとリズ・テオハリスによって主宰されたこの運動は、保守的な政策を不正義と、また貧しい人々に対する配慮の欠如を非道徳的と見做している。彼らは、「トランプ時代の到来に合わせ、米国流『解放の神学』を作り上げようとしている。それは不平等と白人至上主義を厳しく追及していく『解放の神学』なのである」と、この進歩主義的運動とそのメンバーに関するプロフィール紹介で述べている。[18]

2　ラテンアメリカにおける社会運動の独創性

二〇一九年四月、創刊以来一〇〇年以上を数えるイギリスの進歩系雑誌『ニュー・ステイツマン』は、米国とイギリスのミレニアル世代が、世界的な社会主義の再生の尖兵として果たす役割について特集記事を掲載した。米民主党の進歩系左派に属するアレクサンドリア・オカシオ゠コルテス下院議員の主要な支持者の一人は、「最初に新自由主義に陥った両国が、……それに対する抵抗を組織するに当たっても最先端を走るということは、理に適ったことです」と説明した。同じ記事では、英労働党と連携する左派グループである「モメンタム」の共同創設者の一人も、英・米という大西洋両岸の活動家たちは「庶民の力を、お金と支配権力を持つ保守派を相手に、どのように活かしていくか」という似通った課題に直面していると説明している。[19]

『ニュー・ステイツマン』誌に掲載されたこの記事は、アングロサクソンの人たちが、自分たちこそ世界の中心であると認識する傾向があることを示す格好の例である。「この話は実際のところ、ふざけている以外の何物でもない」とノルウェー人研究者のアルフ＝グンヴァルト・ニールセン教授はツイートした。「実情は、新自由主義の矛盾に苦しみ、抵抗を組織することに関して言えば、英米ではなくグローバル・サウスこそがずっとその闘いの最前線にいたということだ」と。[20]私も同意する。新自由主義が導入されて以来三〇年以上にもわたり、ラテンアメリカの社会運動は野放図な市場の拡大に抗して闘いを挑み、その過程で地域内の同盟を築いてきたのである。メキシコのサパティスタ国民解放軍[*2]（Ejército Zapatista de Liberación Nacional: EZLN、以下ではサパティスタとも呼ぶ）からボリビアの「社会主義運動(Movimiento al Socialismo: MAS)」まで、ラテンアメリカの人々は、欧米諸国の進歩派活動家や政策決定者が入念に検討していくべき説得力のある教訓を提供している。

ＭＡＳやサパティスタのような現在進行中のラテンアメリカの社会運動について議論し、その独創性や創造性について説明する前に、時間を数十年遡ってみたい。不平等と搾取に対する現代の抵抗は、新自由主義が導入された後の一九九〇年代になってではなく、それよりも数十年も前に始まっていた。[21]一九六〇年代以降、支配層に対する暴力的な抵抗の大きな波がラテンアメリカ全域にわたって広がっていったのである。キューバ革命が三年に及ぶ激しい戦闘の末、一九五九年に成功したことは、多くのラテンアメリカの国々で革命運動を誘発した。フィデル・カストロ、エルネスト・チェ・ゲバラ、そして彼らの同志たちの後に続こうと、左派系の若者たちがベネズエラからグアテマラへと、農村や都市においてゲリラ組織を結成したのである。[22]

しかし、こうしたラテンアメリカの初期のゲリラ運動のほとんどは力不足で、短命に終わった。アルゼンチンでは、最初はトゥクマン州で、後にはサルタ州とフフイ州で、ゲリラ結成の試みがいくつかあったが、それらは軍によって鎮圧された。ブラジル、ドミニカ共和国、そしてウルグアイでの取り組みも同じような運命をたどった。もう少しうまく組織化できた運動も他にあったが、それでも成功には至らなかった。[23] ベネズエラでは国民解放軍（Fuerzas Armadas de Liberación Nacional: FALN）が一〇年ほど活動し、カラカス中央大学の学生たちを惹きつけ、選挙をボイコットしたり、いくつかの地域では軍事作戦を組織したりした。しかし彼らが国民の多数派からの支持を得ることはまったくなく、次第に取るに足らない存在になっていった。総じて言うならば、一九六〇年代のラテンアメリカにおけるほとんどのゲリラ組織は、革命の可能性に対して楽観的にすぎるというよりも、むしろあまりにも世間知らずであった。彼らは、国家機構が思ったより強力であることと、軍が武力で対応する気満々であることを、的確に把握することができていなかったのである。

一九七〇年代には、抵抗運動の第二波が中米諸国で起こった。[24] 学生、知識人、そして中間層を構成する専門職の人たちが、農民たちと力を合わせ、不平等、社会的排除、そして権威主義体制に抵抗したのである。ニカラグアでは、サンディニスタ国民解放戦線（Frente Sandinista de Liberación Nacional: FSLN）が、一〇年にわたる闘争の末、一九七九年にソモサ一族の残虐な、そしてすでに人心の離れていた独裁体制を転覆した。サンディニスタの勝利は、[•3] 隣国のエルサルバドルとグアテマラのゲリラに、権威主義体制に対し武力による抵抗を強めるよう促すところとなった。一九八〇年代は、これら中米三か国における内戦の時代となった。エルサルバドルとグアテマラでは、米国に支援された軍事組織が革命勢力と戦い、ニカラグアでは、米国の資金援助を受けた反革命運動が、社会主義国家の確立に向けたＦＳＬＮの取り組みに抵抗したのである。

この中米紛争は、壊滅的な社会的・人的コストをもたらした。ニカラグアでは、一九八〇年代の一〇年間に三万人が亡くなり、一九八九年にはインフレ率が三万三六〇二パーセントに達するなど、同国の経済は深刻な危機に陥った。エルサルバドルでは、超法規的処刑が一万三〇〇〇件以上、強制失踪が五五〇〇件以上、拷問が四四〇〇件以上に上った。真実委員会（Truth Commission）によれば、こうした残虐行為の八五パーセントは、政府と準軍事組織によって行われた。グアテマラ内戦は、さらに凄惨であった。二五万もの人々（その大半は先住民の農民であった）が三〇年にもわたる内戦中に殺されたが、そのうちの三分の一は、一九八〇年から一九八七年の僅か七年間に殺されたのである。内戦は一九九六年に和平協定が調印されようやく終結した。しかし、その和平協定では、民主主義への移行と平和的デモの自由は保障されたが、社会経済的な不平等の緩和については、ほとんど何もなされなかった。[25]

このような話ばかりをしていると、最初に約束した現在進行中のラテンアメリカの社会運動に関する議論から逸れてしまっているようにも思われるかもしれない。しかし、ラテンアメリカにおけるゲリラ活動の経験は、今日、世界中で不平等に抗して闘っている人々に向けて、価値のある教訓を提供しているのである。そのうち三つが特に重要である。第一に、上述のようなゲリラ活動の多くが、政治的・経済的不平等に対して絶望した人々の最終手段であったということである。時を追うごとに多くの人々が、ゲリラ活動こそ自分たちの権利を守り、社会をより開かれた、包摂的なものにしていく唯一の手段であると見做すようになっていった。人々の差し迫った必要や願いに対して政治的な対応が行われないとき、それが得てして暴力の引き金を引いてしまうということを、私たちは決して忘れてはならないであろう。

第二に、一九六〇～一九七〇年代においては、キューバ革命をはじめとする解放運動が、ラテンアメリカの若者たちに、ある種のユートピア、ないしより良い社会の作り方を示すビジョンを提供していたということである。そうした思想の多くは後に単純にすぎて非生産的だということが明らかになったが、たとえそうであったとしても、強力な道しるべの存在が有用であることを依然として示している。手が届きそうな夢を持っているとき、正義のための闘いはより容易なものとなるのである。

第三に、そしてこれは最も痛みを伴うものであるのだが、ラテンアメリカの現代史が示しているのは、暴力のコストはほぼ常にその利益を凌駕するということである。武装蜂起が社会変化に結びついたエルサルバドルをはじめとする国々においてすら、そのコストは甚大であった。ラテンアメリカの人々は、何世代にもわたって拷問や死のトラウマに向き合うことを未だに余儀なくされているのである。

さて、現在に戻ることにしよう。ラテンアメリカには、先住民の権利、農地改革、新自由主義への抵抗など、具体的な問題に焦点を当てることによって不平等に対する闘いに貢献してきた社会運動が豊富に存在する。ここから先のページでは、こうした社会運動の豊かさを示す四つの事例について議論していくが、触れるべき事例は他にも多くあり得ることを付言しておきたい。

まず、ブラジルの事例から始めよう。一五〇〇万人以上にも上るメンバーを擁する「土地なし農民運動(Movimento dos Trabalhadores Rurais Sem Terra: MST)」は、ラテンアメリカで飛び抜けて規模の大きな社会運動である。MSTは一九八四年、労働組合出身の活動家、左派政党、カトリックやルター派の教会関係者らによって創設された[26]。「解放の神学」などの進歩的イデオロギーから着想を得て、彼らは土地の不平等分配を改善し、農村の貧しい人々に所得機会を提供しようとしたのである。

土地占拠がMSTの一貫した主要戦術である。それは何週間にもわたる計画の下に実行される。まずMSTの活動家が、小規模自作農、農業労働者、そして農村部の失業者の中から土地占拠に参加する世帯を募集する。それと並行してMST活動家は、占拠の標的として相応しい大規模未利用農地を選定する。準備が整うと、応募した世帯（占拠する農地の規模に応じて五〇世帯から数千世帯にまで及ぶことがある）が、自家用車、トラックやバスに相乗りして選定された土地を占拠する。それとともに木造バラックの宿営地が造成され、土地占拠運動が開始される[27]。「宿営地での生活こそが、私たちの運動の最も重要な闘いです。参加者たちは土地占拠を通じて、一人一人が自らの文化的規範や社会や伝統と訣別し、共同して土地を求めて闘うのです」と、MSTの活動家であるイルマ・ブルネトは二〇一四年に説明した[28]。彼らの活動の目標は、未利用地の収用を認める憲法規定を法的根拠として、政府に対し占拠した土地を参加世帯に分配するよう圧力をかけることである。

私有地の占拠は、末端の参加者を動員し、大土地所有エリート層に圧力をかけ、また公的機関をこのプロセスに巻き込んでいくのに効果的なやり方である。土地占拠は、MST活動家にとって悪夢のような宣伝活動になる。MST参加者が占拠地から退去させられた場合、彼らは付近の道路脇に新たに宿営地を建設し、そこに数か月にわたり滞在することになるからである。その間にMSTは、未利用地の所有権を求め、法廷で訴えを起こすわけだが、「MSTが勝つことが多い」と社会学者のジョン・ハモンドは説明する。「大抵の場合、土地占拠が土地収用の実現に繋がるためである。そして土地占拠者がその土地近くの宿営地で生活していることは道義的な面で効いている。たしかに土地占拠は、イデオロギー的とも言える関与を要し、またかなり大きなリスクも進んで引き受けなければならない過激な実力行使ではあるが、それにも関わらずMSTは、節度や合法性を遵守することで、世論に対する責任を負うとともに、世論からの支持も得ているのである」[29]。

MSTは創設以来、何千もの土地占拠を敢行してきた。その数は、一九八七年から二〇〇六年の間だけで七〇〇〇件以上に及んでいる。受益者数は、直接的に裨益した人に限っても三五万人以上、間接的にはさらに多くの数に上る[30]。それとともにMSTは、占拠地から発展していったコミュニティの生活水準向上にも絶え間なく努めてきた。MSTメンバーたちは、一件一件の土地占拠に続き、学校、道路、融資、そして住環境の改善を確保するための活動に参加することになっている。彼らはまた、新たに生まれた小土地所有者が持続可能な農業を達成できるよう支援活動も行ってきた。一貫して目指されてきたのは、農薬を多投して高く売れる作物を採用する「近代的」な農法から、より持続可能で環境にやさしい農法へと切り換えていくということである[31]。そのために、受益者世帯が共同で事業を行うことも多い。実際、MSTのメンバーは、すでに生産・信用協同組合一〇〇組合、小規模な農業関連企業九六社を設立している[32]。そのうち最も成功した企業の一つである、リオグランデ・ド・スル州で二〇年以上前に創業したビオナトゥール社は、二〇〇種類以上にも上る有機栽培作物を年間一〇〇トン生産している[33]。

MSTは、地域のミクロレベルでの活動を全国的な取り組みに結びつけることにも成功してきた。MSTはその設立当初から、第4章で取り上げた労働者党（PT）をはじめとする左派政党と密接な連携関係を構築していた。それとともに、歴代政権には農地改革を実施するよう圧力をかけ続けてきた。一九九七年、一九人のMST活動家が軍警察に惨殺されてから数か月後、MSTは首都ブラジリアに向けて全国的なデモ行進を組織した。何万もの人々が六四日をかけて国内三か所から農地改革を擁護するために行進したのである。彼らはブラジリアの国会議事堂前で合流し、その数は最終的に一〇万人近くに膨れ上がった。[34] また、MSTと連携してきた労働者党の政治家たちですらも、彼らの圧力を免れることはできなかった。例えば、二〇一一年に就任した労働者党のジルマ・ルセフ大統領は三年にわたりMSTとの会見を拒否していたのだが、それに対してMST側は一万五〇〇〇人のメンバーとともに大統領宮殿へとデモ行進を組織したのであった。ルセフ大統領はそれにより、MST全国調整委員会の委員を執務室に招き入れ、要求のいくつかに応じざるを得なくなったのである。

MSTは、土地だけのことを考えていたのではない。公平な発展を目指し、より広範な提言も行ってきた。彼らは、新自由主義的な政策がもたらす社会的・人的コストを強く非難し、より寛大な社会政策を要求してもきたのである。MSTの戦略の中では、特に教育が重要な役割を果たしてきた。創設間もない頃からパウロ・フレイレに影響を受けた教育方法を採用した小学校や中高等学校のネットワークを運営してきたのである。今ではこうした学校が一八〇〇校あり、児童・生徒としてすでに二五万人以上がそこで教育を受けてきた。MSTは、二〇〇五年にはサンパウロ近郊に全国フロレスタン・フェルナンデス学校という独自の大学を創立した。これまでにMSTメンバーはもちろんのこと、多くのラテンアメリカやアフリカの社会活動家がそこで訓練を受けた。[35]

分権化された公平で民主的な内部組織もMSTのもう一つの強みである。その構成単位は「基礎集団

（núcleo de base）」と呼ばれている。それは、土地占拠宿営地に居住する一〇世帯から成るグループである。そこでは代表者が二名選出され、宿営地会議に派遣される。各宿営地の代表は地域会議に出席し、そこで各州の運営会議の議員を選出し、今度は彼らが全国レベルでの代表者を選ぶことになる。こうしたそれぞれの運営会議体は、集団的な決定を行うことで、過度に力を持ったリーダーが出現することを予防しているのである。ジェンダー間の平等が模索されている点も特筆すべきであろう。女性メンバーの多年にわたる努力の結果、MSTはこうした代表会議におけるジェンダーパリティ〔男女同率〕を実現し、現在ではジェンダー問題に大きく配慮するようになっている。[36]

MSTの活動は決して容易なものではなかった。一九八五年から二〇〇六年までの間に、推計で一四六五人の活動家や農民が殺害された。しかも犯人の僅か一〇パーセントしか法の裁きを受けていないのである。[37] ブラジルの歴代大統領の中にはMSTを犯罪者組織として扱ってきた者もおり、警察の襲撃はしばしばMST活動家たちの死に結びついた。二〇一九年にボルソナーロ政権が発足してからの攻撃は特に苛烈である。「MSTの活動家たちよ、時は満ちた。お前たちのやっていることは犯罪だし、私に言わせればそれはテロですらある」とボルソナーロは二〇一八年、大統領選挙運動期間中に声高に叫んだ。そして後に大統領になると、彼は土地占拠件数が減少したことを喜び、「MSTは今や弱体化したが、それは武器の携帯の容易化を実現した我々の政策のおかげなのだ」と得意気に述べたのである。[38]

しかしそれでもMSTは依然としてブラジルの、そしてそれ以外の国々における多くの活動家たちに勇気を与えている。MSTは、不平等と闘うために活動家は何ができるのかについて見るべき手本となっているのである。MSTが示す、活動家たちがなすべきこととは、ローカルなレベルでの動員を全国的な運動と結びつけること、人々の生活水準向上を助ける一方で、彼ら自身が政治的に行動できるよう促すこと、一つの具体的な問題に焦点を絞りつつも、それをより広い論題と関係づけること、訓練や能力開発に投資をし、次の世代のリーダーたち（女性も男性も）を育成すること、自分の手柄とすることなくコミュニティを支えるリーダーを生み出していくことである。

二つ目の事例としてここで議論したいのは、メキシコのサパティスタ国民解放軍である。サパティスタは、巧みな広報活動、国境を越えた支持・支援の獲得、そして非経済的な側面に由来する不平等の告発という点において特に成功してきたからである。

一九九三年の大晦日、覆面をした先住民系メキシコ人による複数の武装集団がチアパス州のサン・クリストーバル・デ・ラス・カサス、オカシンゴをはじめとする町に山から下ってきた。市内の広場や公共の建物、果ては刑務所までを占拠して、彼らサパティスタは中央政府に対し宣戦を布告したのであった。「われわれが何もない無一物でも、彼らは心を痛めることはない。われわれに雨露を凌げる家屋、土地、仕事、健康、食べ物、教育がなくても構わない。……もうたくさんだ[4]」と、ＥＺＬＮはその後「第一ラカンドン密林宣言」として知られることになる声明の中で訴えた。[39] この蜂起は、政界やビジネス界のエリート層にとっては、まったくの寝耳に水であった。そうしたエリートたちは、表向きは「近代的」で「繁栄した」メキシコを建設しようとしていた。すでに米国およびカナダとの北米自由貿易協定[5]（ＮＡＦＴＡ）は調印済みであったし、メキシコは経済協力開発機構（ＯＥＣＤ）への加盟も間近だった。まさにそのようなときに、見事に組織された先住民を主体とする活動家たちの一団がどこからともなく現れて、本当のメキシコの姿を世界に曝け出したのである。

ＥＺＬＮは、マルコス副司令官を名乗る人物に率いられていた。彼は背が高く、目出し帽で顔を覆いながらパイプをふかしているという不思議な雰囲気を湛えた人物であった。マルコス副司令官の周りを同じように謎めいた人々の小集団が囲んでおり、その中には白人もいれば先住民系の人もいたが、全員が目出し帽で顔を隠していた。その後の数週間、ＥＺＬＮのゲリラ部隊は、二つの異なる戦線で戦闘を行うことになった。一方には軍事戦線があり、その方面では兵員数でも、武器の数でも、圧倒的に不利であった。彼らは旧式のライフルと木の棒で、首都メキシコシティから送られてきた近代的な政府軍と戦わなければならなかったのである。それとは対照的に、もう一方の戦線である宣伝活動の駆け引きでは彼らは圧倒的な優位に立っていた。自らの大義をそれまでの苦難と関連づけた声明を次から次へと発信し、好意的なジャーナリストとの密接な関係を利用しながら、彼らは次第に、民主主義、公平な発展、そして先住民としての民族意識に関する世論のイメージを組み直していったのである。

サパティスタに対する支持・支援は、地球上のありとあらゆるところからやってきた。メキシコ国内では、社会運動団体や左派の政治活動家たちが停戦を求めてデモ行進を行ったり、資金集めのためのコンサートを開催したり、ＥＺＬＮが提唱した全国民主会議に参加したり、平和のための対話への支持を表明したりした。研究者やメディアは、先住民問題や人種主義、農村開発への関心を高め始めた。国外では、サパティスタの反乱は、欧米の活動家、研究者、進歩派政党に刺激を与えた。ちょうど一年前に広く利用可能になったばかりであったインターネットからの情報を駆使しながら、彼らは国境を越えるインフォーマルな支援ネットワークを作り上げたのであった。デモ行進やティーチイン〔政治・社会問題について学生と教師が研究・討議する集まり。学内討論会〕やロビー活動が組織されたし、いくつかの世界的な有力紙に論説記事が寄稿された。さらには、多くの外国人がチアパス州まで足を運び、支援の手を差し伸べた[40]。外国人たちは、高い水準の不平等に耳目を引き付けられ、またマルコス副司令官の急進的な考えと詩作の才の組み合わせに大いに刺激を受けたのである。「自由とは朝に似る。眠りに落ちてその到来を待つ者あれば、夜通しまんじりともせず歩き通してそれを得ようとする者もいる。私は言おう、サパティスタとは、不眠中毒症を患っている者たちであると」との声明を彼は一九九六年に発表した。その三年後、彼はさらに次のように力説した。「私たちはすべての人に呼びかける。夢を見るのではなく、もっと簡単にでき、かつもっと決め手となるような何かをしようと。そう、私たちは目を覚まそうと呼びかけるのだ[41]」。

蜂起から数週間が経ち、停戦が合意されるとともに、和平に向けた会談が開始された。しかし、交渉は行き詰まり、政府軍はチアパス州での駐屯部隊を増強した。その後、EZLNは戦略を変えていった。その主要戦略は、一九九五年には土地占拠であったが、和平協議が続いていた一九九六年には先住民の権利を擁護するデモ行進や集会へと移り、一九九七年と二〇〇〇年の選挙運動期間中は、道路封鎖と建物の占拠へと変化していった[42]。このようにしてEZLNは、軍事組織から、自分たちの土地であるチアパスで、そして国際的なレベルでもさまざまな活動を行う社会運動体へと、その姿を変えていった。地元チアパスでは、サパティスタは独自の自治体を創設していった。連邦政府の影響下から完全に独立したこれらの自治体は、首長の選出と住民サービスの提供に独自の方法を編み出していった。因習的な政治を拒絶し、彼らは住民参加型の集会と輪番制首長のもとで、意思決定を行ったのである。その統治は、「昔ながらのしきたり（usos y costumbres）」と呼ばれる慣習に依拠したものであった。実際の進捗は期待されたよりもゆっくりとしたものではあったが、男女間の平等も推し進められた。独自の教育制度も整えられていった。最初はコミュニティの価値観に立脚した教育者の訓練から始まり、それに続いて学校が設置されていった。[43] 国際的には、EZLNはグローバルな集会を継続的に組織し、メキシコの民主主義をめぐる諸問題について討議するとともに、代替的な開発モデルを提起してもいったのである。

あるとき私は、友人で社会運動とエスニシティに関する第一線の研究者であるサルバドール・マルティに、EZLNがなぜ重要だと考えるのかと尋ねたことがある。そのときの答えは、「政治体制の民主化に貢献し、メキシコの先住民たちに市民としての権利と誇りをもたらしたからだ」というものであった。[•6] しかし、EZLNの持つ世界的な重要性の方が、メキシコ国内政治への影響力を大きく上回るのである。EZLNの活動から浮かび上がるのは、自分たちの主張を明確に打ち出すこと、世界中の運動体との連携を構築すること、そしてローカル社会、国内地域社会、国際社会といった異なる次元での活動を結びつけていくことの重要性である。私たちはまた、EZLNが先住民の権利の問題を、平等と開発という、より広範な課題の中に位置づけることに成功した手腕からも学ぶことができるだろう。EZLNはまた、メキシコ内外の多くの活動家たちの想像力を掻き立てることにも成功してきた。このように、世界中の活動家の関心を惹きつけることは、不平等と闘っている者すべてが不断に挑んでいくべきことである。

EZLNもMSTも、ともに農村の貧しい人々の利益とニーズに焦点を当てた運動であった。ここから取り上げるチリの学生運動は、EZLNやMSTと対照的に、都市中間層による社会運動である。これを本書での議論の組上に載せるのは、ラテンアメリカの創造性を示す特筆すべきもう一つの事例であるためである。具体的には、新たな動員ツールを用いたこと、国民の大半からの支持を獲得したこと、優れた政策や政治的影響力を有したことなど、チリの学生運動が多くの強みを持っているからである。

チリは、一九九〇年に民政に復帰したが、その際、「コンセルタシオン（Concertación――「合意」を意味する）」と呼ばれる中道左派連合が選挙で政権を握ることになった。キリスト教民主党と社会党を主要政党とするこの連合は、その後二〇年間にわたり一貫して政権を担当した。歴代のコンセルタシオン政権は、ピノチェト軍事政権時代の新自由主義経済モデルをほぼそのまま保持したにも関わらず、社会運動の側からの支持を受け続けた。当時、進歩派の活動家たちはあまり波風を立てたがらなかったのだが、それは、少なくとも民政の初期には、あまり騒ぐと民主主義そのものが潰されてしまうのではないかと恐れていたからであった。彼らのほとんどは、コンセルタシオン政権側にいた政治家たちと同じ世代に属しており、あまり政府の邪魔立てをしようという気持ちはなかった。むしろ、社会運動の側は、政府による漸進的な改革方針を支持しており、政府側と建設的な関係を築いていきたいと強く思っていたのである。

こうした旧世代の活動家にも、コンセルタシオン政権の担当者にも、思いもよらないことであったが、チリの状況は二〇〇六年に一変した[44]。同年四月、学生数百人が、黒と白の伝統的な制服に身を包み、街頭へと繰り出したのである。当初は、公共交通運賃が高いことと学校設備の質が悪いことに対する抗議であったが、ペンギン運動（彼らの制服の色からそのように呼ばれるようになった）は、ほどなくして教育制度全体を問い質すようになっていった。「私たちの将来を先送りするな」と学生たちは叫び、公立学校と、助成金を受けて運営されている私立学校との間の不平等を縮小するよう求めたのである。

この抗議活動は、最初のうちは僅かな数の学校で行われていたにすぎなかったが、五月三〇日には大規模なデモ行進に発展した。それまでの小規模デモとは対照的に、ペンギン運動はメディアに広く取り上げられ、多くの人々の支持を集めた。同年四月から五月にかけて行われた世論調査によれば、チリ国民のほぼ九割が学生たちの要求に対し賛意を示していた。この大量動員が成功したことで、左派出身のミチェル・バチェレ大統領は対応を余儀なくされた。生中継されたテレビ演説で、バチェレ大統領はペンギン運動の短期的な要求をほとんど受け入れるとともに、教育の質に関する諮問委員会の設置を約束した。そして同委員会は、教育基本法を精査し、将来的な改正を提言したのである。

最終的な法改正は当初予想されたほど大規模なものとはならなかったものの、ペンギン運動により、チリの学生組織は一大政治勢力となるに至った。二〇〇六年の抗議活動は、次世代の政治的・社会的指導者にとってトレーニングの場となるとともに、多くの学生たちに社会を変えるために闘うという考えを抱かせるところとなった。ペンギン運動はまた、その五年後に起こることになる、さらに大規模な抗議活動の先駆けでもあった。二〇一一年、大学生たちが最初は首都サンティアゴで、その後、国内の多くの都市で、授業料の引き下げと、教育制度における国家の役割の拡大を求めて集結した。学生たちは、色彩豊かなプラカードに「教育は権利だ」「受けるに値する教育を」「営利主義の教育にＮＯ」「無償で質の高い教育を」といったスローガンを書き記していた[45]〔チリはピノチェト時代に新自由主義的な教育改革が行われていた〕。

数校の国立大学から始まった二〇一一年の抗議活動は、燎原の火のごとく高等教育機関全体へ、そして中・高等学校へと広がっていった。警察による抑圧も、初期の懐柔策も、運動を止めることはできなかった。六月末までに学生たちは六〇〇校前後の学校校舎を占拠し、大規模なデモ行進をほぼ毎日組織していった。[46] 二〇〇六年のときと同じように、この抗議活動は社会から多くの支持を集めた。八月には、すでに開始から五か月が経っていたにも関わらず、チリ国民の八〇パーセントがこの運動を好意的に見ていた。対照的にピニェーラ大統領の支持率は、すでに三〇パーセントを切ってしまっていた。同月、低所得世帯と中所得世帯とが「階層横断的な同盟」を形成する形で、一〇〇万人近い人々が学生たちを支持すべく首都に集まった。[47]

この二〇一一年の抗議活動は、近年のチリにおける歴史の転換点となった。学生たちの運動は、世論の教育に関する捉え方を変えることに成功し、ほとんどのチリ国民が教育を社会権であると認識するに至ったのである。保守系のピニェーラ政権も、学生ローンの金利を引き下げ、また乱立していた私立大学への規制を強化した。所得の少ない学生に対する奨学金も拡充された。ピニェーラ政権を引き継いだ左派の第二次バチェレ政権は、さらに根本的な改革を実施した。政権復帰したバチェレ大統領は、税制改正を行うとともに、「高等教育に関する法律」および「社会的包摂の実現をめざす法律」など一連の教育関連法を通過させた。チリの教育は、在るべき方向へと向かうことになった。これらの法律は、営利目的の学校には非営利化することを求め、高校間の不平等を縮小し、そして所得階層の下位六〇パーセントにいる学生たちには無償での大学教育を保障した。公立の幼児教育も強化された。総じて言うならば、バチェレ政権の教育改革は、さらなる変革が喫緊の課題ではあるものの、チリにおける教育格差の縮小をある程度実現したと言えるであろう。[48]

チリの学生運動は、なぜこれほどまでに成功したのであろうか。他の地域の活動家たちは、この経験から何を学ぶことができるのだろうか。頭に入れておくべき教訓が少なくとも五つある。第一に、学生たちが現状維持を甘受せず、その代わりに大きな夢を抱くことを選んだということである。親世代とは対照的に、彼らは独裁時代や民政移管時代の重荷に縛られることは決してなかった。彼らはまた、チリ国内でもラテンアメリカの他の地域でも依然として支配的な新自由主義モデルの基本教義を受け入れることも望まなかった。「このやり方はちょっと違うんじゃないかと言っている人、一人一人に言いたいんです」と、ある学生ジャーナリストはこの運動を批判した元大統領の写真を示しながら、次のように述べた。「一〇万人の学生が繰り返し言っているんです、『やればできる!』と」。[49]

第二に、二〇〇六年の場合も、二〇一一年の場合も、運動のリーダーたちが少しずつ、しかし戦略的に支持を拡大していったということである。最初の要求は、日常的な困りごとに焦点を当てていた。例えば、公共交通機関の運賃、個々の学校の設備の質、奨学金支給の遅れ、学生証発行をめぐるトラブルなどである。抗議活動に加わってくる学生の数が増えるにしたがって、よりハードルの高い目標が取り入れられていった。つまり物事を進める順番が重要なのである。まずデモへと学生たちを集めることで、いくつもの集会が発生し、そこで学生たちは自分たちの問題について話し合うとともに、次はどのようなステップに進むべきかと戦略を練っていった。教育の無償化や政府の役割の拡大や不平等の縮小といったことが第一義的な要求として浮上したのは、そうした集会においてだったのである。

第三に、「階層横断的な同盟」を形成することと、政党からの独立を維持することの双方に、チリの学生運動が成功したことである。運動のリーダーたちは、さまざまなイデオロギー的背景を持ち、異なった政治的な利害を代表する人たちだった。二〇〇六年の学生運動は、首都サンティアゴの学校も地方の学校も、中間層上位の人たちが住む地区の学校も、低所得者層地区の学校も、といったように、あらゆる種類の学校を仲間に引き入れることに心を砕いた。二〇一一年にも同様に、学生団体連合会は、サンティアゴにある国内トップクラスの大学だけでなく、全国に散らばっている、歴史が浅くそれほど名が知られていない大学も迎え入れていった。学生運動は、民主主義の価値を高め、参加を促すことに努力を払ったのである。こうして、ローカルレベルの集会が議論の場になるとともに、学生リーダーたちの活動を監視する場ともなった。彼らはまた、座り込みを組織したり、協力し合ってさまざまな集会を準備したりした。この学生運動は「それを支えてくれる底辺から力をもらっていたんですよ」と、ある参加者は二〇〇七年に説明した。[50]

　もちろんこのことは、チリの学生運動が政治に無関心であったということを意味するわけではない。それどころか、参加者の（特に二〇一一年の）多くにとって最終的な目標は、政治・経済システムがすべてのチリ国民の声をもっと反映できるようにすることであった。多くの人々がこの抗議運動のことを、チリの本来の姿を目指した長期戦の第一歩にすぎないと見ていた。この学生運動のリーダーの何人かは後に政治家に転じ、同国の政党制度を変革する一助となった。例えば、二〇一〇〜一一年度にチリ・カトリック大学学生連盟会長であったジョルジョ・ジャクソンは二〇一四年に下院議員になり、左派連合である「拡大戦線（Frente Amplio）」の発起人の一人となった。同じ時期にチリ大学学生連盟会長であったカミーラ・バジェーホは共産党からの下院議員となり、今や同党で最も人気の高い党員の一人である。[7]

　第四に、彼らが要求を提示するやり方が[8]きわめて斬新であったことである。「彼らに最大の強みを与えたのが、彼らの革新的なフレーミングだったのです」と説明するのは、政治学・社会運動のチリ人専門家、エドゥアルド・シルバである。「学生たちは、チリの市場主導型教育制度が不平等であることを、チリの市場社会の不平等さの反映であると提示したのです[51]」。これにより一般の人々も学生たちの主張の重要性を一瞬にして感じ取り、それを自分たち自身の日々の苦労と結びつけることができた。そのとき不平等は、政治家が口にする抽象的な概念ではなくなり、教育のコストと質に直結する日常の問題となったのである。学生たちはまた、それまでチリ社会で支配的だった新自由主義的なナラティヴに代わる、もうひとつの筋書きも提示した。これにより、成果主義、消費、個人主義といった、新自由主義の下で当たり前となっていた概念は、社会権、市民、自由といった概念へと、人々の認識の中で徐々に置き換えられていったのである。

最後に、学生たちの抵抗運動が創意あふれるもので、新しいテクノロジーを効果的に使っていたことが挙げられる。彼らは、デモ行進、学校占拠、集会といった伝統的な戦略を、新しい工夫を凝らした戦略と組み合わせたのだ。例えば、二〇一一年六月二四日、多くの学生たちが一緒になって大統領宮殿の目の前で「教育のためのスリラー」を踊ったことがあった。マイケル・ジャクソンの有名な歌から着想を得て、彼らはゾンビの衣装を着て、学費のために借りた教育ローンの返済コストが高すぎて死んでしまうと告発したのである[52]。フラッシュ・モブ、マス・レース、キス・イン、ストリート・ダンスが国中で企画され、その模様がニュース・クリップやツイッター（現・X）のフィードを通じ世界の至るところで再生されていった[53]。彼らは真面目な政治的メッセージを遊び心と組み合わせ、抗議運動全体をより魅力的なもの、そしてそれほど怖くないものに作り変えていったのである。

さて、ここからはボリビアの話に移ることにしよう。ここでは、社会運動から生まれた政党として、世界で最も成功したものの一つである「社会主義運動（ＭＡＳ）」について簡単に議論をして本節を締め括ろうと思う。ボリビアの社会運動は、伝統的に近隣諸国よりも活発であった。一九五二年の国民革命後から農民団体や鉱山労働組合などの組織が、国家からの便宜を求めて動員を行っていた歴史がある。しかし歴代政権は、大抵の場合、こういった特定の集団に対しては賃上げや臨時手当で応える一方、それ以外の人々に対しては十分な対応をしてこなかった。

ボリビアに二か所あるコカ生産[•9]の中心地の一つコチャバンバ県のコカ栽培農民たちは、徐々にではあったが、最もよく組織化された集団になっていった。一九六〇年代から彼らは多層的な社会運動体を構築していき、一九八〇年代にその組織化は加速していった。末端では、地区ごとに栽培農家数世帯が組合（sindicato）を組織し、地区内の農地分配や基礎インフラの整備を取り仕切った。さらに、地方自治体政府やＮＧＯとの交渉力を高めるため、一〇前後の組合が集まって本部（central）が結成された。コカ栽培農民たちは、本部連合会（federación）も創設した。これは、三つ以上の本部が集まったもので、県レベルで運営された。全体を通してみると、組合、本部、本部連合会は、学校建設の調整から農地所有権の確保支援まで、さらには教師のための臨時手当の集金からサッカー大会や地域のお祭りの準備までといったように、コミュニティの人々の生活においてさまざまな役割を果たしていた。[54]

一九八〇年代後半、さまざまな出来事が重なってコカ栽培農民たちの運動は、政治的な色合いを濃くしていった。[55] 当時、数万人の錫鉱山労働者が、新自由主義的政策の一環として行われたボリビア鉱山公社の再編によって失業し、コチャバンバ県チャパーレのコカ栽培地域に流入してきた。彼らは、労働組合主義や政治的動員の伝統と、新自由主義に対する骨の髄まで染み込んだ反発を携えていた。時を同じくしてボリビア政府は、コカ生産を規制する法律を通過させた。コカ栽培農民たちは、当時、米国の援助で行われていた麻薬戦争を[10]、自分たちの生計ばかりでなく、自分たちの文化に対する攻撃と捉えた。彼らは、コカ根絶に激しく反発した。「私たちは、自分たちの権利のために闘おうと、何か月も道路封鎖を続けました。……私たちは軍と相対しましたし、空から私たちを銃撃してくるヘリコプターにも立ち向かいました。……それでも私たちはどうにかこうにかコカ根絶に抵抗してきたのです」と、活動のリーダーで、後にMASの長老格となるレオニルダ・スリータは回想する[56]。コチャバンバのコカ栽培農民たちは、一九七九年に結成された主要な農民組合連合であるボリビア農業労働者組合統一総連合（Confederación Sindical Única de Trabajadores Campesinos de Bolivia: CSUTCB）のメンバーでもあったが、さまざまな地域出身の先住民が中枢を占めていたこのCSUTCBが、次第に反新自由主義闘争のキープレーヤーになっていったのである。

麻薬戦争は、コカ栽培農民たちの運動のリーダーの一部が「政治組織」の結成を呼び掛ける契機となった。彼らは、コカ栽培農民たちを代表する人が政策決定の場にいなければ、自分たちの生活様式を守ることができないと主張した。この考えを提起した人の中に、後にボリビア大統領となるエボ・モラレス〔本節後段で詳述。第4章も参照のこと〕がいた。モラレスは、一九八一年に家族とともにチャパーレに移住してくるや、ほどなくして社会運動のリーダーとなった。コカ栽培農民のほとんどは当時、政党や国家を疑いの目をもって見ていたが、数年にわたる議論を経て、彼らの運動はついにフォーマルな政治の場に参画することを決議した。一九九五年に開かれた大会でCSUTCBは「民衆の主権のための会議（Asamblea por la Soberanía de los Pueblos: ASP）」を創設した。しかし、選挙管理委員会がASPを政党として認めることを拒否すると、ＡＳＰメンバーらは、弱小政党であった統一左翼党（Izquierda Unida: IU）の旗印の下で、その後数回の選挙を戦った。一九九五年の選挙では、ＩＵ‐ＡＳＰ連合は一〇市の市長選で勝利し、二年後には国会で四議席を獲得した。[57]

一九九八年の内部分裂後、エボ・モラレス率いるコチャバンバ県コカ栽培農民組合本部総連合は、「民衆の主権のための政治機構（Instrumento Político por la Soberanía de los Pueblos: IPSP）」を創設した。統一地方選に候補者を立てるに当たって、またもや選挙管理委員会に政党認可申請を却下されたので、彼らは公認政党でありながら弱小勢力に留まっていたＭＡＳの名前を借りたのであった。一九九九年の選挙では、ＭＡＳはコチャバンバ県ではいくつもの市町村で七〇パーセントもの票を得たのだが、全国では三・三パーセントの得票に止まった。[58] 明らかにその時点で突き付けられた課題は、この政治運動の訴えをいかに全国に浸透させていくかであった。そのためにＭＡＳは、左派系知識人を取り込み、エル・アルト市やラパス市などの大都市圏へと勢力を拡大し、都市中間層の有権者へのアピールに努めた。[59] この戦略が功を奏し、二〇〇二年の大統領・国会議員選挙でエボ・モラレスは、大統領に当選したサンチェス＝デ＝ロサーダ候補に一・六ポイント差まで迫る、二一パーセントを得票した。またＭＡＳは国会で二七議席を獲得した。しかしＭＡＳは、依然として本当の意味での政党というよりは、社会運動の政治部門であった。例えば、先住民やコカ栽培農民が「コアメンバー」と捉えられていた一方で、都市部の支持者たちは「お客さん（invitees）」と呼ばれていたのである。[60]

二〇〇〇年から二〇〇五年にかけての期間、ＭＡＳには新自由主義改革に対する反発の増大という追い風が吹いていた。ＭＡＳの複数の関連団体も含むさまざまな社会運動体のリーダーシップの下、何十万ものボリビア人たちが民営化や自由化に抵抗していた。抵抗運動が最も激しかった時期には、コチャバンバ市やエル・アルト市ほか、いくつもの都市でデモ行進や道路封鎖が毎日のように組織されていた。それに対する政府の弾圧は、ボリビアの人々の抵抗運動をさらに強めるのみで、最終的に大統領二名が辞任に追い込まれることになった。エボ・モラレスは、こうした不満を巧みに力に変えて、反新自由主義のアウトサイダーとして、二〇〇五年の大統領選で圧倒的な勝利を収めたのであった。

モラレスが大統領に選出されたことは、コカ栽培農民や先住民の運動の勝利を体現していた。その後も数か月間は、彼はコカ栽培農民組合本部総連合の委員長の職に留まり、コチャバンバ県や他の地域に出かけて、可能な限り多くの集会に参加することに努めていた。政権発足当初、閣僚のほとんどは知識人やNGO幹部であったが、草の根の活動家たちは、それにも関わらず引き続き盛り上がりを見せていた。「私たちがMASに所属しているんじゃなくて、MASの方が私たちのものなんですよ」という発言が、新政権について、そしてより平等な未来を手にできるチャンスについて、彼らが感じていたところをうまく要約しているだろう。[61] 実際、モラレス新政権の政策の多くは、天然ガスの国有化から新憲法の制定まで、また先住民自治の拡大から社会プログラムの拡充まで、まさに彼らが望んでいたものであった。そして、高い経済成長率とも相まって、これらの政策が所得格差の持続的縮小に結びついていったのである。

二〇〇五年からこの原稿を書いている二〇一九年までの間、議論が分かれるところではあるが、MASは世界で最も成功した社会運動に由来する政権党となった。課題も矛盾も多くあったが、MASは緩やかな構造と社会運動との緊密な連携を維持してきた。「MASが草の根社会運動を基盤にしていることが、公職選挙への候補者選定と政策決定の領域に大きな影響を及ぼしている」と、MASに関する最も優れた研究書の一つを著したサンティアゴ・アンリアは主張している。地方レベルでは、自治体政府職員が定期的に社会運動の活動家たちと会い、一日がかりの会議やその他、相談のための集会に出席することを続けている。前出の組合や本部や本部連合会といった組織は、将来の進歩派政治リーダーの養成所として今も機能し続けている。全国レベルでは、相互に緊密に連携する社会運動体が、補助金カットや増税のような不人気な政策に抵抗する動員を依然として行うことができている。[62] 一度ならず、モラレス政権は政策の撤回を余儀なくされたが、その度にモラレス大統領自身が「人民に従って統治する」ということを国民に向けて再確認することに繋がってきた。[63]

なぜMASは、他の組織が失敗してきたところで成功できたのか。それには少なくとも三つの理由がある。他の国々における進歩派の政党や運動も、それらを思い出せばきっとうまくやっていくことができるに違いない。第一の理由は、コカ栽培農民や先住民の運動が、依然としてしっかりと組織されており、それぞれの地域社会に深く根を下ろしていることである。政権に就いた後もローカルレベル、地方レベル、全国レベルそれぞれにおける会議や集会を通じ、政治的リーダーも社会的リーダーもすべてのメンバーに対して説明責任を果たし続けているのである。第二の理由は、MASが今でも緩やかな組織であり続けていることである。このことで多くの進歩派政党が陥った中央集権化という事態を避けることができている。有給の職員もマーケティング専門スタッフもその他の専門家もほとんどいない。第三の理由は、ボリビアでは直接行動が依然として活発だということである。ボリビアの人たちは、自分たちの要求を街頭に出て訴えるのを習慣にしていて、自分たちの仲間が権力の側に回ったとしても、それをおいそれとはやめないのである。

もちろん、すでに第4章で議論したように、MAS政権は思い描いていた筋書き通りの結末は迎えなかった。二〇一九年の大統領選挙の第一回投票で不正があったという告発の後、エボ・モラレスは辞任し、メキシコに亡命を求めた。但し、実際のところは、その証拠は決定的なものではなかったし、議論の余地のあるものであった。この文章の執筆時点では、ボリビアでは二〇二〇年末に新たな大統領選挙が予定されており、モラレスの出馬は認められない見込みである。これは、MASにとっては大きな後退であるが、MASが今回の危機から立ち直るであろうことは、ほとんど疑いない。MASの後継候補者が勝つことがなかったとしても、同党は力を持ち続けるだろうし、都市部、そして何よりも農村部における社会運動と緊密な関係を保持し続けるであろう〔その後については第4章の訳注12の通り〕。

3　政策——二〇〇〇年代の予期せぬ不平等縮小に学ぶ

二〇〇〇年代には、世界の大半の地域で所得分配の悪化が見られた。[64] 例外はあったのか。その例外こそ、ラテンアメリカだった。本書でここまで見てきた通り、それまでの長期にわたる悪化傾向が逆転し、同地域のほぼすべての国で不平等の縮小が見られたのである。世界中の研究者、政策担当者、そして報道関係者が注目した。例えば『フィナンシャル・タイムズ』紙は二〇一四年に「ここ一〇年間、南米はかつてないほど好調だった。この地域は世界的な一次産品価格の上昇基調に乗り、また潤沢な国際資本にも助けられながら、……南米全域で独自に社会格差が縮小した」と説明している。[65] ラテンアメリカの成功について検討する本が何冊も書かれ、国際通貨基金（ＩＭＦ）ですら、この時期のラテンアメリカを称賛したのであった。[66]

どのようにしてこの逆転は可能となったのか。実のところ、単に幸運に恵まれただけ、という部分もある。この時期の銅、天然ガス、石油など輸出一次産品価格の世界的な上昇は、ラテンアメリカ各国の政府に何億ドルという思いがけない歳入増加をもたらした。どの国の政府も、増税に訴えることなく、またビジネスエリートと対決することもなく、突如としてゆとりが生まれた財源を使って再分配プログラムに着手することができるようになったのである。国際的な借入金利も下がったので、天然資源に恵まれていない中米諸国のような国にも、その恩恵は行き渡った。

しかし、幸運だけでそれが実現できるということは滅多にない。実際、過去の一次産品ブームでは、ラテンアメリカ各国の政府は所得分配の改善に失敗し、少数の人々の手に富と機会をさらに集中させてしまっていた。それに対して今回は、低所得者層に利益をもたらす進歩的な政策を適用する意思と能力の双方を、各国政府が持ち合わせていたのである。そのような政策とは、教育予算の積み増し、労働市場への介入、そしてかつてなく野心的な社会プログラムを内容とするものであった。

まず、一九九〇年代初頭以来、ラテンアメリカ各国の政府は、初等教育就学率を向上させた。初等教育ほどではなかったものの、中等教育就学率も上昇した。このことは、とりわけ貧しい人々に大きな恩恵をもたらした。就学年数格差の縮小に繋がったからである。教育を受けた年数に関するジニ係数は、ブラジルでは一九九八年から二〇〇七年までの九年間に五ポイント、メキシコでは一九九六年から二〇〇六年までの一〇年間に七ポイント、ペルーでは二〇〇一年から二〇〇七年の六年間に四ポイント、それぞれ低下した[67]。その結果、米州開発銀行が二〇一七年に発表したところによれば、「高学歴の人々が以前のように不釣り合いなまでに高い所得を手にすることはもはやなくなったし、非熟練労働者は、その数が減少したので、以前よりも稼ぎがよくなった」のである[68]。但し、第3章で議論したように、受けられる教育の質に関しては階層間で大きな格差が依然として残っている。

第二に、労働市場における変化は、恐らくさらに重要なものであった。インフォーマル雇用が低賃金で、保険・年金をはじめとする社会保障はほとんどなく、労働組合の力を削ぐ存在であることを、ラテンアメリカ各国の進歩派政府は理解していた。二〇〇〇年代の好調な経済状況により、それらの政府には、低所得者層の人々をインフォーマル部門からフォーマル部門へと移行させるまたとないチャンスの扉が開かれたのであった。労働査察官の増強に財政支出を多く割く政府もあったし、お役所的な慣例を破り、簡素な税制を導入する政府もあった。例えばブラジルでは、中小企業の事業所登録と納税のプロセスを判りやすく容易にする法改正を行うとともに、家事労働者をフォーマル雇用に転換する優遇措置を創設した。アルゼンチンとウルグアイも、家事労働者の労働権を拡充したが、こうした女性の地位向上を目指すトレンドには、後に他国も追随していった。さらに両国では、フォーマル雇用化を促進する税制優遇措置も創設された。その結果、ラテンアメリカ全体でフォーマル雇用率は二〇〇〇年代の一〇年間で三九パーセントから四九パーセントに上昇したのである[69]。

最低賃金も同じ時期にほとんどのラテンアメリカ諸国で引き上げられた。二〇〇〇年から二〇一三年までの間に、実質最低賃金は、ブラジル、ホンジュラス、ニカラグアでは二倍以上になったほか、ボリビアとエクアドルでも大幅に上昇した[70]。こうした最低賃金の引き上げは、多くの主流派経済学者の予想に反して、雇用総数を減らすことなく、不平等の縮小に貢献した。アルゼンチンの経済学者ロクサーナ・マウリシオの研究によると、二〇〇〇年代の一〇年間に最低賃金の引き上げが、同時期の賃金格差縮小分に寄与した比率は、ブラジルでは八六パーセント、アルゼンチンでは二七パーセント、ウルグアイでは一二パーセントと推計されている。[71]

平等化を図る一連の政策を構成する三つ目の要素は、社会政策プログラムの転換である。ラテンアメリカは、新たな種類の貧困削減政策の世界的な先駆けとなった。条件付き現金給付政策（conditional cash transfer: CCT）である。一九九〇年代にブラジルとメキシコで最初に導入されたＣＣＴ[•11]は、扶養する子どもを学校に出席させ、健康診断を受けさせている貧困世帯に最低限の生活を保証する現金を給付するというものである。ＣＣＴは、ラテンアメリカの政治家ばかりでなく、国際機関によっても急速に受け入れられていった。政治家たちが評価したのは、この政策が貧しい有権者の間で人気を博していたこと、他の政策に比べて低コストで導入できること、そして単なる現金の「バラマキ」ではなく、給付に条件が付けられていることであった。他方、世界銀行のような国際機関は、ＣＣＴが目の前の貧困を削減するだけでなく、教育へのひも付けによって、長期的な貧困削減にも繋がると考えるようになった。

二〇一三年までに、一億二九〇〇万人の貧しい人々（ラテンアメリカの四人に一人に相当）がＣＣＴを受給するようになった。[72] ＣＣＴ政策が相対的にうまく行った国では、規模は小さいながら所得分配に効果が見出された。例えばブラジルの「ボルサ・ファミリア」政策は、ジニ係数低下の一〇パーセントに寄与したとされている。[73] しかし、ＣＣＴ政策の総合的な効果については、過大評価は慎むべきであろう。ＣＣＴは、人々を永続的に貧困から救い出すには、政策として小さすぎた。ほとんどの場合、ＣＣＴだけでは若い人たちのための雇用機会を増やすことには貢献できず、その結果として長期的な貧困を根絶するだろうという期待を現実のものにすることはできなかったのである。

実のところ、一般的に語られるところとは異なり、CCT以上に所得再分配に重要な役割を果たした社会政策がある。多くのラテンアメリカ諸国が、今後目指していくべき政策目標としてユニバーサリズムを掲げたことがこれに当たる。これは、全国民に対し税金を原資とする非拠出型の社会保障を提供しようというものである。貧困層向けに無料の医療サービスと基礎年金を給付するプログラムを新設した国もあったし、より公平性が高く、文字通りすべての国民にサービスが行き渡るように既存の制度を改正した国もあった。ラテンアメリカ地域は、ヨーロッパをはじめ他の地域が社会権をいかに守るかに苦労していたまさにそのときに、この分野でのイノベーションを育むゆりかごになっていたのである。ボリビアは、世界的に見ても僅かな例しかないユニバーサル年金制度を創設した。ウルグアイは、民間医療サービスと公的医療サービスを一本化し、全国民に同一の医療が提供されるようになった。コロンビアは、憲法裁判所の積極的な関与のおかげで、ユニバーサル医療制度の創設に向け大きな歩みを始めた。

ラテンアメリカの国々は、なぜ過去において失敗を繰り返してきた平等化政策を、今度は実行することができたのであろうか。それに対する答えには、民主主義が大きく関わっている。[74] 一九八〇年代後半以降、民主化の波がラテンアメリカに訪れ、権威主義体制が次から次へと姿を消していった。第4章で議論したように、足りないところはまだまだたくさんあるが、新たな民主主義体制がスタートしたことで、政治家たちは貧しい有権者たちにもっと注意を払わなければならなくなったのである。

民主主義の定着はまた、進歩派政党の影響力が増す要因となった。中米エルサルバドルから南米ウルグアイに至るまで、左派系の大統領は政策課題のトップに平等化を掲げた。彼らは、最大限に野心的な社会改革を実施し、ラテンアメリカ域内に残る保守政権の国々と比べ、所得分配の改善において大きな成果を上げていったのであった[75]。さらに重要なのは、そういった左派系大統領の誕生が時期的に重なったことにより、人々の間での支配的な言説が徐々に変化していったことである。二〇〇〇年代末頃までには、本気で新自由主義を称揚したり、不平等のコストを認識できなかったりする政治家は、ラテンアメリカからはいなくなった。

民主主義は、社会運動に新たな活躍の場を与えたことによっても不平等の縮小に貢献した。人々は街頭に繰り出して新たな政策を要求し、先住民や農業労働者などこれまで排除されてきた人々の権利をきちんと認めるよう、政府に対して、そして広く社会一般に対して圧力をかけたのであった。社会運動は、世の中の言説を新自由主義から転換させる火付け役ともなった。「粘り強いネットワーキングと抵抗運動を通じて、再分配と、排除されていた人々に対する社会からの認知が保障されるようになり、多くのラテンアメリカの人々は自国の政府に対し、これまでより多くのことを期待できるようになった」と研究者のアリス・エバンスは説明する[76]。

二〇〇〇年代におけるラテンアメリカの変化は、かなり大きなものであったし、また実のところ予期せざるものでもあった。これらの変化は、前述のとおり世界的な潮流とは逆行するものであったがゆえに、有用な政策上の教訓を生み出した。しかしながら、その長期的な意義については過大評価すべきではないだろう。ラテンアメリカが世界で最も不平等な地域であることに変わりはない。所得（再）分配は主として中間層の一部と貧困層との間で起こったもので、超富裕層についてはまったく手が付けられなかったことがますます明らかになってきている。例えば、ブラジルの事例を見てみよう。二〇〇二年から二〇一四年までの間、所得下位五〇パーセントと最上位〇・〇一パーセントの実質所得は、どちらも三五パーセント以上の増加を示したが、それとは対照的に、ブラジルにおける多くの上位中間層の実質所得は実際のところ減少していたのである。[77]

それゆえに、政策の力で再分配をもっと高めていく必要がある。結局のところ、ラテンアメリカにおける所得税の累進課税率は、先進諸国よりもかなり低く、国家は必要な支出を賄うのに十分な税収を得られていない。ラテンアメリカ全体で、富裕層と中間層は、貧困層と比べてはるかに良い医療・教育サービス、そしてより高い額の年金を手にすることができていることに変わりはない。国の貧困対策をCCTだけに頼りすぎている政府もあるし、ほとんどの国は十分に自国の経済を近代化することができていない。しかも二〇〇〇年代の成功は、持続可能なものではなかったことも明らかになってしまった。一次産品ブームが〔二〇一〇年代前半に〕終焉し、それまでの左派に代わり、例えばブラジルでボルソナーロのような保守系大統領が勝利したことにより、二〇〇〇年代の再分配の成果が逆戻りさせられつつあるのである。結局のところ、ラテンアメリカの不平等の歴史を克服し、根深い悪循環の元を断つには、本節で見てきた「幸運な一〇年」以上のものが必要とされるのである。

訳注　第6章

●1　英語名はEconomic Comission for Latin America（ECLA）で、一九四八年に設立された。カリブ諸国の独立を受け、一九八四年に現在の「国連ラテンアメリカ・カリブ経済委員会（英語略称ECLAC、スペイン語略称はCEPALのまま）に改称された。

●2　ただし、本書においてEZLNと表記する場合は、組織そのものを指し、サパティスタと表記する場合は、EZLNの主義主張とそれに賛同する人・組織などを含む広い概念を指す。

●3　FSLNは革命成功後、一九九〇年まで一一年間にわたり革命政権を維持した。当時のオルテガ大統領は、二〇〇七年に大統領に返り咲いた。二〇二四年現在、通算五期目であり、独裁色を強めている。

●4　日本語訳はサパティスタ民族解放軍（太田昌国、小林致広編訳）『もう、たくさんだ！』（「メキシコ先住民蜂起の記録」第一巻）、現代企画室、一九九五年、五七ページより引用。

●5　EZLNが蜂起した一九九三年一二月三一日はNAFTA発効の前日であり、サパティスタはそれを象徴的に利用したと言える。またOECDは「先進国クラブ」とも呼ばれ、これに加盟することはメキシコが先進国と自認する宣言とも位置づけられた。

●6　メキシコでは、二〇〇〇年に政権交代が実現し、制度的革命党（PRI）による七一年間の一党優位体制が終焉した。「政治体制の民主化」はこのことを指す。

●7　最も顕著な例は、元チリ大学学生連盟会長のガブリエル・ボリッチが二〇二二年に同国史上最年少の三六歳で大統領に就任したことである。

●8　フレームとは物事に対する解釈の図式のことで、社会運動においてフレーミングとは、社会運動組織や指導者が、問題に対する新しい見方を提供したり、問題の見方を変えたりすることによって、人々を社会運動に向かわせることを意味する。

●9 コカの葉は、アンデス地方で先スペイン期から用いられてきた伝統作物である。疲労感の軽減などの作用があるため、植民地期には鉱山での強制労働に動員された先住民が盛んに摂取した。化学物質を使って精製することで麻薬のコカインとなる。

●10 米国内への麻薬の流入を防止するため、米国が実施するコカ生産国政府に対する武器の供与や軍事行動。その一環として、栽培されていたコカの根絶なども行われた。

●11 最初に導入されたのがメキシコのプログレサ（一九九七年）、実施規模で最大であったのがブラジルのボルサ・ファミリア（二〇〇三年開始）とされているが、ブラジルでもその前身となるプログラムが一九九六年に開始されている。

第7章　そして今、何をすべきか？　不平等との闘い方
——ラテンアメリカで、そして世界で

グローバル課題への挑戦を扱ったベストセラー本はすべて、読者受けの良い解決策を見せてくれるものだ。「市場を自由化しなさい」だったり「規制を緩和しなさい」だったり、あるいは「ミッション志向型国家の役割を強化しましょう」だったり、「ユニバーサル・ベーシック・インカムを創設しましょう」だったり、さらには「巨大企業は解体すべきだ」、「教育を強化しましょう」、「貧しい人たちに現金給付を」というのもある。私たちは皆、経済の停滞、気候変動、世界の貧困に対処するための新しいアイディアを渇望しているということだろう。

だとするならば、私は不平等を手っ取り早く克服することを約束する革命的な提案でもって本書を締めくくるべきなのだろう。理想的な本にしようとするならば、私のアイディアを本書の執筆時点で私たちが格闘しているコロナ禍の克服とも繋げつつ、世界はすぐに良い方に向かうと読者を安心させようとするだろう。しかし残念ながら、私にはそれはできない。実のところ、不平等を、とりわけ富裕層への所得集中を実質的な意味で縮小することは難しい。それは、どんなに少なく見積もっても丸々一世代は

必要なほど時間のかかるプロセスなのである。そして何よりエリート層は現在の特権を簡単に手放そうとはしないだろう。彼らは、エリート層以外の私たち全員の分を合わせたよりも大きな政治権力と経済力を持っていて、その持てる力を何より嬉々として行使するのだ。また、どんな政策手段も政治的手続きも、それだけでは不平等問題の解決にはならないだろう。税率の引き上げも、労働市場の規制強化も、労働組合の強化も、それら単体では十分ではない。これらの政策すべてをバラバラではなく一斉に行う必要があるのだ。さらに、私たちは「どんな問題もこれだけで」というような、魔法の杖のような解決策は避けるべきであろう。各国は、個々の歴史的経緯、経済構造、制度的環境に照らし合わせ、それぞれに最も緊急性の高い政策課題に取り組むべきであるからだ。

本章では、先進国および途上国に関する既存の研究成果に依拠することにより、長期的に必要となる政策課題のリストをまとめ上げたいと思う。そうするに当たり、単純な二者択一を私は拒否する。例えば、事前分配[1]（pre-distribution――市場制度を変革すること）か再分配（redistribution――ある人に税金を課し、そのお金を他の人に移転すること）か、あるいは雇用志向型政策か社会プログラムの拡充かといった議論はしないのである。本章で提案される方策は、長期にわたって所得分配を根本から変革するであろうものである。そしてそれは、資産を再分配し、主要な経済部門に対する富裕層の影響力を減殺し、より野心的な産業政策・社会政策を導入することによって実現されるのである。

しかしながら、政策提言をすることは簡単な方の部類に入る仕事である。それよりもずっと難しいのは、私たちが達成しようとする目標がどのようなものであるのかを語る首尾一貫したナラティヴ[2]の中にそうした具体的な政策提言を位置づけることだ。ここ数十年間、進歩派の人たちは、どんな社会を築いていきたいのか、人々の心に訴えかけるような形で描き出すことができてこなかった。私たちは、個人の利益の追求、能力主義に基づく成功、市場主導型社会といった新自由主義的「ドリーム」に代わる選択肢を形にすることに失敗してきた。もしかすると、コロナ禍によって多くの国で国家の役割が拡大したこと、健康で幸福な生活は個人的課題ではなくグローバルな課題だと認識されたことを考えると、コロナ禍はこの新しいナラティヴを展開していくためのチャンスの小窓を作り出してくれたのかもしれない。

前章で私が着手した議論の流れを受けて、私は政治面での要件に注目することも呼びかけたいと思う。いくら政策提言が素晴らしくとも、正しい政治が行われていない中では役に立たないだろう。そのようなわけで、本章の最後ではこの政治面での要件を取り扱う。そこでは私は、より強固な民主主義と刷新された進歩派政党が、不平等との闘いにおいて果たすべき中心的役割にスポットライトを当ててみたい。私はまた、前章で議論したラテンアメリカの経験を踏まえ、社会運動を強化することの必要性を論じたい。詳細には立ち入れないが、本章ではまた、私たちが持つ共同し合える人間性というものに立脚した、支配的なナラティヴに取って代わる新たなナラティヴについて議論したい。私たち人類は何よりもまず社会的生き物である。したがって私たち自身の幸福は他人の幸福に直接依存している。これは、まさに二〇二〇年にコロナ禍において私たちが目の当たりにしてきたことである。私たちはまた倫理的な生き物である。それゆえに行きすぎた不平等は倫理的に間違っているとして拒絶しなければならないのである。

1　ラテンアメリカの経験は、不平等との闘いがいかに難しいかを示している

しかしながら、政策と政治についての議論に移る前に、ラテンアメリカが他の地域の人たちと分かち合うことのできる教訓と警告をおさらいすることで、本書の主張をもう一度確認させてほしい。少なくとも過去数十年間、ラテンアメリカは世界の他の地域でも今では普通に見られるようになった所得の集中をすでに経験してきた。北はメキシコから南はチリまで、富裕層はGDPの大部分を手中にし、土地の大半を支配し、すべての大企業を所有してきた。本書は、著しい不平等がいかに大きなコストを生み、それらのコストを克服することがほぼ不可能であったことを示してきた。不平等は、経済の停滞、政治の機能不全、そして多くの社会的課題を引き起こしてきたが、これらは今ではラテンアメリカ以外の多くの国々も直面しており、今後はさらに深刻化するかもしれない問題である。

一九世紀、そして二〇世紀の大半の間、教育へのアクセスはラテンアメリカの人口の大多数にとっては手の届かないものだった。富裕層は、彼ら自身が利用しない公立の小中学校にお金をかけることにまったく関心を払わなかった。富裕層は、彼ら自身しか入学できない大学に資金を回すよう政府に圧力をかけていた。一方で、大多数を占める貧困層は子どもを学校に行かせる余裕などなかった。その子どもたちが学校に行く代わりに働きに出られる年齢になっているのであればなおさらである。確かにこの数十年間で就学率は急速に高まったが、教育の質の格差は依然として残っている。

不平等はまた、研究開発への支出に対するインセンティブを削いできた。鉱業に始まり卸売・小売業に至る、ラテンアメリカのいわゆる伝統的な経済部門において富裕層がすでに莫大な利益を上げている

のなら、どうして彼らはハイテク産業に投資しようと思うだろうか。彼らが独占する既存の経済部門で十分な利益を得られるのに、どうして新規部門に乗り出して米国や中国と競争しようとしなければならないのか。その一方で中小企業は、潜在的にはイノベーションや新規部門参入へのインセンティブをもっと持っているのに、そうするための資金は持っていなかった。

ラテンアメリカのエリートたちはまた、税率を低く、かつ逆進性を保つことに成功してきた。どの国でも、エリートたちは自身の経済力と政治的影響力を駆使して大規模な税制改革を阻んできたのである。結果として、ラテンアメリカのほとんどの国々は、その経済水準から本来期待されるよりも少額の税金しか徴収できていない。アルゼンチンやブラジルのようなラテンアメリカの中では高い税収を挙げている国々ですら、逆進的な税である消費税に過度に依存している。そして長きにわたりラテンアメリカ特有の問題だったものが、今や世界的な課題になってしまっている。つまり、富裕層に課税することは、米国からスウェーデンまで、今日ではほぼどこの国でもこれまでになく困難になっているのである。第3章ではまた、不平等がいかに金融危機の原因となるかを議論したが、この負の関係性は今では世界の他の地域でも観察され得ることである。

政治的には、ラテンアメリカの不平等は不安定性の原因となり、弱い民主主義から、ポピュリスト政府、流血を伴う独裁体制へと連なる過程が繰り返されてきた。第4章では、エリート層の政治権力と貧困層の承認要求行動がいかにしてこの政治的不安定性を引き起こすのかを示した。一九世紀後半にも二〇世紀後半にも、富裕層は「制限された民主主義」の導入には同意した。これは、所得と政治的影響力の貧困層への再分配が制限されている限りにおいては、政治リーダーを選挙で決めて良いということであった。このように、一九世紀の選挙権と社会的動員の制限、そしてその一〇〇年後に支配的となった新自由主義的な考え方と制度は、どちらも不平等の縮小を阻止することにまんまと成功してきたのである。

当然のことながら、ラテンアメリカの人々の多くはこんな茶番劇には嫌気がさしていた。彼らは伝統的な政党への投票を拒否し、アルゼンチンのペロン、エクアドルのベラスコ＝イバーラ、そして最近ではベネズエラのチャベスといったポピュリスト政治指導者やポピュリズム運動を支持する動きに出た。ポピュリスト政治指導者たちは大衆と直接的な繋がりを築き、速やかな所得再分配を約束した。彼らはまた、社会権を拡大したが、それと同時に経済危機や政治的分極化を引き起こした。ポピュリスト政権は、しばしばエリートの支援を受けた軍事クーデターによって打倒されたが、このことは政治的・経済的不平等を悪化させた。全体として、ラテンアメリカがもたらす政治的教訓は明らかである。不平等な状況下では、民主主義はきちんと機能しなくなる傾向にある。そのため有権者はより再分配的ではあっても問題含みのポピュリズム的解決策を求めざるを得なくなるのである。

不平等はまた、著しい社会的コストをもたらす結果にも結びついた。第5章では、所得分配、暴力、社会的分断、信頼の欠如の関係性について焦点を当てた。ラテンアメリカは世界で最も不平等な地域であるだけでなく、最も暴力の蔓延する地域でもある。社会的不正義は「社会的分裂、暴力、苦しみ、怒り、制度への不信を生む」とオックスファム・メキシコ事務所長リカルド・フエンテス＝ニエバは説明する。[1] 若者のギャング団、殺人（これにはもちろんフェミサイドも含まれる）、窃盗は、失業、疎外感、無力感から生みだされてきた当然の結果なのである。

不平等（とそこから派生した暴力）はまた、社会的分断の主因であり、物理的な壁が富裕層の家々と社会のそれ以外の大部分とを分け隔てている。富裕層はまた、自分の子どもたちを富裕層の子女しか通えないような学校に通わせ、私立病院で治療を受ける。そして、そういった場所では他の階層の人々と出会うことはめったにない。結果として、異なる階層間でのコミュニケーションと相互理解はほとんど起こらない。当然のことながら、ラテンアメリカは世界で最も他者を信頼しない地域となった。ブラジルでは一〇人のうちたった四人しか隣人を信頼していないが、その割合はカナダでは一〇人に九人である。第5章ではまた、不平等と人種差別主義の間の懸念すべき関係性についても詳しく検討した。ラテンアメリカ全域で、影響力を持つエリートたちは人種差別的（かつ性差別的）な言説を駆使して貧困層どうし（黒人と白人、先住民と混血）を分断し、彼ら自身の特権を守ってきたのである。

不平等がこうした経済的・政治的・社会的コストをもたらしていること自体、大きな問題ではあるのだが、それにもまして、ラテンアメリカの経験はさらに懸念すべき教訓を提示している。それは、不平等がいくつもの悪循環ルートを通じて、不平等それ自体を永続させてしまう傾向があることである。まず経済面では、R＆Dへの支出が不十分であることと、イノベーションのための質の高い教育への支出が不十分であることが合わさり、労働市場の二重構造が生み出されてきたことが挙げられる。二重構造のもとでは、少数の生産性の高い企業と無数の生産性の低い中小企業とが併存しており、それゆえに所得の集中が永続化してしまう。利潤と高賃金の雇用を生み出すことのできる部門がほんの一握りである一方、国民の大多数は生きていくのがやっとという程度の賃金しか受け取れていないからである。また、不平等は金融危機の原因ともなるが、金融危機がまた所得格差拡大にも繋がってしまうからでもある。

続いて政治面では、「制限された民主主義」とポピュリズムと独裁がすべて不平等を永続させる原因となってきたことである。「制限された民主主義」システムにおいては、社会的支出は僅かな額に抑えられ、往々にして少数の中間層・上流階層に対してのみ特権的に恩典を与えるものとなってしまう。その点、ポピュリズム政権は短期的にはより多くの所得を分配するが、多くの場合、持続不可能な経済政策を採用することで、最終的には金融危機の引き金を引いてしまう。〔ポピュリスト政権を武力で打倒して成立する〕右派独裁体制はとりわけ有害であり、貧困層から富裕層への逆進的な再分配にしばしば行き着いてしまうのである。

最後に、暴力、社会的分断と信頼の欠如は、「階層横断的な同盟」の構築をほとんど不可能にしてしまう。中間層は往々にして貧困層に猜疑心を抱いており、彼らのことを「怠け者」「無知」「暴力的」と見做している。その一方で貧困層は、自分たちは不当な扱いを受け、誤解されていると感じている。その結果として互いの意思疎通が図れず、人々の間には「自分たちさえよければ」という文化が蔓延《はびこ》り、階層を超えた協力を阻むのである。こうした状況下では、再分配的な社会福祉システムを構築することはほとんど不可能であり、その代わりにラテンアメリカのほとんどの国々では、逆進的かつ非効率な政策がいつまでも採用され続けているのである。

ラテンアメリカは、このように多大なコストをもたらす悪循環が存在する中にあっても、徐々にではあれ着実に不平等を縮小させることができるだろうか。ラテンアメリカ以外の国々は、不平等が固定化してしまうのを防ぐことができるだろうか。政策や政治の面から何がなされるべきなのだろうか。以下、本章では、これらの難問に取り組んでみたいと思う。

2　不平等を削減するために使える政策はたくさんある

不平等を縮小するための政策を検討する前に、私たちはまず、どのように所得分配が行われるのかを理解する必要がある。自分自身の生活を考えてみよう。あなたの所得を決める要因には、どのようなものがあるだろうか。経済学者は大抵三つの要因があると考える。

要因1：あなたの持つ資産と学歴である。これらは、しばしば要素賦存と呼ばれるものである。ある人は不動産や株式やその他の金融資産をたくさん持っている。別の人は銀行預金すら持っていない。大地主と土地をまったく持っていない人とが共存している。しっかり教育を受けてから労働市場に参入する人もいるが、片や小学校すら出ていない労働者もいる。

要因2：あなたの労働収入と保有資産の利子収入から得られる所得である。経済学の入門テキストでは、これを説明するためにさまざまな市場における需要と供給の概念が用いられる。例えば、あなたの賃金は、あなたと同等レベルの学歴を持つ人がどれくらいいるかに依存する。もしあなたの持つスキルに対する需要が多く、そのスキルを持つ人が少なければ、あなたの賃金は相対的に高くなるだろう。反対に、あなたが特殊なスキルを持っていなければ、あなたは大勢の人たちと競争しなければならない。もしあなたがある都市の誰もが住みたいと思う地区に土地を持っていれば、そうでない地区の土地と比べて高い賃料で賃貸することができる。

経済学の世界で支配的なのは、市場が魔法のような力で動いているという見方である。これは、アダム・スミスの有名な表現を借りるならば、市場には「神の見えざる手」が存在していて、賃金であれ、賃料であれ、あらゆる価格は人間の手による介入なく決定されるという考え方である。しかしながら、実際には市場は人間同士の力関係に影響されている。労働市場では、大企業はあらゆる可能な手段を用いて賃金を低く抑えようとする。問題を起こす労働者は解雇すると脅し、下請け企業を利用し、国家には労働者の権利を弱めるよう圧力をかける。土地市場では、大地主は小地主に低価格で土地を売るように強制する。金融市場では、大口投資家はしばしば小口投資家に自分達に有利な条件を課す。それゆえ、市場取引の分野で所得分配を改善するには二種類の介入が必要になる。一つ目は、公平な競争を促す政策、労働市場の規制、金融規制を通じ、主要な市場におけるアンバランスな力関係を正すことである。二つ目は、もっと多くの、もっと質の高い雇用を創出するような産業政策を実施することである。

要因3：課税と社会的支出を通した所得再分配である。あなたの最終的な所得は、あなた自身の労働収入と貯蓄を含む保有資産の利子収入だけに依存しているのではなく、あなたがどんな税金をどのぐらい納めているのか、またどんな社会福祉サービスを受けているのかにも依存している。もちろんすべてではないが、ほとんどの国において、税金と社会的支出は一体となって富裕層と貧困層の間の所得格差を縮小することに貢献している。

不平等を縮小するということは、市場ルールを変えたり――米国人政治学者ジェイコブ・ハッカーは「事前分配」と命名した――、さらなる社会政策を実施することだけに止まらない。[2]不平等を縮小させるプロセスにおけるすべての段階で変化が必要なのである。具体的には、国民の間での富と教育の配分状況を改善すること〔前記要因1〕、市場の仕組みを変更すること〔前記要因2〕、さらなる所得の再分配をもっと効果的に行うこと〔前記要因3〕、である。ある分野での改善が別の分野にも望ましい影響をもたらすことも多い。例えば、労働組合の権利強化は、企業の利潤が賃金として労働者により多く分配されることを促すだろうし、政府に対し社会支出増額への圧力を高めることにもなる。

さて、ここからは不平等を縮小させるプロセスの段階ごとに最も効果があると思われる政策を見ていこう。いうまでもないことだが、これらの政策は、各国の発展レベルや制度がどれくらいしっかりしているかを勘案し、各国の事情に合わせて適用すべきだということを常に念頭に置いておかなければならない。

要素賦存の分配状況を変える

農地改革は歴史的に所得分配を改善する最も重要な手段の一つであった。世界で平等度の高い国々の大半は、それぞれの歴史のある時点で、大地主の権力と影響力を弱めることに成功した。台湾と韓国の事例を取り上げてみよう[3]。一九四五年から一九五五年の間、両国は農村エリートから多くの土地を没収し、その土地を分配することで小規模・中規模土地所有者の数を増加させた。韓国では、三ヘクタール以上の土地所有が違法とされたため、多くの富裕層が最大で所有地の九〇パーセントを失った。一方で、以前は大地主から土地を借りていた小作人のほとんどが土地持ちとなり、国からの手厚い支援を受けた。結果として、農業部門での生産性は上昇し、伝統的エリート層はひどく弱体化した。台湾では、植民地期に日本人が支配していた土地は全面的に、またかつて賃貸されていた土地の多くも政府が小作人に譲渡した。普段は国家介入の断固たる批判者である英『エコノミスト』誌すら、これらすべての政策を以下のように賞賛したのである。「所得格差はこの新しい［小さな］農民資本家たちのおかげで縮小した……農業から台湾の経済的奇跡は始まったのであった」[4]。

それに対しラテンアメリカ諸国では、そして大半のアフリカ諸国でも同様であるが、長期的に見るならば土地分配の改善に失敗してきた。たしかに貧困層に土地を移転しようとする取り組みは、とりわけ一九五〇年代と一九六〇年代には熱心に行われた。当時は、米国すらも「進歩のための同盟」の一環としてこの土地分配政策を支援していたのである。しかし、ラテンアメリカでは農地改革が大土地所有者の利益を脅かすことはなかった。なぜなら、大土地所有者は大抵の場合、農地改革の成果をひっくり返すことができたからである。土地が再分配されたとしても、新たに創出された小規模農家への支援がそれに伴って実施されることはほぼなかったため、小規模農家は、得てしてその土地を大土地所有者に再び売り払う羽目になってしまった。今日では、ラテンアメリカの土地分配に関するジニ係数は七九であり、これは世界のどの地域よりも高い[5]。

「農地改革が重要な政策課題として最初に出現した頃と比べるとかなり状況は変化したが、今でも農地改革はさまざまな場面において、機会の不平等を是正する重要な政策手段であり続けている」と世界銀行エコノミストのクラウス・ダイニンガーは説明する[6]。発展途上国の政府は、インフラ投資や教育をはじめとする小規模農家への支援を伴った形で、富裕層から貧困層への真の意味での土地の移転に注力すべきなのである。ただし、OECD諸国においては、農業の重要性が途上国と比べて相対的に低いので、土地（再）分配の役割はそこまで重要ではない。

それとは対照的に、人的資本（人間一人一人が持つ知識やスキルのレベルという意味だが、何とも醜い用語である）と資産の分配状況を改善することは、先進国、途上国を問わず、どこでも重要である。教育に関する議論は本章後半の社会政策の役割のところで議論することとし、ここでは金融資産に焦点を当てたい。

世界中で、資産格差は所得格差よりもずっと大きい。例えばイギリスでは、資産分布のジニ係数は所得分布のジニ係数のほぼ二倍である[7]（それぞれ六二と三二）。米国では、上位五パーセント層が同国の全資産の三分の二を所有している一方、米国人の三分の一は貯金をまったく持っていない[8]。ラテンアメリカでは、同地域の全資産の少なくとも七五パーセントが上位一〇パーセント層の手中にある。貯蓄ができないことは、低利で融資を受けられる機会が十分にないことと相まって、多くの人々にとって、子どもたちの教育への投資、新規ビジネスの立ち上げ、家族の病気など急な出費への備えができないことを意味する。一方で、富裕層は自らの貯蓄とそれを元手にした投資で楽に暮らしていくことができ、さらには高い収益率のおかげでもっと豊かになっていくことができるのである。

資産格差と闘うには、まず税制の変更が必要である。資産への課税はますます過小になっている。機会の平等を保障するためにとりわけ重要である相続税は、オーストラリア、ノルウェーからロシア、インドに至るまで多くの国で廃止されてきた。一九六〇年代以降、ＯＥＣＤ諸国においては、税収総額に占める相続税の割合が六〇パーセントも減少した。相続税が機会の平等の推進に果たす望ましい役割にも関わらず、である。財産税に関しても軽視されてきた。ラテンアメリカでは、財産税は税収総額の一パーセントにも満たないのである[9]。

資産への課税を強化できる補完的な手法がある。政府は相続税が不平等の縮小に役立つ仕組みなのだと真剣に捉え、それを国民各層に上手く「売り込む」べきなのだ。相続税は、米国の保守層の間でよく言われるような「死亡税（death tax）」というよりは、むしろ「機会平等」税である。相続税は元来、主に巨額の現金資産や流動性の高い資産を対象としてきたが、高額な住宅や株式を相続した場合にも適用すべきである。それは、相続人が親の会社を畳んだり、家族で居住している住宅を売ったりせずに済むような形で（再）設計することも簡単にできるだろう。例えば、何か月単位、あるいは場合によっては何年単位で分割払いできるようにするのはどうだろうか。

それに加え、資産所有にもっと高率の課税がなされるべきである。先進国・途上国に関わらず世界各国は地価税の導入を検討すべきである。地価税とは、対象の土地が完全に利用されていると見做して算定された価額に基づいて課税されるものである。例えば、一等地にある土地であれば、たとえ空き地であっても、マンションが建っている土地と同じように課税されることになる。地価税は、右派からも左派からも、市場寄りの『フィナンシャル・タイムズ』紙からジェレミー・コービン〔本書執筆時を含む二〇一五年～二〇二〇年までイギリス労働党の党首だった〕のような社会主義者にまで支持されてきた案であるが、いくつかの利点がある。まず、土地は持ち運びができないため、地価税を逃れることはまず不可能である。また、土地投機を予防しながら、土地の有効利用を促すことができる。さらには、地価税によって、ラテンアメリカでも非常に大きな問題である農地の不平等分配を是正すると同時に、大都市ではジェントリフィケーション（都市再開発）による利益を得ることもできる。地価税の導入はまた、政府に土地登記制度の改善を迫ることにもなるだろう。[10]

富裕税は、研究者の間でも、政策決定に関わる人々の間でも、関心が高まっている。米国の上院議員エリザベス・ウォーレンは、富裕税の導入を二〇二〇年大統領予備選挙に出馬した際〔民主党の大統領予備選挙に立候補したが、バイデン氏、サンダース氏に及ばず三位となった〕の公約の目玉にした。彼女の公約は、二人の経済学者エマニュエル・サエズとガブリエル・ズックマンが立案したもので、五〇〇〇万ドル以上一〇億ドル以下の純資産を持つ富裕層に対し二パーセントを、純資産が一〇億ドルを超える場合は三パーセントを課税するというものであった。ちなみに彼女の公約には、米国籍を離脱しようとする人を対象とする「出国税（exit tax）」の税額を全資産の四〇パーセントにすることも含まれていたが、これは国籍離脱による安易な課税逃れを阻止しようとするものであった。富裕税は、スウェーデン、デンマーク、スペインといった国ですでに導入されており、課税逃れを防止する政策で補完することにより最もうまく機能することも分かっている。[11]

トマ・ピケティは、ベストセラー『21世紀の資本』において、さらに野心的な提案を行っている。それはグローバル資産に対する年単位の累進課税である。この通称「ピケティ税」は、資産がどこにあるかに関わらず、世界のすべての個人が所有する資産に対して課税されるというものである。「ピケティ税」では累進税率が適用され、彼が提案する税率は、純資産が一〇〇万ユーロ未満であれば〇パーセント、一〇〇万～五〇〇〇万ユーロであれば一パーセント、といった具合で、一〇億ユーロ超の純資産に対しては最高で五～一〇パーセントの税率が適用されるというものである。「ピケティ税」の下では、それがグローバルであるという性質によって、世界全体で課税逃れは減少し、国家間の減税競争は抑制され、国際的な透明性が高まり、銀行取引に関する情報の共有が促進され、税務当局同士の協力が強化されることになるだろう。このような税制が近い将来、導入される見込みはあるだろうか。答えは「ノー」である。しかし、この提案によって私たちの到達目標点が設定され、グローバルな政策論議を形成するきっかけにもなる。ピケティが説明しているように、「この理想に類似した政策すら予見される範囲の将来においては実現不可能だとしても、この提案は、議論のための有用な基準として役立てることができるのである」[12]。

もちろん、税制が資産分配を改善する唯一の方法というわけではない。富裕層の資産を削減することに加え、各国は低所得者層の資産を増やそうとすることもできるのである。最も独創的であり、かつ野心的な提案の一つに、社会基金〔困窮している市民に資金援助（貸付や現金給付）を行う制度〕やこども債〔子どもの保護者が購入することのできたイギリスの固定金利債券で、政府の助成金が付き、金利も非課税であった〕を創設するというものがある。イギリスの「経済的正義に関する委員会（UK Comission on Economic Justice）」は、その最近の報告書で「市民のための資産運用ファンド（Citizens' Wealth Fund）」[4]を創設し、同国の若者全員に対する一回限りの配当金支給を提案した。こうした提案は、石油収入を原資とする「アラスカ永久基金」[5]から一部着想を得ている。他にも、すべての子どもに初期資産を支給し、その後、教育をはじめとする投資プロジェクトに使えるようにしようという提案もなされてきた。これらの提案はすべて、同じ目標を持っている。機会の平等を推進し、生まれによる個人間の大きな格差を縮小することである。[13]

主要な市場でのアンバランスな力関係を正す

ほとんどすべての市場において、他のプレーヤーよりも大きな力を持ったプレーヤーが存在する。企業は労働者よりも大きな力を持ち、大企業は中小企業よりも大きな力を持つ。下請け契約、短期契約、小規模サプライヤーへの圧力など、大きな力を持つ企業がコストを下げ、利潤を最大化するために使う手段には枚挙に暇がない。政府の介入は、市場のパワーバランスの不均衡を是正し、所得分配の改善に寄与するための鍵である。本項では、二つの政策分野に焦点を当てる。公正な競争を促進する政策と労働市場の規制（労働組合の強化を含む）である。

まず、ＩＴ、食品飲料、アパレル、医薬品といった主要産業をいくつか考えてみよう。いずれのケースでも、各国で少数の企業が売上全体の大部分を支配している。グローバルなレベルで見ても、僅か二社が大型の商用航空機のほぼすべてを、四社が自動車の半分を、二社がマイクロプロセッサの九五パーセントを生産している。世界中の炭酸飲料の半分、カミソリの七〇パーセントをそれぞれ一社が生産しているケースもある。[14]ラテンアメリカでは、一家族が、大手スーパーチェーンのオーナーで、同時に最大手のビールメーカーの少数株主であり、新聞社も所有しながら、鉱業分野にも出資している、というようなことがあり得る。

米国の法学教授であるジョナサン・ベイカーとスティーブン・サロップが主張するところでは、政府は公正な競争を促進するためにもっと予算を割くべきであるし、企業に補償を要求するときにはもっと毅然とした態度を取るべきだという。[15]そうするにあたっては、所得分配の改善を最優先の目標とすべきである。競争当局（日本では公正取引委員会に相当）は低所得者層を特に利することができるような事案に注力することもできるのではないか。例えば、食品業界における価格釣り上げ規制は、私立学校の価格協定を防止することよりも優先されるべきである。政府はまた、公正な競争の欠如に対する解決策を提示するときにも貧困層に焦点を当てることができる。例えば政府は、大衆薬の価格を引き下げると約束する時に限り製薬会社同士の合併を許可する、といったことや、ブロードバンド・プロバイダがもっと農村地域や貧困地域に投資するように要求するといったこともできるだろう。

各国の競争当局はまた、ますます力を強めている巨大ＩＴ企業に積極的に対峙しなければならない。例えばイギリスでは、ソーシャルネットワーク市場シェアの七四パーセントがフェイスブックの手にあり、オンライン書籍販売の八〇パーセントをアマゾンが握り、ほぼすべてのインターネット検索にグーグルが使われている。[16] こういった巨大ＩＴ企業は、自らが持つ市場への影響力を駆使することで競争を阻害し、個人データの使用を独占し、これらの企業オーナーに莫大な所得を生み出している。一部米国議員の提案のように巨大ＩＴ企業の分割にまで踏み込むにせよ、そうした企業のあまりにも目に余る行動の規制に止めるにせよ、国内的にも国際的にも何らかの手が早急に打たれなければならない。

さて、労働市場に話を移そう。ここ数十年間、世界中の政策担当者は徹底的な自由化政策を採用してきた。解雇コストの削減、最低賃金の撤廃、その他の労働者保護政策の無力化である。ロナルド・レーガン米元大統領やマーガレット・サッチャー英元首相といった保守派のアイドルは、手中にある権力のすべてを注ぎ込んで労働組合を弱体化させた。この労働組合潰しがアングロサクソン世界における不平等の急拡大にきわめて大きな役割を果たしたのである。一方、ラテンアメリカでは、労働組合は以前から一般に小規模で力も弱く、往々にして大多数の労働者の権利を擁護するのではなく、僅かな数しかいない組合員の権利を擁護するだけだった。[17]

この潮流をひっくり返すことがあらゆる進歩主義的政策アジェンダの中心になければならない。私たちはすでに前章で、最低賃金の引き上げがいかに平等化に貢献し得るのかを確認した。最低賃金の引き上げは大抵の場合、低賃金を解消し、多くの労働者が貧困から脱する助けとなる。新自由主義経済学者の主張とは反対に、最低賃金制度がもたらす雇用創出への負の影響は無視できるほど小さく、それはブラジルから米国までさまざまな事例で証明されていることでもある。「最低賃金の引き上げで雇用が犠牲になるという証拠なんかないとしか言いようがない」とノーベル賞経済学者のポール・クルーグマンは説明する。それどころか、最低賃金引き上げは「現場の士気を高め、離職率を低減させ、生産性を上昇させる」[18]ことに繋がるというのである。

一方で政府はまた、上位層の賃金をどうにかすることを検討しなければならない。なぜなら彼らの報酬はここ数十年で天井知らずの急上昇を続けてきたからである。米国では、彼らの報酬は何十年もの間二桁成長を続け、今では大企業二〇〇社のＣＥＯの半数が週当たり三三万六〇〇〇ドル以上を受け取っている。イギリスでは、大企業トップの年収は、一九八〇年代には平均的労働者の二〇倍であったが、二〇一二年には一六〇倍になっていた。こうした所得格差は、米英両国ほど激しくはないものの、他のヨーロッパ諸国でも拡大してきた。そしてこれはもちろん、ＯＥＣＤ諸国だけの問題ではない。二〇〇〇年代のブラジルでは、サンパウロの企業の上級役員たちは、ニューヨークやロンドンの上級役員よりも高い報酬を得ていた。ブラジルの一般的な賃金は総じて先進国よりもずっと低いにも関わらず、である。[19]

高額報酬を是正しようという政策提言のほとんどは、トップレベルの賃金とそれ以外の賃金との格差に焦点を当ててきた。例えばスイスでは、すべての企業において賃金の最高額と最低額の比率を固定する法案について国民投票が行われた。この法案は最終的に否決されたが、その理由はこの比率が一二対一という、野心的にすぎるものだったというだけである。より説得力のある比率（例えば二〇対一）でならば、将来的に世界中でもっと大きな支持を得られそうである。さらには、「すべてを丸く収めるアイディアは、賃金最高額を最低額にリンクさせることだ。そうすれば、経営者たちに最低賃金引き上げに賛成するインセンティブが生まれるだろう！」とオックスフォード大学の経済学者サイモン・レン＝ルイスは提案する。[20] このような類の政策は新規企業の設立や新たな富の創出のインセンティブを下げることになるのではないかと心配する人もいる。しかしながら、何十年も前、賃金格差が今よりずっと小さかったのに、今と同じような規模の投資が行われていた時代には、このような政策は問題にならなかったのである。

恐らく労働組合を強化する方法を見出すことが、労働市場におけるパワーバランスを是正するためには最も重要な手段であろう。しかしこれは容易にできることではない。世界の至るところで労働組合の組織率が低下しているのは、部分的には製造業における危機的な雇用減少とギグエコノミーの拡大の結果だからである。だが、できることはたくさんある。まず、すべての企業で労働組合の結成を促すためのインセンティブを政府が生み出してみたらどうだろう。例えば、労働組合が組織されている企業を公共事業契約で優遇するのである。労働組合を組織する権利は、国際労働機関（ＩＬＯ）条約でも要請されている通り、世界中で認められなければならない。第二に、労働者が組合員になることも奨励されなければならない。労働者は、自ら脱退を選択しない限り、自動的に労働組合に加入するようにすることもできる。組合費は源泉徴収前の給与から天引きするのだ。第三に、政府は、特に全国レベルでの企業と労働組合の間の団体交渉における合意形成を促すべきである。

もちろん労働組合の強化は何も政府の政策だけに責任があるのではない。実のところ、多くの国々で労働組合は流行らなくなってしまっており、また一方で多くの人々に手を差し伸べることもできてこなかった。労働組合は自らの役割についてもっと効果的に説明するとともに、もっと民主的な運営をするようにならなければならない。また、要求を行うときには単に組合員の利益だけを考えるのではなく、常に経済全体の健全性を考えなければならない。実際、これは北欧諸国ですでに行われていることだ。さらには、世界には大きなインフォーマル部門が存在することを踏まえ、労働組合はインフォーマル労働者にも手を差し伸べられるようにもっと創造的な方法を見つけ、社会運動とより緊密な繋がりを築くべきなのである。

もっと多くの、もっと質の高い雇用を創出する

前項で見たように賃金に規制をかけても、また労働組合を奨励しても、質の良い雇用が十分になければ役には立たない。残念ながら、将来的に雇用は供給不足になるだろう。「機械が労働者に取って代わっている」と『ロボットの脅威』の著者マーティン・フォードは警告する。「新しい技術が浸透するにつれ、実質的に今あるすべての産業は労働者をますます必要としなくなるだろう」[21]。米国では、最も悲観的な予測によれば、ほぼ半数の職種が人工知能（ＡＩ）やロボットで代替されることにより、少なくとも七〇パーセントの確率で要らなくなってしまう可能性があるという[22]。さらには、世界中で仕事全体の四六パーセントが今後数年間で機械に取って代わられるか、著しい変化を経験しそうだというのであ

る。[23]

このディストピア的な見方が人間の手では止められない力として描かれることもしばしばである。例えば前出のフォードは「きわめて多くの人々が就職のためのスキルをきちんと磨いてもなお……新しい経済の中でしっかりとした足掛かりを見つけることはできなくなるだろうというのが残念ながら現実なのである」と説明している。[24] しかし、現実とはもっと複雑なものである。雇用の破壊は新たな雇用の創出と同時に起こり、ある業種は他の業種よりも拡大し、技術的イノベーションと人間の創造性はともに重要なものであり続けるだろう。

私たちはどのようにしたら、これから起こることに単に適応していくのではなく、未来を変えていくことができるのだろうか。どのようにしたら良い仕事が雇用の大部分を占めるような世の中にできるのだろうか。歴史が教えてくれるのは、民間部門と建設的な相互作用を生み出すことができる能動的な政府の役割がとりわけ重要だということである。北欧諸国、韓国、台湾、中国など、経済変革の成功事例のほとんどは、経済学者が産業政策と呼んでいる手段を駆使していた。[25] 米国は、よく自由市場パラダイスだと思われているが（とんでもない誤解だ！）、同国でさえ国家が最も重要なイノベーションを推進していたのである。このことは、マリアナ・マッツカートが著書『企業家としての国家』で説得的に示している。[26]

産業政策、あるいはサービス部門を含むという意味では部門別政策と呼んだ方が良いが、それは、国内にあることが望ましいが、政府の支援がなければ出現し得ない経済部門を優遇する意図を持って行われる公的介入を指す。[27] 部門別政策には、優遇税制、補助金、貿易保護、公共事業契約における優遇のほか、特定の経済活動を促進するための数多くの措置が含まれる。つまり、これは「勝者を選り分ける」政策なのである。しかし、一部の新自由主義信奉者たちが私たちに信じ込ませようとしていることとは裏腹に、部門別政策は民間の経済活動を抑制しようとするものではない。完全にその逆である。ほとんどの場合、部門別政策の狙いは、企業がこれまで通りのことをやっていけばいいという快適空間《コンフォートゾーン》から離れ、新しい部門を開拓していくのを後押しすることであり、そのために割安な投入財と役立つ知識を企業に提供しようというものなのである。

部門別政策とは、第一義的には新規のハイテク部門を発展させることである。やり方は各国の経済発展レベルによって異なるだろう。ドイツ、日本、米国といった技術フロンティアにある国々は、新技術の発見と新商品の投入に注力すべきである。自動運転車を作るには、AIを発展させるには、もっと治療効果のある医療を提供するには、環境に優しいテクノロジーを発展させるには、それぞれどうしたら良いのか、といったことである。各国政府はまた、研究開発を拡大すべきだが、その際には、喫緊の社会的ニーズに応えることができ、かつ最も多くの部門に恩恵をもたらすことができるような経済活動を対象とすべきである。

グローバル・サウスでは、産業政策は主として既存の技術を模倣し、それを自国に適合させることに注力すべきである。ラテンアメリカ、アジア、アフリカ各国の政府は、自分たちが効果的に活用できそうな収益性のある事業（ソフトウェア開発から各種業務サービスまで）を見極め、世界で先行する企業がどのようにそれらの商品やサービスを生産しているのかを学び、それらを模倣しようとすべきである。このプロセスには、ときにはハイテク外国企業を誘致することも含まれるかもしれないが、それよりもほとんどの場合欠かせないのは、成功する国内企業を発展させることである。

残念ながら、一九九〇年代以降、世界の最も豊かな国々によって推進された〈ゲームのルール〉により、産業政策には多くの障壁が設けられてきた。特定の部門をグローバル競争から保護したり、新規部門に補助金を出したり、国内企業だけを支援したりといったことはもはや許されなくなっている。[28] しかしながら、これまでもシンガポールや韓国といったいくつかの国々はこういった制限的ルールの抜け道を見つけてきたし、将来的にもグローバル・ルールが介入主義的な政策に有利になっていく可能性もある。

部門別政策を通じてハイテク産業を推進することは、経済成長を加速させ、技術力を強化し、新規雇用を生み、各国をグリーン経済〔持続可能な開発・発展を実現する経済の在り方。「環境に優しい経済」とも〕に移行させることさえできる。しかしながら、達成すべき主要な目標の一つに所得格差の改善があるのならば、これで十分だとは言えない。実際、ハイテク部門の発展がいとも簡単に所得格差を助長してしまう場合もあるからである。コスタリカの例で見てみよう。一九九〇年代半ば、コスタリカはハイテク部門への外国直接投資を通じて経済を近代化させる野心的な取り組みに着手した。一九九六年、コスタリカ政府はインテル社の誘致に成功し、同社はラテンアメリカでは初となる半導体組み立て工場の操業を開始した。他のＩＴ企業や医療機器製造企業も後に続き、二〇〇〇年代初めまでにコスタリカは南北アメリカのハイテク産業のハブとなっていた。この動きはコスタリカの輸出構造の高度化と経済成長に貢献したが、所得格差の改善はほとんど起こらなかった。新たに立ち上がった経済部門の高技能労働者と一部の企業家は恩恵を受けたが、それ以外の多くの人は取り残されたままだったのである。産業政策が生んだ勝者とそこから取り残された人々との間の格差は、コスタリカだけではなくアイルランドなど他の国々でも問題になってきた。[29]

それゆえ、所得格差を予め防ぐには、国家はハイテク部門と低生産性部門を同時に支援していかなければならない。イノベーションに関するベネズエラ人専門家カルロータ・ペレスはこれを「発展への双方向アプローチ――トップダウンとボトムアップ」と呼んでいるが、私は双発機〔エンジンを二基持つ飛行機〕の喩えを用いている。[30] 片方のエンジンが技術進歩に対するインセンティブを提供する一方で、もう片方のエンジンは低所得者層に学びの機会を生み出すのだ。あるいは、片方のエンジンが生産性の高い資本集約的な部門に注力し、もう片方のエンジンが労働集約的な部門の能力向上に注力すると言ってもいい。そのために政府はまた、中小企業が経営や会計といった分野で技能向上を図っていけるような支援策を模索していくべきでもあろう。

金融市場の役割を変える

一九五〇～一九六〇年代は、とりわけ先進国においては平等社会の黄金時代であったが、その頃の金融市場の一番の役割は商品やサービスの生産を支えることであった。ウォール街は、普通の人々が暮らしやすくなるために存在していたのである。銀行は生産力の高い企業にお金を貸すことに専念し、株式市場に投資することはできなかった。また、オプションやデリバティブといった金融商品は厳しく規制されていたし、ヘッジファンドは小規模で、企業の日々の業務に及ぼす影響力はかなり限られていた。さらに、各国間の資本移動は厳しく管理され、為替レートは固定されていた。途上国では、利子率の上限設定や特定分野への強制的な信用配分もかなり一般的だった。

一九七〇年代から状況は劇的に変わり始めた。国内的・国際的にもたらされたさまざまな変革が、金融部門とそれ以外の経済部門の間のパワーバランスを変えていった。商業銀行と投資銀行が手を組むことができるようになったが、これは同一の金融機関が貸付と株式投資を同時に行えるようになることを意味した。銀行規制、利子率コントロール、デリバティブ投資への制限、こういったものすべてを段階的に廃止していく国が相次いだ。ヘッジファンドは激増し、一日に取引される金融資産の額は急増した。国際的な資本移動もまた、指数関数的に増加していった。一日当たりの外貨取引額と世界貿易額の比率は一九七三年の二対一から一九八〇年には一〇対一に、一九九二年には七〇対一にまでなった。[31] そのような中、ラテンアメリカ諸国は進んで金融自由化を取り入れ、これらの変化のうちのいくつかでは最前線に位置することになった。

その結果は革命的だった。銀行は生産力の高い企業にお金を貸すことよりも株式市場の動向に関心を向けるようになった。経済のどんな部門であっても、長い目で見て業績を上げるよりも目先の利益を生む方が重視されるようになった。ヘッジファンドで働く方が、医者や研究者になるよりもやりがいがある（少なくとも金融的には！）とされるようになった。途上国は経済が不安定化することなどほとんどお構いなしに、経済成長を手早く加速させるためのツールとして、短期資金を呼び込むことに注力するようになった。

世界の至るところで見られる、こうした経済の金融化プロセスが及ぼしている不平等への影響は、いくら誇張しようとしても誇張にはならないだろう。「金融部門の成功や失敗は、他のすべての経済部門に重大な影響を与えるようになってきたが、そこで上がった利益の大半は富裕層の元へ行ってしまい、結果として不平等が拡大してしまうのだ」と、市場重視の雑誌『フォーブス』へのある寄稿者は主張している。[32]このように不平等が拡大してしまう経路として、以下の四つがとりわけ重要であった。第一に、金融市場は、企業に対して短期的な収益を生むよう圧力をかけることで、いつでも労働者を解雇できるようにし、雇用をどんどん柔軟化し、賃金の伸びを抑える一因となってきたことである。第二に、金融部門での高額報酬が所得上位層での不平等拡大要因の一つになってきたことである。例えば、金融規制緩和は所得上位一〇パーセント層の税引き前所得をイギリスで二〇パーセント、日本で一〇パーセントも引き上げたのである。[33]第三に、金融投資機会の拡大によって、裕福な資産家のインカムゲイン〔保有資産の運用から得られる配当・利子収入〕が加速度的に増えたことである。前出のトマ・ピケティが説得的に示してきたように、資産を保有していることが良い仕事を得ることよりも遥かに儲かるようになったのである。第四に、金融規制緩和がラテンアメリカ（例えば一九九四年のメキシコや二〇〇一年のアルゼンチン）、アジア（一九九七年の韓国やタイなど）、そしてより最近では欧米で、金融危機を引き起こしてきたことである。第3章ですでに見たように、このような金融危機が不平等にもたらす長期的帰結は破壊的なものである。

これゆえに金融市場を規制することがこれまでないほどに急務なのである。それにはさまざまな分野でのさまざまな方策が必要である。ここでは、そのほんのいくつかの例を示すことにしよう。商業銀行と投資銀行は分割され、銀行の金融取引への参加は制限されるべきである。政府は、中小企業に対し低利かつ長期の貸付を提供する政府系開発銀行を強化すべきである。デリバティブをはじめ投機的な金融商品は適切に規制されるべきである。途上国は、とりわけ金融危機の際には資本規制[6]を課すことを許容されるべきである。書きながら気づいたのだが、これは買い物リストのように見えてしまうかもしれない。しかし、これらの提案すべてには共通の目標がある。それは、金融部門が得ることのできる利益に制限を課し、金融機関を実体経済に奉仕するという本来の役割に戻すことである。

ユニバーサルな社会政策によって、もっと効果的に所得再分配を行う

学者というのは自らの研究について語ることが大好きなもので、私が友人のフリアーナ・マルティネス＝フランソーニと共同研究を行ったユニバーサルな社会政策〔第6章3節も参照のこと〕について語ろうと思う。なぜ私がユニバーサルな社会プログラムによって再分配を行うことが重要だと考えるのかを、もちろん何ページも使って語りたいのは山々だが、心配はご無用。手短に終わらせよう[34]。

今日では、すべての社会政策を廃止すべきだと主張するのは、がちがちの新自由主義者だけであろう。大半の人々は、貧困は社会の病弊であり、政府が少なくとも一部の人々に対して支援の手を差し伸べる役割を果たすべきだと理解している。主要な論点は、国が支援をすべきかどうかというよりも、むしろ国がどれだけの支援をすべきか、また誰がその支援の対象とされるべきかという点である。社会政策は貧困層だけに対象を絞るべきだろうか。最大限に「コスパを良くする」ために、予算を限られた人々と限られたプログラムに集中すべきだろうか。それとも、不平等を縮小するためには国民全員に広く恩恵を行き渡らせるユニバーサルな社会政策がベストなのだろうか。

先進国のものであれ、途上国のものであれ、これまでの成功事例に基づけば、こうした質問に答える

のは簡単である。目標が所得と機会を再分配することであるならば、国民全員に広く給付を行うのがベストである。通常、国民全員を対象とする所得移転や社会サービスの方が、対象者を絞った場合よりも大きな効果があるのである。[35]これは直観に反するように響くかもしれない。きわめて貧しい人々にお金や社会サービスを提供することが、所得再分配の最も効果的な方法であるのは当たり前ではないか、という直観である。しかし、ウォルター・コルピとヨアキム・パルメが、今では有名になっている論文で、なぜそうでないのかを示してくれている。[36]この二人のスウェーデン人研究者は「再分配のパラドックス」を発見した。すべての社会階層を利する社会プログラムが社会全体の支出増をもたらすことによって、貧困層の暮らし向きもまた良くなるのである。最近公表された複数の研究も、このパルメらによる最初の発見がまちがいないことを確認した上で、世界で最も平等な国々はいずれも、貧困層、中間層、そして富裕層すらもカバーする高福祉国家であることを論証している。途上国についてのエビデンスは先進国に比べると少ないが、ユニバーサルな社会政策を実施している国々では再分配の度合いが高いことを示している研究もいくつかある。

再分配のパラドックスは政治にその根本的原因がある。貧困層のみを対象とする社会プログラムは、貧困層以外だれも支持しようとしないので、貧弱なプログラムになりがちである。それに対して、ユニバーサルな医療制度や教育制度ならば、貧困層と中間層はともに賛成に回るだろうし、そうすれば第5章で議論したような「階層横断的な同盟」を生むことにも繋がるだろう。また、中間層の人々は、時間的な余裕、知識、社会的ネットワークといったリソースをより多く有しているので、病院を良くするとか、教師の質を向上させるとか、年金額を引き上げるといったことを政治に対して要求できるようにもなるのである。

　不平等の是正に対するユニバーサルな社会政策の効果は、所得面だけに止まらない。すべての国民を等しく扱うことで、誰にもレッテルを貼らずに済むのである。言うまでもなく、すべての個人は人種、ジェンダー、階層に関わらず、誰もが医療、年金、教育への権利を有している。それに対して資力調査に基づく社会プログラムは、貧困層に自分にはお金がないと証明することを強制し、彼らと社会の他の人々との間に線引きをしてしまうのである。社会政策研究の大家の一人であるピーター・タウンゼンドは、この問題の本質を次のように見事に言い表している。貧困層をターゲットとした社会プログラムは「社会に優劣というヒエラルキー関係を醸成し、貧困層の地位を高めるというよりむしろ貶めることで、社会格差を拡大させる効果を持つ……そうしたプログラムは、失業者、病人、寡婦／夫、高齢者といった人々を、〔「貧しい」という〕逃れられないレッテルを貼られた単一のカテゴリーに一緒くたに放り込んでしまうのである」[37]。

　これでもまだ読者の疑念を完全には払拭できていないかもしれない。ユニバーサルな社会政策は官僚制度を肥大化させ、経済のダイナミズムを低下させてしまうことに繋がらないだろうか。各国政府は、特に途上国では、ユニバーサルな医療・教育制度や年金をはじめとする所得移転を行うのに必要となる財源を、どこで見つければ良いというのか。幸運なことに、これらの疑問のいずれにも答えがある。

　ユニバーサルな社会政策は、持続可能な経済成長と公正な競争の双方を促すことができるようである。手厚い社会サービスや所得移転があれば、各国が対外的な経済ショックに対処しやすくなる。人々がもっと企業家精神を持てるようになるからである。物事が計画通りに運ばなかったときにも国からの支援があると分かっていれば自分で会社を起こしやすくなるし、ユニバーサルな教育制度があれば高スキル労働者の数を増やすことができる。これこそがまさに、ラテンアメリカで歴史的にずっと欠けていたものである。このようなユニバーサルな社会政策は、より多くの人々に、例えばレストランに行ったり、パソコンを買ったりする資金的余裕をもたらし、結果として総需要を拡大させることもできる。これは単なる机上の空論ではない。実際に、世界で最も経済的に競争力のある国々の中には、スウェーデンからフィンランドまで高福祉国家も見られるし、途上国の中にも、モーリシャスなど、数十年にわたりユニバーサルな社会政策と高い経済成長を両立させてきた国がある。

もちろん、ユニバーサルな社会政策は、対象を絞った社会政策よりもお金がかかる。国民全員に医療と年金を保障しようとすれば、貧困層だけをカバーするよりも多くの財源が必要になる。それでも、最近のＩＬＯの研究が明らかにしているように、多くの国には社会プログラムのための財源を拡大する余地がまだまだたくさんある。[38] 税収増に努めるべき国もあるだろうし、借入水準を引き上げることのできる国もあるだろう。また、すでに持っている外貨準備をもっと積極運用することができる国もあるだろう。ラテンアメリカに関して言えば、第3章で見たように、ほとんどの国は、その国の所得水準から期待されるほどの税額を徴収できていない。私がここで言いたいのは、税収の拡大が簡単だということではない。むしろ最大の障壁は、経済的というよりは政治的なものだということである。

本項を締めくくる前に、最近になって、特にコロナ禍になってからはなおさら、注目を集めている政策手段について議論しておきたい。ユニバーサル・ベーシック・インカム（ＵＢＩ）政策である。[39] ＵＢＩとは、すべての国民（またはすべての住民）に、所得水準や就労の有無に関わらず現金給付を行うという政策である。多くの人が、ＵＢＩのことを将来、多くの職がロボットに取って代われたときに必要になる対策だと考えている。「私たちの国が、歴史上最大の経済的・技術的変革の真っ只中にいるとあなたが気づいたとしよう……では、どうしたらいいのか、とあなたは思うだろう。現実的な対応策はあるだろうか。私が徹底的に調べた結果、ユニバーサル・ベーシック・インカムこそ私たちが採り得る最も強力な対応策だったのだ」と米国の大富豪で、慈善家でもあり、また大統領候補にもなったアンドリュー・ヤンは説明する。[40] 彼は、自分が大統領になった暁には、米国民全員に対し毎月一〇〇〇ドルの現金を死ぬまで給付すると公約した。ＵＢＩに関する提案は、米国以外にもフィンランドからブラジルに至るまで、世界のさまざまな場所で議論されてきた。

ＵＢＩは批判する人も、支持する人も、ともに多数存在する。批判的な人々の大半は、多額の費用が掛かることと人々の労働意欲を削いでしまいかねないことを強調する。所得が保障されているのに人々はどうして仕事を探すだろうか。また、なぜ金持ちにも貧しい人々と同額の所得移転を行わなければならないのか、という疑問も呈される。他方、支持する人々の主張は、ユニバーサルな社会政策に関して私がすでに述べてきた主張の多くと重なるものである。例えば、ＵＢＩが幅広い社会的支持を得られるであろうことや、対象者を絞った給付金よりも実施しやすいことである。またすべての人々に自分のやりたいことをやる自由が与えられるようになる一方で、労働意欲を著しく下げることはないだろうとも彼らは考えている。

私の考えでは、ＵＢＩは真剣に考慮するに値する政策である。ＵＢＩは、変化する世の中に対する独創的な対応策である。ＵＢＩはまた、基礎年金、失業手当、傷病手当を一つの給付金制度に置き換えることにより、多くの国が持つ複雑な給付金システムをスリム化するのにも貢献できる。しかし、現在のUBIに関する提案の一部は、結果として利よりも害の方が大きくなってしまう可能性もある。とりわけ、もしUBIが唯一の社会的な政策介入となり、すべての社会プログラム（無償医療や無償教育を含む）を代替してしまうとしたら、実際のところ所得と機会の格差は拡大してしまうだろう。富裕層が最高水準の学校と病院に通い続けることができる一方で、貧困層は質の高い公的サービスをもはや利用することができなくなり、その代わりに質の低い民間サービスに頼るしかない状況に陥りかねないからである。

さて、どこから手を付けよう？

ここまでで、あなたは少し手に負えないという気持ちになっているかもしれない。可能性があると思われる政策を長大なリストにして列挙してきたので、よく解ったという答えよりも、湧いてきた疑問の方が多くなってしまっているかもしれない。なぜ各国は、これらの政策をまだ実施していないのだろうか。各国には実施できる能力がはたしてあるのだろうか。どこから手を付けるべきなのだろうか。私は以下本項で、これらの疑問のいくつかに手短に取り組んでみたいと思う。その後、政治についての議論を次節で行う。

進歩派論者の中には、労働市場に焦点を当てるべきだと主張する人たちもいるし、社会政策の方がもっと重要だと考えている人たちもいる。しかし、このような論争は、実りあるものでもなければ、単純な答えがあるものでもない。私が本書で行ってきた提案の多くは、互いに補い合うことで好循環を生み出していこうというものである。労働組合が強化されれば、ユニバーサルな社会政策の実現に向けて邁進するアクターが一つ増えることになる。医療と教育が改善されれば、より競争力の高い経済が実現し、さらなる雇用が創出できる可能性が生まれる。付け加えるならば、目の前で直面している課題は国ごとに異なっている。例えば、韓国はすでにしっかりとした産業政策を持っているので、労働者の権利とユニバーサルな社会政策に焦点を当てるべきであるし、逆に南米ウルグアイなどでは質の良い雇用をもっと生み出すことがとりわけ緊急性の高い課題である。

私の提案は、単なる個々バラバラな政策の買い物リストというわけではない。むしろ、それらの提案は新しい社会モデルを構築する部品群だと見るべきである。これらの部品が合わさって、良い社会とはどのようなものであり、それを実現するためには何が必要なのかについて、これまでとは異なる《オールタナティブ》ヴィジョンが構築されるのである。保守的な支配者層は、規制は最小限にし、民間主導を促進し、個人の権利を拡大することが必要だと信じている。「国民生活に対する公的部門の介入が少ないほど、国民は自らのイニシアチブを発揮する自由を獲得することができる。そして国民に課される税金が少ないほど、経済成長はより高まり、社会はより繁栄し、より多くの雇用が生み出されるのだ」と、ある右派のスペイン人政治家が数年前、誇らしげに公言した。[41] 似たような[•7]発言は、マーガレット・サッチャー、ロナルド・レーガン、ドナルド・トランプ、アルベルト・フジモリをはじめとする多くの政治家やビジネスリーダーの口から過去数十年にわたり、私たちが聞いてきたものである。

私たちの多くは、国家と市場が協力し合えば、経済はもっとインクルーシブに、そしてもっとダイナミックになると信じている。社会経済的な権利がきちんと保障されれば、社会はもっと活気に満ちたものになる。金融市場が適切に規制され、ビジネスエリートへの対抗勢力がきちんと存在すれば、各国は社会を機能不全に陥らせてしまう不平等を克服できる。人々は、ただ単に個人として扱われるのではなく、包括的なコミュニティの一員として扱われたときの方が幸せになれる。誰もがきちんとした額の給与が支払われる仕事を得られ、質の高い医療と教育にアクセスできるコミュニティでの方が、である。「夢物語なんか、そこまでにしましょうよ！」読者の誰かが私に叫んでいるのが聞こえる。「提案された政策は、豊かな国ではうまく行く所もあるかもしれませんが、多くの国々、とりわけグローバル・サウスの国々は、こういった提案の多くを実施するだけの力量はないはずでしょう」と主張する人もいるかもしれない。国が積極的な政策介入を実施するというのは、実に挑戦的なことである。効率的な官僚制度とより効果的なチェック・アンド・バランス機能がきわめて重要になるのである。

しかしながら、こうしたハードルの高い課題に立ち向かうことは、決して不可能ではない。韓国からコスタリカまで、そしてモーリシャスからウルグアイまで、すでに途上国でも国家による変革の成功例があるからだ。もっと重要なことは、国家機能の強化が、進歩的な政策の実施の開始に先立たなくても良いということだ。成功した国々のほとんどでは、この二つのプロセスは同時進行で起こってきた。政策と制度が徐々に改善されていき、それらが合わさって高い経済成長と平等化が実現してきたのである。

3　政治なき政策は決して機能しない

「所得分配を改善していくには、下からの動員が必要だ」。これは「不平等と闘おう同盟（Fight Inequality Alliance）」の共同創設者ベン・フィリップスが、不平等について私と語り合っているときにずっと私に言い続けていたことだ。[42] 私たちはノートルダム大学のケロッグ国際問題研究所で時をともにしながら、それぞれ不平等に関する本を書いていた。私は本書を私自身の調査研究およびラテンアメリカ理解に基づいて執筆していたし、彼はヨーロッパおよびアフリカでの活動家およびオーガナイザーとして自身が持つ優れたキャリアに基づいて執筆していた。

彼の言っていることは正しい。どんなに良い政策を立案しようとも、健全な政治を同時に確立していかなければ、まったく役に立たないだろう。これは、本書でも示してきたことである。エリート層の権力と影響力こそが、ラテンアメリカで不平等が根絶されずにずっと生き残ってきた原因なのである。だとすれば、どうして彼らが、私が行ってきた提案を受け入れたり、心を入れ替えて増税とさらなる再分配を支持したりするだろうか。不平等を縮小すれば高い経済成長と暴力の減少に繋がり得ることを彼らに示すだけでは、十分ではないのだ。

それゆえ、私たちは所得分配を改善していくために求められる政治的条件とは何かを考えなければならない。ラテンアメリカのようにすでに不平等な地域において、私たちはどのようにしたらパワーバランスを変えることができるのだろうか。米国やヨーロッパの一部の国々で不平等の拡大を引き起こしてきたような政治を、私たちはどのようにひっくり返すことができるのだろうか。こうした疑問は、一言では答えようのない難題である。『暴力と不平等の人類史』の著者ウォルター・シャイデルのような悲観主義者は、戦争のような大規模な混乱が起こらない限り、何かが変わることはあり得ないと主張する。[43] 他には、現在の経済・政治システムを根本的に変革することを求める人たちもいる。それは望ましい変革かもしれないが、実現には百年とは言わないまでも数十年単位の時間が必要だろう。

これまでの章と同様、ここでも私は世の中をがらっと変えるような新たな解決策を提案することはしない。その代わり、目新しいものではないけれども基本的な要素のいくつかに、私は信頼を寄せたいと思う。私がこれから焦点を当てるのは、必要性のきわめて高い政策を実施していく際に求められる三つの政治的条件、すなわち、民主主義の深化、進歩派政党の強化、社会運動の活性化である。そして、これも過去の経験が教えてくれていることだが、平等化という成果が最も生み出されやすいのは、政党と社会運動が協働する、もしくは、少なくとも両者の努力が逆方向に働いていないときなのである。

完全な民主主義が重要である

哲学者と社会科学者はその大半が伝統的に、民主主義と平等性の間に正の関係があるのは当然だと見做してきた。[44] 民主的な諸制度があれば、社会の中で権力がより公平に分配され、したがって経済がよりインクルーシブになると捉えられてきたのである。選挙による競争があれば、とりわけ貧困かつ不平等な国では低所得者層の有権者の影響力が高まるはずだし、民主的な諸制度があれば、ビジネスエリートとの闘争における労働者の力が強化されるはずだと未だに考えられている。

しかし、ここ数十年の間に、民主主義が平等性に好ましい影響を与えるという考え方には、疑義が呈されるようになってきた。計量的な研究からは、独裁体制よりも民主主義体制の方が所得分配状況が良いと信じるに足る根拠がほとんど確認されてこなかったのである。また、民主主義が富や資産の分配の改善に常に寄与するとは限らないことも示されてきた。[45] 各国の国民の側でもまた、民主主義に疑問を持ち始めている。ピュー・リサーチ・センターが先進国・途上国計二七か国を対象として二〇一八年に行った調査では、回答者の半数以上が民主主義がきちんと機能しているかどうかに「不満」を感じていることが明らかになった。民主主義に批判的な人々が、イタリア（「不満」七〇パーセント）、スペイン（同八一パーセント）、ギリシャ（同八四パーセント）といった先進国にも、南アフリカ（同六四パーセント）、チュニジア（同七一パーセント）といった途上国にも、大勢いたのだった。また、回答者全体の六〇パーセントが「誰が選挙で勝っても状況はそれほど変わらない」という質問に「そう思う」と回答したのである。[46]

このように理論的な予想と現場での実態が相反している事実を、どうしたら説明できるだろうか。この疑問に答えるには、第4章で見たラテンアメリカの経験を考えてみるだけで良いだろう。ラテンアメリカの民主主義は、伝統的に「制限された民主主義」であった。二〇世紀半ばまで、ラテンアメリカの人々の多くは投票できず、報道の自由は制限され、社会的動員も厳しく制限されていた。その結果として、再分配はほとんど行われなかった。一九八〇年代に進んだ民主化の第三波以降は、選挙が以前よりもきちんと機能し、投票率も上がったものの、依然として多くの制約や問題が残っていた。

したがって、選挙が万能薬であるとはまったく言えないのである。選挙は、エリートたちによって彼らの権力を正当化するために利用されることも少なくない。「私たちは自由選挙でリーダーを選んだのだから、この政権には正当性がある」とエリートたちは主張するが、こうした発言は、エリートたちが政治権力に近づきやすく、メディア各社のオーナーでもあり、政策への影響力を持っていることを無視したものである。他方、市民の側は世界中どこでも、選挙における選択肢が限られていると近年ますます感じるようになっている。右派政権でも左派政権でも、実施される社会経済政策に違いが見えなくなっているからである。

それでも、民主主義の深化と強化は、より平等な分配に大きく貢献できる。過去を振り返れば、平時における不平等の縮小はほとんどの場合、民主主義体制の下で起こったからである。例えば、二〇世紀前半の北欧諸国、一九七八年以降のスペイン、[8]一九二九年の世界大恐慌後の米国を想起してみると良いだろう。[47]ラテンアメリカでさえ、制度的脆弱性を抱えていたにも関わらず、二〇〇〇年代に競争的な選挙が行われるようになったことで所得再分配への圧力が高まり、ジニ係数の低下が実現したのである。

民主主義というものは、その効果がきちんと発揮されるには、定期的な自由選挙の実施だけでなく、その先へと進まなければならない。真に民主的な制度は、政治的平等をきちんと提供しなければならないのである。すなわち、すべての国民が、政治過程において質の高い情報を入手でき、また少なくとも潜在的には発言の機会を付与されていなければならないのである。これが意味するのは、メディアは少数の利益集団によってコントロールされていてはならないし、集会を行う権利、抗議を行う権利、団結する権利は擁護されなければならないということである。加えて、大統領候補の選出や議会投票が強大な権力を持った個人の資金力に左右されることがないよう、選挙運動のための資金調達は規制されなければならない。さらには、強力かつ多様な複数の政党が存在することで、それらの政党が政権を担当していないときにも、実効性のある野党勢力としての影響力が行使されるとともに、有権者が選択の幅を持てるような真の意味での政策代替案が提示されるようにならなければならない。

大半の国々は、私がここまで描いてきた理想像からはかけ離れている。民主主義がしっかりと確立している国々ですら、軋みがどんどんと表面化してきている。実効性のある野党勢力は制約を受け、真の意味での政策の多様性は失われ、富裕層の政治への影響力は増大し、司法制度は弱体化し……、といったことが、今では世界の至るところで普通になってしまっている。しかし、私はこれらの問題が、民主主義システムが持つ、解決ないし治癒不可能な弱点であるとまでは思っていない。むしろ、実効性のある制度と力強い政党が実現されるように、私たちはただただ闘い続ける必要があるのだと信じている。民主主義が依然として政治を行うための最良の方法である以上、民主主義の深化こそがかつてなく重要かつ喫緊の課題なのである。

進歩派政党が必要である――社会民主主義とその先にあるもの

読者に少しばかり議論を吹っかけてみたい。強力な進歩派政党の存在なしには所得分配を大幅に改善することは難しいだろうという主張をどう感じるだろうか。もう少し踏み込んでみよう。社会民主主義政党が、依然として不平等との闘いで中心的役割を担っているという主張はどうだろう。ただし、ここで社会民主主義政党というのは、国家と市場を効果的に組み合わせるとともに、変化の可能性を広げる手段としての自由民主主義を擁護しようとする政党のことである。本項では、これら二つの主張の妥当性をひとつずつ示していこう。

このところ、さまざまな報道記事を読んでみると、誰もが不平等について懸念しているように思えるだろう。ダボス[9]に集まるグローバル・エリート、『フィナンシャル・タイムズ』紙をはじめとする主要紙、各国の保守派政党、いずれも所得の集中度を引き下げる必要性について同意している。しかしそこで提唱されている具体案の多くは、信頼性に欠けるものである。市場の拡大と減税という、まさに上記の論者たちの多くが提案し続けている政策によって、私たちは一体どのように所得格差を縮めることができるというのだろうか。

それに対して、進歩派／左派政党は、常に平等性を政策策定方針の中心に置いてきた。哲学者であり政治学者であるノルベルト・ボッビオの有名な議論〔『右と左――政治的区別の理由と意味』（一九九八年）〕にあるように、左派と右派を真の意味で分かつものは「平等性の理想に対する……態度である。……左派は平等主義者で、右派は不平等主義者である」[48]。こうした議論は、単なる理論的信念ではない。多くの事例研究によっても、進歩派政党は世界中で所得再分配的な社会政策の構築に尽力してきたことが明らかにされている[49]。進歩派政党が存在する国なのか、しない国なのかが、不平等度の差を説明する要因の一つになるのである。

進歩派政党は、さまざまな方策を用いて不平等の縮小に貢献できる。まず第一に、進歩派政党は所得分配を改善するような政策を歴史的に支持してきた経験がある。それらの政策は、最低賃金の引き上げから、より積極的な労働市場介入政策やユニバーサルな福祉国家にまで至る。第二に、進歩派政党が平等性を政策論議の中心に置くことで、他のあらゆる政党に対し、平等性にも注意を払わざるを得ない状況を作ってきた経験もある。そして第三には、進歩派政党は他の政党と比べ、社会運動と協働し、社会的動員を推進する傾向が強いというメリットがある。そして、この社会運動と社会的動員こそが、ともに富裕層の権力と影響力を削ぐための重要な要素なのである。

もちろん、進歩派政党といっても中身はさまざまである。ポピュリズム度が高い政党もあれば低い政党もあり、市場志向が強い政党もあれば弱い政党もある。では、なぜ私は進歩派政党の中でも、社会民主主義政党の役割を特に強調しようとするのか。それにはいくつかの理由がある。[50] まず、社会民主主義政党が、市場には果すべき重要な役割があると伝統的に受け入れてきたことである。ただし、それは市場が積極的な国家の介入によって適切に管理され、補完されるときに限っての話である。この視点は、私の考えでは理にかなっている。人々が自分自身で考えた事業計画を追求し、自分自身の意思決定を行えるようにする一方で、同時に市場を適切に規制するというやり方が、国家による計画経済よりも有効性があると明らかにされてきたからである。

　社会民主主義政党の中で最も成功したのは、その手段においては現実主義的でありながら、その掲げる目標についてはラディカルな政党であった。そうした政党は、平等性と社会福祉を自らの政策課題の中心に据えつつも、その実現のためには党のカラーとは異なる政策も進んで取り入れてきたのである。社会民主主義政党はまた、多くの場合、労働組合をはじめとする社会運動組織と密接な協力関係を築いてきたので、政治へのボトムアップ式アプローチとトップダウン式アプローチをうまく組み合わせることにも成功してきた。実際の経験を振り返ってみても、所得格差の縮小に成功した政策の大半において、その背後には明らかに社会民主主義政党の存在があった。具体的には、二〇世紀後半の北欧諸国、または一九四〇〜一九五〇年代の米国民主党、一九八〇年代のスペイン、または一九五〇〜一九六〇年代のコスタリカの事例を思い起こしてみてほしい。

　もし社会民主主義政党がそれほどまでに重要であるならば、なぜ近年、これほど見事に失敗してきたのだろうか。なぜ彼らはこれほどまでに数多くの国々で人々の支持と政治的影響力を失ってきたのだろうか。僅かな紙幅でこうした疑問について詳細に扱うことは不可能である。スペイン語で読める読者は、このテーマに関して綿密な議論を展開している、哲学者ボルハ・バラゲーの優れた著作に是非とも目を通してほしい[51]。英語では、リチャード・サンドブルックの『グローバル・サウスで左派を刷新する（*Reinventing the Left in the Global South*）』〔未邦訳〕がこの疑問についてより包括的な視点を提供してくれている[52]。ここでは、社会民主主義政党を取り巻く社会環境の変化と、社会民主主義政党が犯してきた誤りについて、手がかりをいくつか提示するだけに止めたい。

社会民主主義政党は、今や劇的に変化した社会と向き合っている。過去数十年にわたり、多くの国々、とりわけヨーロッパ諸国では、文化的にも民族的にも多様化が進んだ。また、人口の高齢化が進んだ結果、国民が福祉国家に求めるサービスも増大している。労働市場では不均質性が高まり、一部の専門職に就く人々が極端なまでに豊かな生活を楽しんでいる一方で、単純労働者は多くが生きていくのもやっとというところで苦しんでいる。こうした新たな状況の下では、歴史的に社会民主主義政党を支持してきた「階層横断的な同盟」のようなものを構築することが、時を追うごとに困難になってきたのである。

残念なことに、社会民主主義政党とその指導者たちの方もまた、誤った決定を数多く下してきてしまった。彼らは多くの場合、市場自由化を受け入れてきた。それが経済成長を促すのに役立つと考えたからである。それに加え、彼らは国家官僚機構の有効性と応答性を高めるどころか、むしろ弱体化させてしまったし、富裕層に対して及び腰になってしまい、累進課税の強化や金融規制を提案することからも逃げてきた。また、労働組合を守ることにも、新しい社会運動と強い繋がりを築くことにも失敗してきた。社会民主主義政党は、政権に留まるために可能な限り多くの票を獲得することを唯一の目標とする、職業としての政治マシーンになり下がってしまうことがあまりにも多く、また自分たちの言説を時代に合わせてリニューアルできなかったので、分かりやすい敵を特定し、安易な解決策を提示するのを得意とする過激な政党、とりわけ極右政党が出現する余地を開いてしまった。

発展途上地域のさまざまなところで、社会民主主義政党、そしてもっと一般的に言って左派は、さらなる障碍に直面してきた。ときには彼らは迫害されたり、著しい活動資金の制約に悩まされたりしてきたのである。多くの国々で、彼らは強力な政党組織を作ったり、安定的な綱領を確立したり、社会運動と繋がりを作ったりすることができなかった。その反面、いざ政権の座に就くと、彼らは国家機能を強化し、汚職と闘うための政策を実施することを往々にして忘れてしまってきたのである。

上述のこうした問題点すべてを受け、政治勢力を右と左とに分けることにはもはや妥当性はないという論調が一般的になってきた。それゆえ多くの論者が、よりポピュリズム的な言説を展開したり、資本主義に代わる新たな道を提起したりするような新しい政党の登場を求めてきた。しかし、私の見るところ、どちらの反応も不十分である。むしろこの不平等の時代にあっては、政治勢力を右と左に分けることがかつてなく意味のあることなのである。社会が安易に分極化してしまう時代にこそ、「ユートピア的現実主義」、すなわち目標はラディカルに、実現手段は堅実にという行動指針が、とりわけ効果的になり得るのである。しかし、進歩派政党も変わっていかなければならない。進歩派政党は、最上層への所得の集中が私たちの世代が挑むべき最重要課題の一つであると認識する必要がある。それゆえ、最富裕層からそれ以外の人々への所得と機会の分配ないし再分配が第一義的な目標とならなければならない。社会民主主義政党は、所得と機会の再分配と経済的効率性は同時に達成できないとする、未だに影響力のある言説を容認すべきではない。そうした進歩派政党は、貧困層と中間層に共通する課題へ解決策を提案していかなければならない。それらの課題とは、所得の激しい変動、質の低い社会サービス、大きな不平等などである。政権の座にあっても、野党の立場にあっても、進歩派政党の指導者たちは、国家の中心的役割をきちんと認識すると同時に、国家がより効率的かつ応答的になるよう努めていかなければならない。そして最後になるが、進歩派政党には、社会と有意義な繋がりを築き、社会運動と意思疎通できるルートを増やしていくことも求められよう。

言うは易し行うは難しだと、私も重々承知している。上で述べた方向に向かいやすい国と向かいにくい国があることも、政治システムが弱い途上国ではとりわけ困難であるだろうことも理解している。それでも私は、高い理想とそこに至る明確な道筋を持っておくことが有益だと信じている。将来に向け、野心的であるが、しかし同時に現実主義的でもある左派政党が、平等を志向するあらゆる戦略の中心に位置していかなければならないのである。

下からの社会動員が必要である――エリート層の権力に対抗するために

「不平等は撲滅できるという希望をなぜあなたは持てるのですか」。これは、前出のノートルダム大学ケロッグ国際問題研究所での不平等に関する会議に私たちが招待した何人かの社会運動リーダーや政策担当者たちに投げかけてみた問いである。[53] 彼らは皆、同じような回答をしてくれたのだった。[54]

人々が団結して権力に挑戦しているからです。

オックスファム・インターナショナル事務局長　ウィニー・ビヤニマ

不平等問題の重要性を示そうとしっかり組織されている社会運動や社会活動団体が、市民社会の中にたくさんあるからです。

国連開発計画（UNDP）ラテンアメリカ・カリブ地域プログラム長　フェリーペ・ロペス＝カルバ

街頭に出てデモを行う人々がいるからです。

不平等と闘おう同盟（Fight Inequality Alliance）ラテンアメリカ地域コーディネーター　エクトル・カスタニョン

［社会］運動組織間に共通の土台を見つけられる可能性があるからです。

経済政策研究所長　ティア・リー

最も影響を被っている人々が先頭に立った運動が増えていることです。

「貧者の行進（Poor People's Campaign）」共同代表　リズ・テオハリス

彼らは一致して社会運動に焦点を当てているが、驚くべきことではない。社会経済的不平等に対する闘いの主な成功事例には、米国の公民権運動から北欧諸国の福祉国家建設まで、すべて積極的な社会動員を伴ってきたからである。ビジネスエリート層もほとんどの政府も、下からの熱量を感じない限りは現状維持から抜け出ることは決してなかったのである。

私たちが質問させてもらった上述の社会運動リーダーたちも、それ以外の多くの人も、ともに将来について同じような楽観的な見方を共有していた。彼らは所得の集中に対して社会からの不満が高まっていると見ている。ウォールストリートを占拠せよ運動、スペインの反緊縮政策運動「怒れる者たち(Indignados)」、ラテンアメリカの鉱山開発反対運動――これらは、もっと公正な世界を求めて声を上げている人々の、数多くの事例のうちのほんのいくつかにすぎない。しかし残念ながら、望ましくない傾向も見られている。労働組合の弱体化、政治システムへの失望、中間層の不均質化、個人主義的文化の広がりがすべて重なり合い、積極的な社会運動の力を削いでしまっている。

世界中のどこでも、社会運動を強化し、より多くの人々が団結して抗議するよう促すことが必要不可欠であるが、その際には、いかなる国家であれ、彼らを抑圧しないことが保証されていなければならない。この目標を達成するには、第6章で得られた教訓のいくつかを思い起こしてみると良い。チリの学生運動からブラジルの土地なし農民運動まで、いくつかの社会運動がいかにして世論を喚起し、政策論争に影響を与えることに成功したのかを議論した。彼らの戦略からは、本章で再論するに値する、少なくとも五つの重要な教訓を引き出すことができる。

第一に、成功する社会運動は、目の前の具体的なニーズに焦点を当てつつも、そのニーズをより広範な社会的要求と関連づけることに成功したことである。最初はバス料金の引き下げを要求したり、社会サービスの向上を要求したり、未利用の土地を占拠したりする。これらは、多数の人々を動員し、かつ彼らの生活が素早く改善されるという結果をもたらすための動機となる。しかし、彼らはこうした具体的な要求をもっと広範な行動指針に位置づける方法もまた知っている。こうして少しずつ、彼らは自分たちの活動を支持してくれる人たちに対し、もっと大胆に行動し、真の構造変化のために運動に加わっていくよう促すことができるのである。

第二に、社会運動の成功にはまた、ローカルレベルの空間と全国レベルの空間を結びつけることが必要だということである。大半の抗議活動はローカルな場でスタートする。大企業の社内で、市町村で、あるいは近くにある学校数校で、まずは抗議活動が組織される。これらの抗議活動は、規模が拡大し、全国レベルの場での政策論争に影響を与えるようになったときに、最も実りあるものとなったのである。ローカルレベルから全国レベルへの拡大はさまざまな方法で起こり得る。チリの学生運動は、ほとんどの地方の学生が首都サンティアゴの学生の行動に単純に追随したことによって、ブラジルの土地なし農民運動は、首都へのデモ行進を組織したことによって、メキシコのサパティスタは、地域を超えて国内のさまざまな団体に連帯を呼びかけたことによって、全国レベルの活動へと拡大できたのであった。

第三に、最も実りある社会運動とは、とっさの衝動を超えて行われるものだということである。それは、程度の差はあるものの安定的な組織を生み出すことに繋がり、やがて長期的戦略を展開できるようになる。一瞬の間だけラテンアメリカから離れてみるならば、米国の公民権運動を分かりやすい例として引くことができるだろう。公民権運動では、ローザ・パークスのモンゴメリー・バス・ボイコット事件をはじめ、きっかけとなる行動が何か月も前から計画され、それに引き続いて抗議行動が展開されていった。公民権運動の最終目標は、彼らの中で最初からはっきりしていたが、彼らはまた、一歩ずつ進まなければならないことも知っていたのである。

第四に、ラテンアメリカ内外で最も成功した社会運動のうちのいくつかは、「階層横断的な同盟」の形成を実現できたことである。チリの学生運動は、学生たちが貧困層からも、中間層の大部分からも支持を得ていたという点で、何よりもその証拠となる例である。前出のスペインの反緊縮運動「怒れる者たち」もまた、少なくとも初期には、スペイン社会の幅広い階層からの支持を確保していた。こういった階層横断的な協働が不平等との闘いにはとりわけ重要なのである。

最後に、社会運動の貢献は、政治的要求を提起するだけに止まらない。その運動の最盛期にあっては、運動の主体となる先住民グループ、学生、土地なし農民、労働組合などが、新たなナラティヴや新たな社会観を創り出すのである。これは、あまりに多くの人々が個人主義的かつ能力主義的な社会観を受け入れてしまっている時代において、とりわけ急務である。社会運動は、「私が良い暮らしができているのは、私個人が一所懸命に働いたおかげ」とか「私は私と私の家族のことだけ気にかけていれば良い」といった考え方が、「私たちみんなに関わりのあることだ」とか「良い社会とは、共通価値を持ち、誰もが勝者になれる社会だ」といった考え方に置き換わるための助けになるべきなのである。さらには、社会的動員が成功すると、人々は自分たちには違う世界を創り出す力があるとより強く信じられるようになる。「共通の不満を認識し、新自由主義こそが正統であるとする風潮に打撃を与え、これまで社会の隅に追いやられてきたアイデンティティにも価値があると示し、現状維持に対するさまざまな抵抗を目の当たりにし……たことによって、ラテンアメリカの人々の多くが、社会を変えていくことが可能なのだという自信を得たのだ」と、アリス・エバンズが二〇〇〇年代のラテンアメリカに関する議論の中で述べている。[55]

社会運動の影響力は、政党から独立して活動ができているときばかりではなく、政党と協働できているときにも最大限に発揮し得る。この点については、北欧諸国の事例が特に分かりやすい。北欧諸国の社会民主主義政党と労働組合は、平等化政策推進のために協力することが多かった。例えば、両者は交渉の上、福祉国家の急速な拡大と引き換えに、無理な賃上げを要求しないことで合意した。両者はまた、新たな政策の方向性をともに議論する一方で、それぞれが社会の中で異なる役割を担っていることも分かっていた。さらに、労働組合は社会民主主義政党内の議論の多くに加わりつつも、党が政権の座にあるときは、必要に応じて反対の姿勢を示すこともあったのである。モラレス政権下にあったボリビアの経験も、有力政党と社会運動の協働をわかりやすく示すもう一つの例である——双方が近づきすぎることの危険を浮き彫りにする例でもあるのだが。

4 結論

不平等は、私たちの世代が挑むべき最重要課題の一つとなった。すぐにでも取り組まなければ、きわめて大きな、そして長期にわたる経済的・政治的・社会的コストをもたらしかねない。ラテンアメリカの経験が明示しているように、所得の集中は、経済成長を低下させ、金融危機を引き起こし、国家の財政力を弱め、ポピュリスト政治指導者の出現に道を開き、暴力を蔓延させるなど、多くの望ましからざる結果を招いてしまいかねないのである。それればかりではない。不平等があまりに大きく、あまりに根深くなってしまうと、悪循環が慢性的になってしまい、不平等の撲滅がより一層困難になってしまうのである。

不平等を縮小することは、ますます困難になってはいるものの、決して不可能なことではない。適切な政策と適切な政治を組み合わせれば、私たちは徐々に進む方向を逆転させ、もっと平等な未来を創り上げていくことができる。適切な条件が整ったとき、私たちは、ラテンアメリカで何世紀も続いてきた不平等から離れ、域内各国で所得分配の改善に手を付けることさえできたのだから〔第6章3節参照〕。

本章では、富裕層への課税から社会運動の強化まで、数多くの提案を行ってきた。読者の中には、こうした議論はユートピア的、ほとんど世間知らずなものに響くと感じる人もいるかもしれない。私が提案してきた政策のひとつひとつは、このグローバル化と所得の集中の時代にあっては、実施するのは難しいだろう。これらの提案をすべて実施するなど、ほとんど見果てぬ夢なのかもしれない。

しかしながら、本章の有用性は、私が議論してきた提案ひとつひとつを超えたところにある。その根底にあるいくつかのメッセージの方が、個別の政策提案よりも重要なのである。それは第一には、不平等との闘いは魔法のような解決法を見つけ出すことではないということである。ユニバーサル・ベーシック・インカムを導入したり、持続可能な開発目標〔SDGs〕を更新したりするだけで事足りるわけではない。所得格差を改善していくことは、長期にわたる闘いである。そしてそれには、政策から政治に至るまでさまざまな分野での、多くの人々の努力が求められることになるだろう。

第二に、所得分配を改善していくことは、何よりも政治的課題だということである。もちろん、本章で議論したような類の政策を実施すべきなのは言うまでもない。しかしながらこうした政策は、社会の中での権力の分配状況を私たちが少しずつ変えていかない限り、採用されるようには決してならないであろう。これこそが、私たちが労働組合を強化したり、街頭で抗議活動を行ったり、政治に参加したり、身近なところで政治に関する議論をしたりすることが、きわめて重要となる理由である。そして、これこそがまた、私たちは諦めてはならないし、不平等との闘いが長く、時には痛みを伴う闘いであると理解しなければならない理由でもある。

最後に、そして最も重要なことがある。良い社会とか、政策の適切な組み合わせについてどのように考えたら良いのか、本章が提案できているといいなと思う。未だに支配的なナラティヴは、市場は可能な限り自由であるべきである、国家は手を出しすぎるべきではない、人々はできるだけ富を蓄積したいと思っている、不平等は能力主義に基づく競争の結果である、と私たちに囁き続けている。そうではなく、私たちが新型コロナウイルス感染症の蔓延とそれへの対応をうまく活用し、規制のない市場は不平等と不安定を生み出すだけであること、成功した社会は常に強い制度を持つ国家を備えていること、共有された繁栄こそとりわけ見返りが大きいこと、そして能力主義は単なる神話であることを認識できるようになってほしいと私は願っている。所得と富と機会の分配を改善することがすべての人々の利益になるのだと認識することが、ラテンアメリカでも、それ以外のどの地域でも、より人間らしい社会を築いていくための、最初の、そして最も重要な一歩になることを願ってやまない。

訳注　第7章

●1　不平等を課税と再配分によって事後に是正するのではなく、市場ルールの変更によって事前に防ぐべきという議論。米国人政治学者J・ハッカーが最初に提唱した。

●2　一般には「語り」と定義されるが、ここでは「政策目標に関し、異なる利害や価値観を持つ対象を説得・誘導することを目的として意図的に作成される物語」といった意味で使われる。

●3　いずれも『21世紀の資本』の著者であるトマ・ピケティの共同研究者で、不平等を研究する著名な経済学者。

●4　国が保有する金融資産を運用し、その運用益で二五歳になったイギリス国民全員に一人当たり一万ポンドを支給し、将来にわたり資産格差を是正しようという政策案。

●5　アラスカ州政府に入る巨額の石油収入の一部を積み立て、運用益を全州民に配当として毎年支給する制度。

●6　他国への急激な資本流出などを防ぐために発動する規制措置。具体的には預金引き出し制限や海外送金の制限がある。

●7　ペルー元大統領（一九九〇年〜二〇〇〇年、日系二世）。一九八〇年代からの混乱を収束させるため、政治的には権威主義的手法を用い、経済的には新自由主義改革を推進したことで知られる。二〇〇〇年から一時期、日本で亡命生活を送ったが、日本を出国後、強権的な政治に伴う人権侵害等の罪で収監されるなどした。二〇二四年九月死去。

●8　スペインでは一九七五年にフランコ将軍の死去により四〇年近く続いた独裁体制が終焉し、その後の民主化プロセスを経て一九七八年に現行憲法が公布され、立憲君主制に移行した。

●9　スイス東部の山麓リゾート地で、毎年一月に世界の政財界のリーダーが一堂に会して世界の諸問題を議論する「世界経済フォーラム」（通称：ダボス会議）が開催される。「世界を動かす一パーセントの富裕層の集まり」とも言われる。

訳者あとがき

本書は、Diego Sánchez-Ancochea, *The Costs of Inequality in Latin America: Lessons and Warnings for the Rest of the World* (London: I. B. Tauris, 2021) の全訳である。著者は、コスタリカ出身の経済学者で、現在は英オクスフォード大学で中米諸国を中心とするラテンアメリカ地域を対象に政治経済学分野の研究・教育活動に従事している。ラテンアメリカを内側からも外側からも、いわば「虫の眼」と「鳥の眼」の双方を駆使しながら、まさに複眼的に観察している研究者ということができよう。これまで雇用や社会政策といった、人々の生活に直結するテーマでの研究業績を重ねてきているが、進行する格差拡大の過程に危機感を抱きつつ初めて一般読者向けに書いた作品が本書ということである。執筆・出版の時期が、さらなる不平等化をもたらすと懸念されたコロナ禍と重なったこととも符合するが、本書は二〇二〇年下期に英『フィナンシャル・タイムズ』紙の経済学ベスト・ブックスの一冊にも選定されている。

本書のメッセージは明快である。本文をお読みいただければ容易に判るように、また表題に端的に示されているように、不平等は大きなコストとなって経済成長を阻害し、また民主主義や社会的紐帯を破壊するのである。よく言われる「トリクルダウン」のように、経済成長には富の蓄積が必要で、不平等化が進んでも、それによって生み出された経済成長の果実はいずれ経済社会を構成する人々の間で均霑《きんてん》していく、という主張とは一八〇度反対の議論である。

第二次世界大戦後の世界的な平等化フェーズが一九七〇年代に終焉して以降、いわゆる先進国、新興国、途上国の別を問わず、所得や保有資産の格差拡大が問題視されるようになって久しい。たしかに新興国の高度経済成長によってグローバルに見た所得分配状況には改善された側面もあるが、それと同じ過程の中で先進諸国の中間層は没落し、他方、いわゆる超富裕層の所得シェアはうなぎのぼりに拡大し続けているという状況は、セルビア出身の経済学者ブランコ・ミラノヴィッチが『大不平等』（立木勝訳、みすず書房、二〇一七年）で「エレファント・カーブ」として巧みに描いた通りである。また、先進諸国における中間層の没落は、社会的紐帯を脆弱化するとともに、米国のトランプ現象に象徴される民主主義の劣化をももたらした（ピーター・テミン『なぜ中間層は没落したのか』栗林寛幸訳、慶應義塾大学出版会、二〇二〇年）。奇しくも本訳書の再校ゲラが訳者の手許に届いたまさにその日にトランプ大統領の就任演説が行われたが、校正作業を進めている際にも本文の記述が何度となくそれと二重写しになり、この趨勢が強まりこそすれ、弱まっていないことを改めて思い知らされた感もある。

　私たちの住む国、地域、そして世界はどのような姿に変貌しようとしているのか。本書はそのヒントを、歴史的に激しい格差社会であり続け、格差・不平等の問題が世界で最も顕在化しているラテンアメリカ地域に求めようとする。「欧米のいくつかの国で所得分配状況がラテンアメリカ的になるにつれ、そうした国の政治もラテンアメリカ的になってきている」（本訳書一四頁）からである。著者は、自らの出身地域でもあり、研究対象でもあるこの地域に関する膨大な数の「事例研究」を繙《ひもと》くことにより、不平等が社会全体にどのような悪影響をもたらし得るのかを生々しく描き出している。本書の記述は、ラテンアメリカからもイギリスからも遠く離れた日本に住む私たちにとっても、貴重な教訓ないし警告として活かすことができるものとなろう。以下、本書の主な主張を簡潔にまとめておこう。

不平等は、私たちの経済にも、政治にも、社会にも大きなコストとなる。富裕層はビジネスを展開する資産を保有するが、既存部門で十分な収益が挙げられるので、新たな分野に乗り出していく必要がない。他方、富裕層以外の人たちは、いかに有用なアイディアがあろうとも投資を行う資金に欠けるし、公教育に十分な投資が行われていないので、貧困層は自らに「人的資本」を積み増すこともままならない。ラテンアメリカ経済は、このようにイノベーションが行われにくい、成長力に欠けるものとなってきた。「不平等の経済的コスト」（第3章）の一つの表れである。

富裕層は、きわめて大きな資産・所得を手にしているので、それを用いて自らに有利な意思決定を政治に促すことができる。そうした経済的権力は、政治献金という直接的なチャンネルを通じても行使することができるが、メディア支配による世論誘導という間接的な形でも可能である。二〇世紀を通じて選挙権が拡大し、富裕層以外の人々の政治参加にも道は開かれたが、それは往々にしてポピュリスト政治家の台頭とバラマキによる経済的混乱、そして混乱を収拾するとして登場する権威主義体制というサイクルが立ち現れ、拡大したかに見えた民主主義も抑圧されてきた。これが「不平等の政治的コスト」（第4章）である。

不平等の拡大は、ラテンアメリカ各国に社会の分断というコストをもたらしてきた（第5章）。富裕層・中間層・貧困層は、同じ国、同じ地域、あるいは同じ地区の中に住んでいても、互いの存在についてよく知らないし、場合によっては無意識のうちに、あるいはあからさまに無視している。本訳書のカバー写真は、そのような社会状況を都市景観という形で見事に可視化しているということができよう。人々は、異なる階層に属する人たちと場をともにすることがない。例えば、富裕層や上位中間層は幼稚園・小学校からバイリンガル教育を行う私立学校で学び、そこで知識の習得だけではなく社会的なネットワーク（社会関係資本）をも築き上げていくが、貧困層は設備も不十分で、午前・午後の二部制（場合によってはさらに三部制・四部制）で運営されていることもある公立学校以外に学ぶ道は閉ざされている。政治的に発言権の強い人々は、公立学校の実態を体感的に知ることがないし、そこに通っている子どもたちへの共感も育まれていないので、公立学校における教育の質を改善するような政策はいつまでたってもなされない。このような共通の場の不在は、階層間の相互不信に結びつき、協力して世の中をよくしていくというインセンティブ（本書の言葉では「階層横断的な同盟」）を生まれにくいものとしてきた。

本書はラテンアメリカの経験から、このようにして不平等が経済・政治・社会にもたらしてきたさまざまな歪みが、翻って不平等をさらに強めてしまう危険性も指摘している。不平等は、経済・政治・社会の各ルートを通じて自らをさらに強化する「悪循環」を導いてしまいかねないのである。このことは、ひとたび不平等が拡大し始めると、それを逆転することが時とともに困難になることを意味する。これは、ラテンアメリカ以外の地域の国々も、格差の拡大を今のうちに何とかしておかないと、取り返しのつかないことになりかねないという警告であるともいえるであろう。

それでは、私たちはどうすれば良いのか。一九八〇年代以降、世界的に所得・保有資産格差は拡大の一途をたどってきたのであるが、そのような中にあってラテンアメリカの多くの国々では、特に二一世紀の最初の一〇～一五年の間、経済成長と所得分配状況の改善を両立させることに成功した。もちろんこれは、中国をはじめとする新興国の高度経済成長に牽引された一次産品需要の増大とそれに伴う価格高騰の恩恵を受けたことを重要な要因の一つとしており、その意味では上述した世界的な不平等化の進行と表裏一体の動きであったともいえる。しかしこれについては、資源ブームによって獲得された「臨時収入」を、本書でも言及されている「条件付き現金給付政策」（本訳書二四〇〜二四一頁）などを駆使して所得分配に振り向けるという政治的決定を各国が下したことに負う部分も決して小さくない。これには、同じ時期に「ピンクタイド」（本訳書一二七頁）と呼ばれる政治現象が見られたという背景がある。「失われた一〇年」（本訳書八五頁）を克服すべく採用されたはずの新自由主義政策が招いた貧困・所得格差拡大という結果への不満を反映し、ラテンアメリカ地域では二一世紀初頭に穏健左派政権が続々と誕生したが、不平等是正に向けた政治的決断の重要性もまた著者が本書で主張していることでもある。

さらに著者は、不平等に抗うべくラテンアメリカ域内で練り上げられ、世界に発信されてきたさまざまな思想と、直面する問題に当事者として対処するとともに、それをより広い枠組みの中に位置づけ、国内外の世論を巻き込んでいこうとしてきた社会運動に不平等是正の淵源を求め、丁寧な解説を施している（第6章）。私たちは、反面教師としてだけでなく、いわば「お手本」としてもラテンアメリカから学ぶことができるのである。ただし、一次産品ブームの終焉による経済成長の低下から回復できないうちにパンデミックに見舞われたラテンアメリカが現在、貧困・所得格差の拡大と政治的・社会的不安定という宿痾《しゅくあ》に再び直面せざるをえなくなっていることも付記しておくべきだろう。

本書は、不平等をたちどころに解消してくれる魔法の杖ではないし、このように行動すれば不平等はなくなるというマニュアルでもないという趣旨のことを著者は本書で繰り返し述べている。著者の指摘するところは、度を越した不平等は倫理的にも悪だが、経済的・政治的・社会的な弊害をもたらすという意味でも悪であるということであろう。そのことを前提として、過度な不平等をなくしていくためには、今こそ民主主義の真の力を信じるべきだと著者は論じる（第7章）。民主主義の下で適切な政治が行われ、適切な政策が施行されることが肝要であると著者は結論する。そのためには、適切な政治が実現されるよう、また適切な政策が採用され、適切に実施されるよう、私たち一人一人が行動することが大事だと著者は訴える。私たちが政府やビジネスエリートの一挙手一投足に目を光らせ、必要であれば異議申し立ての声を上げていくことができるようになっていくこと、個人として行動するだけでなく志を同じくする人々と手を携えていけるようになること、またそのような行動を促すような社会にしていくことが重要である。それとともに他者と他者の生命や人生に対する共感がその基盤にはなくてはならないであろう。どのような世の中にしていくのか、私たちに考えさせてくれる機会を、またともに考え議論する場を、本書は私たちに与えてくれているように思われる。

＊

本訳書を上梓するに至った経緯を記しておきたい。最初のきっかけは、訳者二名が所属するラテン・アメリカ政経学会の第五八回全国大会であった。この大会は、上智大学を会場に二〇二一年一一月に開催されたが、新型コロナウイルス感染症蔓延のため、前年に引き続きオンラインのみで行われた。コロナ禍は私たちから多くの機会を奪ったが、同時にそのおかげで私たちは、リモート会議という有用なツールを（ほぼ）自在に使えるようになっており、本書の原著者であるディエゴ・サンチェス＝アンコチェア氏の招待講演を、一万キロ以上の距離を越えて聴講する機会に恵まれたのである。なお、このときの講演録は、同学会の機関誌『ラテン・アメリカ論集』第五六号（二〇二二年一二月発行）に谷が翻訳して掲載した。サンチェス＝アンコチェア氏には、引用されたグラフの元データの提供も含め、疑問点には迅速かつ丁寧に対応していただいたことを、感謝とともにここに付記する。

その一年後、神戸大学を会場に第五九回全国大会が開催された。今度は対面・オンラインのハイブリッド形式での開催である。三年ぶりに対面形式で行われた懇親会の席上で、訳者二名がそれぞれ個別に本書の翻訳を企図し、第1章の試訳に手を付けていることが判明したのであった。それならば、ということで共訳の形で企画を進めることとし、東京外国語大学に勤務する内山を通じて同大出版会に本訳書の出版を打診したところ、幸運にも編集委員会のお眼鏡に適い、本書が日の目を見る道筋がつけられた。

しかし実際の翻訳作業は困難を極めた。まずは、すでに下訳のあった第1章を除き、内山が2、3、5、7の各章、谷が4、6章を下訳し、それに互いに意見する形で作業を進めたが、勤務先を異にする訳者二名が実際に顔を合わせる機会はほぼなく、クラウド上に保存したファイルへのコメントは、修正の根拠やら改善案やら反論・再反論やらで、本文の文字数を凌駕するまでに膨れ上がった。この作業は思いのほかストレス負荷が大きく、仕事の進み方は遅れがちになったが、同時に訳者として大いに勉強になった過程でもあった。

翻訳作業に当たっては、多くの方々のお世話になった。サンチェス＝アンコチェア氏の招待講演を実現できたのは、谷の職場同僚であり大会実行委員をともに務めた幡谷則子氏（上智大学外国語学部イスパニア語学科教授）の尽力によるものであった。幡谷氏はまた、期せずしてではあるが、神戸で訳者二名が独立に翻訳企画を温めていることを見つけ出し、引き合わせる役割も担ってくれた。宮地隆廣氏（東京大学大学院総合文化研究科超域文化科学専攻教授）からは、ともにメキシコ経済を専門とする訳者にとって不案内な政治学関連の諸概念と、ボリビアやチリといった南米諸国の文脈でのその適切な訳語について、また、三浦航太氏（ジェトロ・アジア経済研究所地域研究センターラテンアメリカ研究グループ研究員）からはチリの社会運動について、懇切丁寧かつ的確なご教示を賜った。訳者二名の英語の解釈がどうしても一致しなかった際には、中学・高校と大学院を英語圏で過ごし、学術言語としてだけでなく生活言語としての英語にも堪能な安達祐子氏（上智大学外国語学部ロシア語学科教授）の判定を仰いだ。浦部浩之氏（獨協大学国際教養学部教授）には、主たる研究対象とされているチリでの固有名詞音訳についてご助言をいただいた。原注の整理は、参考文献の邦訳有無チェックも含め、小島クリッシイりか氏（東京外国語大学大学院総合国際学研究科博士後期課程）のお世話になった。すべての皆さんに心よりお礼を申し上げる。ただし、ありうべき誤訳などの責は、言うまでもなくすべて訳者二名にある。

最後に、東京外国語大学出版会の小田原澪さんには、原稿を丁寧に読み、また大変にきれいな字でコメント・提案をくださり、本訳書の文章を読みやすいものへと導いていただいた。何かにつけ遅れがちな訳者の作業を巧みにコントロールしていただいたこととともに、厚くお礼申し上げたい。小田原さんのご尽力なしには本訳書が読者の手に届くことはなかったであろう。

二〇二五年二月九日

訳者

原注

第1章

1. Wolf, M. (2019), "Why Rentier Capitalism is Damaging Liberal Democracy," *Financial Times*, September 18.
2. 世界の国々をどのように分類し、どのように呼ぶべきかについては、学界や政策担当者の間で活発に議論されている（先進国と発展途上国、グローバル・サウスとグローバル・ノース、中心と周辺など）。本書では、問題があることを認識しつつも、主に「先進国」と「(発展）途上国」という語を用いるが、これは単にそれが一般メディアで今でも最もよく使われていることによる。
3. Fabrikant, G. (2005), "Old Nantucket Warily Meets the New," *New York Times*, June 5, https://www.nytimes.com/2005/06/05/us/class/old-nantucket-warily-meets-the-new.html.
4. Obama, B. (2013), "Speech on Inequality," *Politico*, December 4, https://www.politico.com/story/2013/12/obama-income-inequality-100662.
5. Freeland, C. (2012), *Plutocrats: The Rise of the New Global Super-Rich and the Fall of Everyone Else*, London: Penguin Press.（クリスティア・フリーランド著、中島由華訳『グローバル・スーパーリッチ：超格差の時代』早川書房、2013年）
6. Nolan, B., E. Rahbari, M. Richiardi, L. Rivera, and B. Nabarro (2017), "Inequality and Prosperity in the Industrialized World: Addressing a Growing Challenge," *Citi GPS: Global Perspectives & Solutions*, https://www.oxfordmartin.ox.ac.uk/downloads/Citi_GPS_lnequality.pdf.
7. Vogel, C. (2010), "Warhol and Rothko Lead a Big Night at Sotheby's," *New York Times*, May 12, https://www.nytimes.com/2010/05/13/arts/design/13auction.html.
8. Zeveloff, J. (2013), "Andy Warhol Painting Sets a New Record with $105 Million Sale," *Business Insider*, November 13, https://www.businessinsider.com/andy-warhol-painting-sets-a-new-record-with-105-million-sale-2013-11.
9. Wilkinson, R., and K. Pickett (2011), *The Spirit Level: Why Greater Equality Makes Societies Stronger*, London: Bloomsbury, p. 11.（リチャード・ウィルキ

ンソン、ケイト・ピケット共著、酒井泰介訳『平等社会：経済成長に代わる、次の目標』東洋経済新報社、2010年）
10. Hacker, J., and P. Pierson (2010), *Winner-Take-All Politics: How Washington Made the Rich Richer—And Turned Its Back on the Middle Class*, New York: Simon & Schuster.
11. Hopkin, J., and J. Lynch (2016), "Winner-Take-All Politics in Europe? European Inequality in Comparative Perspective," *Politics & Society* 44(3): 335-43.
12. Cuadros, A. (2016), *Brazillionares: Wealth, Power, Decadence, and Hope in an American Country*, New York: Spiegel & Grau.
13. Bárcena Ibarra, A., and W. Byanyima (2016), "América Latina es la región más desigual del mundo. ¿Cómo solucionarlo?," *World Economic Forum*, January 17, https://es.weforum.org/agenda/2016/01/america-latina-es-la-region-mas-desigual-del-mundo-asi-es-como-lo-solucionamos/.
14. World Bank (2003), *Inequality in Latin America: Breaking with History?*, Washington, DC: World Bank Group.
15. Eduardo, D. (2017), "10 of the Richest People in Latin America," *Latin American Post*, https://latinamericanpost.com/index.php/letters/16518-10-of-the-richest-people-in-latin-america. ブラジル人でフェイスブックの共同創業者であるエドゥアルド・セベリンは、例外であるように思われる。たしかにアパレル、海運、不動産という、イノベーションの最先端とはほど遠い経済活動で利益を上げている裕福な家系の出身ではあるが、シンガポール在住であり、ラテンアメリカとの経済的な結びつきは限定的である。
16. Sánchez-Ancochea, D., and I. Morgan (eds) (2009), *The Political Economy of the Public Budget in the Americas*, London: Institute for the Study of the Americas.
17. OECD (2018), *Revenue Statistics in Latin America and the Caribbean 2018*, Paris: OECD.
18. Martínez Franzoni, J., and D. Sánchez-Ancochea (2016), *The Quest for Universal Social Policy in the South: Actors, Ideas and Architectures*, Cambridge: Cambridge University Press.
19. Martínez Franzoni, J., and D. Sánchez-Ancochea (2018), "Overcoming Segmentation in Social Policy? Comparing New Early Education and Childcare Efforts in Costa Rica and Uruguay," *Bulletin of Latin American Research* 38(4): 423-37.

20. Berg, J. (2011), "Laws or Luck? Understanding Rising Formality in Brazil in the 2000s," in S. Lee and D. McCann (eds), *Regulating for Decent Work: Advances in Labour Studies*, London: Palgrave Macmillan, pp. 123-50.
21. Engbom, N., and C. Moser (2018), "Earning Inequality and the Minimum Wage: Evidence from Brazil," *Opportunity & Inclusive Growth Institute Working Paper 7 2018-3*, Federal Reserve Bank of Minneapolis.

第2章

1. Meinhardt, M. (2015), "The Romantic Scientist: Alexander von Humboldt Under the Palm Trees," *Guernica*, https://www.guernicamag.com/maren-meinhardt-the-romantic-scientist-alexander-von-humboldt/.
2. Von Humboldt, A. (1811), *Political Essay on the Kingdom of New Spain*, vol. 1, New York, p. 138.
3. Esquivel Hernández, G. (2015), "Desigualdad extrema en México: Concentración del poder económico y político," Oxfam México, http://trazandoelrumbo.ibero.mx/wp-content/uploads/2015/08/desigualdadextrema_informe.pdf.
4. Capgemini (2018), *World Wealth Report*, 2018, https://www.worldwealthreport.com/.
5. Oxfam International, "Brazil: Extreme Inequality in Numbers," https://www.oxfam.org/en/even-it-brazil/brazil-extreme-inequality-numbers.
6. Cobham, A., and A. Sumner (2013), "Putting the Gini back in the Bottle? 'The Palma' as a Policy-Relevant Measure of Inequality," unpublished manuscript, King's College, London.
7. CEPAL (2017), "La elevada desigualdad en América Latina constituye un obstáculo para el desarrollo sostenible," press release, https://www.cepal.org/es/comunicados/cepal-la-elevada-desigualdad-america-latina-constituye-un-obstaculo-desarrollo.
8. Torche, F. (2005), "Unequal but Fluid: Social Mobility in Chile in Comparative Perspective," *American Sociological Review*, 70(3): 422-50. また、López, R., E. Figueroa, and P. Gutiérrez (2013)," La Parte del León: Nuevas estimaciones de la participación de los súper ricos en el ingreso de Chile," Working Paper 379, Facultad Economía y Negocios, Universidad de Chile, Departamento de Economía および Solimano, A. (2012), *Chile and the Neoliberal Trap: The Post-Pinochet Era*, Cambridge: Cambridge University Press も参照のこと。

9. Fairfield, T., and M. Jorratt (2014), "Top Income Shares, Business Profits, and Effective Tax Rates in Contemporary Chile," *Review of Income and Wealth* 62(51): S120-S114.
10. World Bank, *Inequality in Latin America*. 前掲書。
11. Cañete Alonso, R. (2015), "Privilegios que niegan derechos: Desigualdad extrema y secuestro de la democracia en América Latina y El Caribe," https://www.oxfam.org/sites/www.oxfam.org/files/file_attachments/reporte_iguales-oxfambr.pdf.
12. Alexander, H. (2011), "Carlos Slim: At Home with the World's Richest Man," *Daily Telegraph*, February 19, https://www.telegraph.co.uk/finance/8335604/Carlos-Slim-At-home-with-the-worlds-richest-man.html.
13. Esquivel Hernández, "Desigualdad extrema en México." 前掲書。
14. サザビーズ・インターナショナル・リアルティのウェブサイト (https://www.sothebysrealty.com/eng/sales/detail/180-l-4339-hgds6t/duplex-garden-vila-nova-conceicao-sao-paulo-sp-04513100) および BBC Mundo (2018), "¿Cuáles son los barrios más caros de América Latina?," (http://www.t13.cl/noticia/negocios/mundo/bbc/cuales-son-los-barrios-mas-caros-de-america-latina) を参照のこと。
15. Novais, A. (2012), "Most Expensive Neighbourhoods in São Paulo City," *Brazil Business*, http://thebrazilbusiness.com/article/most-expensive-neighborhoods-in-sao-paulo-city.
16. The Borgen Project (2018), "Revamping Favelas: Top 10 Facts about Poverty in São Paulo," https://borgenproject.org/revamping-favelas-top-10-facts-about-poverty-in-sao-paulo/.
17. 以下の議論は、Jefferson, A., and P. Lokken (2011), *Daily Life in Colonial Latin America*, Santa Barbara, CA : Greenwood に基づく。また、Cardoso, E., and A. Hewlege (1992), *Latin America's Economy: Diversity, Trends, and Conflicts*, Cambridge, MA: MIT Press も参照のこと。
18. Jefferson and Lokken, *Daily Life in Colonial Latin America*, 前掲書、p. 179.
19. Engergman, S., and K. Sokoloff (1994), "Factor Endowments, Institutions, and Differential Paths of Growth Among New World Economies: A View from Economic Historians of the United States," NBER Historical Working Paper 66.
20. Acemoglu, D., and J. Robinson (2012), *Why Nations Fail: The Origins of Power, Prosperity and Poverty*, New York: Profile. (D. アセモグル・J. ロビン

ソン著、鬼澤忍訳『国家はなぜ衰退するのか：権力・繁栄・貧困の起源（上・下）』早川書房、2013年）
21. Williamson, J. (2009), "Five Centuries of Latin American Inequality," NBER Working Paper 15305.
22. Bértola, L., and J. Williamson (2006), "Globalization in Latin America before 1940," in V. Bulmer-Thomas, J. Coatsworth, and R. Cortés Conde (eds), *The Cambridge Economic History of Latin America*, vol. 2, Cambridge: Cambridge University Press, pp. 11-57.
23. Bértola, L., C. Castelnovo, J. Rodríguez Weber, and H. Willebald (2010), "Between the Colonial Heritage and the First Globalization Boom: On Income Inequality in the Southern Cone," *Revista de Historia Económica-Journal of Iberian and Latin American Economic History* 28(2): 307-41.
24. Coatsworth, J. (2005), "Structures, Endowments, and Institutions in the Economic History of Latin America," *Latin American Research Review* 40(3): 126-44.
25. Rodríguez Weber, J. (2018), "High Inequality in Latin America: Since When and Why?," MPRA Paper 87619; and Bulmer-Thomas, V. (1987), *The Political Economy of Central America since 1920*, Cambridge: Cambridge University Press.
26. OECD (2011), "An Overview of Growing Income Inequalities in OECD Countries: Main Findings," in *Divided We Stand: Why Inequality Keeps Rising*, Paris: OECD.
27. UNDP (2015), *Humanity Divided: Confronting Inequality in Developing Countries*, New York: UNDP. 不平等度の拡大は、データが入手可能なすべての途上国について人口で加重平均した値に基づく。
28. Hsu, S. (2016), "High Inequality Still Festering in China," *Forbes*, November 18, https://www.forbes.com/sites/sarahsu/2016/11/18/high-income-inequality-still-festering-in-china/#28a8ae251e50
29. Chancel, L., and T. Piketty (2017), "Indian Income Inequality, 1922-2015: From British Raj to Billionaire Raj?," WID Working Paper 2017/11.
30. 中国については、Ambler, P. (2017), "Where Young Chinese Billionaires are Making Their Wealth and Spending It," *Forbes*, October 30 (https://www.forbes.com/sites/pamelaambler/2017/10/30/where-young-chinese-billionaires-are-making-their-wealth-and-spending-it/#16417fcd7fb6) を参照のこと。インドについては、Crabtree, J. (2018), *The Billionaire Raj: A Journey*

Through India's New Gilded Age, London: Tim Duggan および Patnaik, P. (2018), "Why is India's Wealth Inequality Growing So Rapidly?," *Aljazeera*, January 28 (https://www.aljazeera.com/indepth/opinion/india-wealth-inequality-growing-rapidly-180125084201143.html) を参照のこと。

31. Roden, L. (2017), "Sweden's Wealth Inequality Exposed by New Research," *The Local*, February 16, https://www.thelocal.se/20170216/swedens-wealth-inequality-exposed-by-new-research からの引用。
32. Turula, T. (2017), "The Number of Millionaires in Sweden and Norway is Growing Fast," *Business Insider*, October 3, https://www.businessinsider.com/the-number-of-millionaires-in-sweden-and-norway-is-growing-fast-2017-10?r=US&IR=T.

第3章

1. Mankiw, N. G. (2013), "Defending the One Percent," *Journal of Economic Perspectives* 27: 21-34.
2. Bértola and Williamson, "Globalization in Latin America before 1940." 前掲書。
3. Ossenbach Sauter, G. (1993), "Estado y educación en América Latina a partir de su independencia (siglos XIX y XX)," *Revista Iberoamericana de Educación*, https://rieoei.org/historico/oeivirt/rie01a04.htm.
4. Bulmer-Thomas, V. (2014), *The Economic History of Latin America Since Independence*, Cambridge: Cambridge University Press, 3rd edition, chapter 5.
5. 同上、p.140.
6. 同上。
7. World Bank, *Inequality in Latin America*, 前掲書、p. 117.
8. Gvirtz, S., and J. Beech (2008), *Going to School in Latin America*, Westport, CT: Greenwood.
9. 同上、p. 186.
10. Frankema, E. (2009), *Has Latin America Always Been Unequal?* Leiden: Brill, p. 104.
11. 同上。
12. Gómez, K. (2016), "Las universidades que producen más millonarios, una es mexicana," *Dinero en Imagen*, August 30, https://www.dineroenimagen.com/2016-08-30/77316.
13. モンテレイ工科大学のウェブサイト "Our History," (https://tec.mx/en/

about-us/our-history)，および ITAMのウェブサイト “Historia del ITAM,” (https://www.itam.mx/es/historia-del-itam).

14. McGuire, J. (2014), “The Politics of Development in Latin America and East Asia,” in C. Lancaster and N. Van Der Walle (eds), *Oxford Handbook of the Politics of Development*, Oxford: Oxford University Press, pp. 567-95.
15. Jones, H. (2017), *Breaking the Intergenerational Cycle of Poverty? Young People's Long-Term Trajectories in Brazil's Bolsa Família Programme*, DPhil thesis, Oxford Department of International Development, University of Oxford, pp. 107, 115 からの引用。
16. 同上、p. 126.
17. Rivas, A. (2015), *América Latina después de PISA: Lecciones aprendidas de la educación en siete países (2000-2015)*, Buenos Aires: CIPPEC Instituto Natura.
18. UNESCO (2014), *Regional Report about Education for All in Latin America and the Caribbean,* Santiago: UNESCO, http://www.unesco.org/new/fileadmin/MULTIMEDIA/HQ/ED/ED_new/pdf/LAC-GEM-2014-ENG.pdf.
19. Sehnbruch, K. (2006), *The Chilean Labor Market: A Key to Understanding Latin American Labor Markets*, London: Palgrave Macmillan.
20. Schneider, B. (2013), *Hierarchical Capitalism in Latin America: Business, Labor, and the Challenges of Equitable Developmen*t, New York: Cambridge University Press.
21. アルゼンチンの中学・高校同窓ネットワークに関する議論は、例えば、Infobae (2013), “Colegios secundarios de excelencia: dónde se forma la elite,” February 16, (https://www.infobae.com/2013/02/16/696783-colegios-secundarios-excelencia-donde-se-forma-la-elite/) を参照のこと。
22. Economía Hoy (2014), “Tres colegios latinoamericanos entre los mejores del mundo,” November 22, https://www.economiahoy.mx/rankings-eAm-mexico/noticias/6254276/11/14/Tres-colegios-latinoamericanos-entre-los-mejores-del-mundo.html.
23. https://checkinprice.com/average-minimum-salary-in-sao-paulo-brazil/ および http://www.stpauls.br/about-us.
24. https://www.newton.edu.pe/index.html.
25. Wolff, L., and C. de Moura Castro (2003), “Education and Training: The Task Ahead,” in J. Williamson and C. Moura Castro (eds), *After the*

Washington Consensus, Washington, DC: IIE, pp.181-210. 大学レベルでは、エリート層の多くが母国を出て米国に留学する。ラテンアメリカの長者番付は、それがあたかも名門大学、特に米国のそれの卒業者名簿であるように見える。中米諸国という限られた例だけを見ても、ニカラグアのカルロス・ペジャスとエルサルバドルのリカルド・ポマという、ともに10億ドル以上の資産を持つ２人はそれぞれスタンフォード大学とプリンストン大学に進学し、それ以外の富裕層もテキサス、ニューヨーク、欧州へと赴いた。詳細は、Pantaleón, I. (2017), “¿Dónde estudiaron los millonarios de Centroamérica?,” *Forbes México* (https://www.forbes.com.mx/donde-estudiaron-los-millonarios-de-centroamerica/) を参照のこと。

26. チリについては、Sánchez-Ancochea, D. (2017), “The Political Economy of Inequality at the Top in Contemporary Chile,” in L. Bértola and J. Williamson (eds), *Has Latin American Inequality Changed Direction*?, New York: Springer, pp. 339-63 およびその参考文献を参照のこと。
27. Rebossio, A. (2013), “La concentración económica en Latinoamérica,” *El País*, March 2, http://blogs.elpais.com/eco-americano/2013/03/la-concentración-económica-en-latinoamérica.html.
28. Schneider, *Hierarchical Capitalism in Latin America*, 前掲書、p. 45.
29. Alarco, G., and P. del Hierro (2010), “Crecimiento y concentración de los principales grupos empresariales en México,” *Revista de la CEPAL* 101: 179-97.
30. Rebossio, “La concentración económica en Latinoamérica.” 前掲書。
31. Fazio, H. (1999), *La transnacionalización de la economía chilena: Mapa de la extrema riqueza al año 2000*, Santiago: LOM および Ruiz, C., and G. Boccardo (2010), “Problemas sociales de la concentración económica (vistos desde la crisis),” *Análisis del año* 12: 31-53.
32. スリムがあれほどまでに裕福になったのは、おおかたTELMEX民営化のおかげであったことは覚えておくべきであろう。これによりメキシコ政府は莫大な資産を手放したわけであるが、それはまたスリムに「金脈」を譲り渡したことでもあったのである。10億ドル以上の資産を持つそれ以外のメキシコ人富豪たちもまた、その財産を得ることができたのは政府との密接な結びつきのおかげである。例えば、リカルド・サリーナス＝プリエゴは複数のチャンネルを持つテレビ局のオーナーとなったし、ヘルマン・ラレアやアルベルト・バイリェーレスもまた複数の鉱山採掘権を手に入れている。詳細は、“Las clases de la clase alta,” *Chilango*, October 24, 2018, https://www.chilango.com/noticias/reportajes/las-clases-de-la-clase-alta/ を参

照のこと。

33. Carmona, E. (2002), *Los dueños de Chile*, Santiago: La Huellaを参照のこと。
34. ラテンアメリカのファミリービジネスグループは、依然として伝統的部門に特化している。ラテンアメリカ8か国（とスペイン）を対象にした最近の研究によれば、その売上額が発生しているのは商業（31%)、食品・飲料加工業（24%)、鉱業（11%)、金融サービス業（9%）である。詳細は、Fernández Pérez, P., and A. Lluch (2015), *Familias empresarias y grandes empresas familiares en América Latina y España: Una visión de largo plazo*, Bilbao: Fundación BBVAを参照のこと。
35. Meller, P., and J. Gana (2016), "Perspectives on Latin American Technological Innovation," in A. Foxley and B. Stallings (eds), *Innovation and Inclusion in Latin America: Strategies to Avoid the Middle-Income Trap*, London: Palgrave Macmillan, pp. 91-117.
36. World Bank (2014), *El emprendimiento América Latina: Muchas empresas y poca innovación*, Washington, DC: World Bank.
37. World Bank (2013), "Latin America: Entrepreneurs' Lack of Innovation Curb Creation of Quality Job," *World Bank News*, http://www.worldbank.org/en/news/feature/2013/12/05/latin-america-many-entrepreneurs-little-innovation-growth.
38. Fernández Pérez and Lluch, *Familias empresarias y grandes empresas familiares*, 前掲書、p. 96。なお、本書でのスペイン語文献・資料からの引用はすべて、筆者が英訳した。
39. Infante, R., and O. Sunkel (2009), "Chile: Towards Inclusive Growth," *ECLAC Review* 97: 133-52.
40. Islam, A. (2014), "Do Latin American Firms Invest in R&D?," http://blogs.worldbank.org/developmenttalk/do-latin-american-firms-invest-rd.
41. Meller and Gana, "Perspectives on Latin American Technological Innovation." 前掲書。
42. チリに関する議論は、Fairfield, T. (2010), "Business Power and Tax Reform: Taxing Income and Profits in Chile and Argentina," *Latin American Politics and Society* 52(2): 37-71に依拠する。
43. Fairfield, T. (2015), *Private Wealth and Public Revenue in Latin America: Business Power and Tax Politics*, Cambridge: Cambridge University Press.
44. López, R. (2011), "Fiscal Policy in Chile: Promoting Faustian Growth?," Working Paper 11-01, University of Maryland.

45. López, R., and S. Miller (2008), "Chile: The Unbearable Burden of Inequality," *World Development* 36(12): 2679-95.
46. Fairfield and Jorratt, "Top Income Shares, Business Profits and Effective Tax Rates." 前掲書。
47. Sánchez-Ancochea and Morgan, *The Political Economy of the Public Budget in the Americas*. 前掲書。
48. Gómez, J. (2006), "Evolución y situación tributaria actual en América Latina: una serie de temas para la discusión," in CEPAL (2006), *Tributación en América Latina: En busca de una nueva agenda de reformas*, Santiago: CEPAL.
49. Cornia, G. A. (2014), *Falling Inequality Latin America: Policy Changes and Lessons*, Oxford: Oxford University Press for UN-WIDER.
50. 2016年の国連報告書によれば、課税がOECD諸国の所得格差を17%縮小させることに寄与している一方、ラテンアメリカではその値は3%と取るに足らないものであった。詳細は、Bárcena, A., and A. Prado (2016), *El imperativo de la igualdad: Por un desarrollo sostenible en América Latina y el Caribe*, Buenos Aires: Siglo Veintiuno を参照のこと。
51. CEPAL and Oxfam (2016), "Tributación para un crecimiento inclusivo," https://repositorio.cepal.org/bitstream/handle/11362/39949/S1600238_es.pdf, p. 11.
52. Oxfam (2014), "Justicia fiscal para reducir la desigualdad en Latinoamérica y el Caribe," https://cdn2.hubspot.net/hubfs/426027/Oxfam-Website/oi-informes/bp-LAC-fiscal-justice-100914-es.pdf.
53. CEPAL and Oxfam (2016), "Tributación para un crecimiento inclusivo." 前掲書。
54. 同上。
55. 同上。
56. Oxfam, "Justicia fiscal para reducir la desigualdad en Latinoamérica y el Caribe." 前掲書。
57. Oxfam Intermón (2018), "El fenómeno de la captura: Desenmascarando el poder," https://www.oxfamintermon.org/sites/default/files/documentos/files/OXFAM_Intermon_Metodolog%C3%ADa_captura_2018.pdf; and Cañete, R. (2018), "Democracias capturadas: El gobierno de unos pocos," https://oxfamilibrary.openrepository.com/bitstream/handle/10546/620600/rr-captured-democracies-16118-summ-es.pdf?sequence=2&isAllowed=y.
58. "Odebrecht pagó irregularmente $3 mil millones para campañas políticas en

Latinoamérica," *Aristegui Noticias*, March 7, 2017, https://aristeguinoticias.com/0703/mundo/odebrecht-pago-irregularmente-3-mil-millones-para-campanas-politicas-en-latinoamerica/.

59. Cañete, "Democracias capturadas." 前掲書。

60. ILO (2018), *Women and Men in the Informal Economy: A Statistical Picture*, 3rd edition, Geneva: ILO.

61. Martínez Franzoni, J., and D. Sanchez-Ancochea (2013), *Good Jobs and Social Services: How Costa Rica Achieved the Elusive Double Incorporation*, New York: Palgrave Macmillan; Sandbrook, R., M. Edelman, P. Heller, and J. Teichman (2007), *Social Democracy in the Global Periphery: Origins, Challenges, Prospects*, Cambridge: Cambridge University Press および Mkandawire, T. (ed.) (2004), *Social Policy in a Development Context*, London: Palgrave Macmillan.

62. Bulmer-Thomas, V. (2014), *The Economic History of Latin America Since Independence*, Cambridge: Cambridge University Press, 3rd edition, 第11章。

63. Simons, M. (1982), "Mexican Peso Devalued for 2nd Time in 6 Months," *New York Times*, August 7, https://www.nytimes.com/1982/08/07/business/mexican-peso-devalued-for-2d-time-in-6-months.html.

64. Bulmer-Thomas, *The Economic History of Latin America Since Independence*, 前掲書、第11章。

65. Kaminsky, G., and C. Reinhart (1998), "Financial Crises in Asia and Latin America: Then and Now," *American Economic Review* 88(2): 444-48.

66. Rodrik, D. (2004), "Development Strategies for the 21st Century," in A. Kohsaka (ed.), *New Development Strategies: Beyond the Washington Consensus*, London: Palgrave Macmillan, pp. 13-39, p. 17 からの引用。

67. Rodrik, D. (1999), "Where Did All the Growth Go? External Shocks, Social Conflict, and Growth Collapses," *Journal of Economic Growth* 4(4): 385-412.

68. Martínez Franzoni and Sánchez-Ancochea, *Good Jobs and Social Services*, 前掲書、p. 11.

69. Ocampo, J. A. (2004), "Latin America's Growth and Equity Frustrations During Structural Reforms," *Journal of Latin American Perspectives* 18(2): 67-88.

70. Psacharopoulos, G., S. Morley, A. Fiszbein, H. Lee, and W. C. Wood (1995), "Poverty and Income Inequality in Latin America During the 1980s," *Review of Income and Wealth* 41(3): 245-64.

71. Psacharopoulos, G., S. Morley, A. Fiszbein, H. Lee, and W. C. Wood (1997),

"Poverty and Income Distribution in Latin America: The Story of the 1980s," World Bank Working Paper, Washington, DC: World Bank.
72. Huber, E., and F. Solt (2004), "Successes and Failures of Neoliberalism," *Latin American Research Review* 39(3): 150-64, p. 156 からの引用。
73. Third World Network, "The Financial Crisis of Latin America and the New International Financial Architecture," https://www.twn.my/title/twr122f.htm.
74. Stiglitz, J. (2012), *The Price of Inequality: How Today's Divided Society Endangers Our Future*, New York: W. W. Norton, p. 3.
75. Hacker and Pierson, *Winner-Take-All Politics*. 前掲書。
76. Scocco, S. (2018), "Why Did Populist Far Right In Sweden Make Gains?," *Social Europe*, https://www.socialeurope.eu/why-did-the-populist-far-right-in-sweden-make-gains.
77. Kuntz, V. (2016), "Germany's Two-Tier Labor Market," *Handelsblatt Today*, December 9, https://www.handelsblatt.com/today/politics/temporary-workers-germanys-two-tier-labor-market/23540762.html?ticket=ST-1143617-49LVTSkWQr7aG6cjgakd-ap2.
78. OECD (2017), "The Great Divergence(s): The Link between Growing Productivity Dispersion and Wage Inequality," Directorate for Science, Technology and Innovation Policy Note.
79. McCue, T. J. (2018), "57 Million US Workers Are Part Of The Gig Economy," *Forbes*, August 31 および Wilson, B. (2017), "What is the Gig Economy?," BBC News, February 10, https://www.bbc.co.uk/news/business-38930048.
80. Mian, E. (2016), "In Praise of the Gig Economy," *Daily Telegraph*, January 21, https://www.telegraph.co.uk/technology/uber/12086500/In-praise-of-the-gig-economy.html.
81. Landy, B. (2012), "Graph: Did Income Inequality Cause the Financial Crisis?," Century Foundation, https://tcf.org/content/commentary/graph-did-income-inequality-cause-the-financial-crisis/?agreed=1&session=1; Rajan, R. (2010), *Fault Lines: How Hidden Fractures Still Threaten the World Economy*, Princeton, NJ: Princeton University Press および Van Treeck, T. (2013), "Did Inequality Cause the US Financial Crises?," *Journal of Economic Surveys* 28(3): 421-48.

第4章

1. この1945年の抗議行動に関する記述はJames, D. (1988), "October 17th and 18th, 1945: Mass Protest, Peronism, and the Argentine Working Class," *Journal of Social History* 21(3): 421-61 に基づく。
2. 同上、p. 449.
3. 不平等は、ラテンアメリカの政治制度に見られるその他の望ましくない特徴とも結びついてきた。例えば、クライアンテリズム（政党が選挙での支持を確保しようとする際に、制度化された政策ではなく、個人的な便宜を通じてそれを行う手法）や富の蓄積のための道具として国家を利用することが挙げられる。これらの要素を指摘してくれたサルバドール・マルティに謝意を表する。これらの要素は、現在の政治に関する議論での重要性がとりわけ先進国では低いので扱わないが、今後の著作で議論することを約束する。
4. Palma, G. (2011), "Homogeneous Middles vs. Heterogeneous Tails, and the End of the 'Inverted-U': It's All About the Share of the Rich," *Development and Change* 42(1): 87-153 を参照のこと。
5. Drake, P. (2009), *Between Tyranny and Anarchy: A History of Democracy in Latin America, 1800-2006*, Stanford, CA: Stanford University Press, 第5章。
6. Posada-Carbo, E. (1997), "Limits of Power: Elections Under the Conservative Hegemony in Colombia, 1886-1930," *The Hispanic American Historical Review* 77(2): 245-79.
7. 同上、p. 277.
8. Skidmore, T. (2010), *Brazil: Five Centuries of Change*, Oxford: Oxford University Press, p. 140.
9. Drake, *Between Tyranny and Anarchy*, 前掲書、p. 99.
10. Deas, M. (1996), "The Role of the Church, the Army and the Policy in Colombian Elections, c.1850-1930," Valenzuela, S. (1996), "Building Aspects of Democracy before Democracy: Electoral Practices in Nineteenth Century Chile," both in E. Posada-Carbó (ed.), *Elections before Democracy: The History of Elections in Europe and Latin America*, London: Institute of Latin American Studies.
11. Drake, *Between Tyranny and Anarchy*, 前掲書、table 2. 3.
12. Engerman, S., and K. Sokoloff (2002), "Factor Endowments, Inequality, and Paths of Development among New World Economies," *Economía* 3(1): 41-109.

13. 事例は、Collier, R., and D. Collier (1991), *Shaping the Political Arena*, Princeton, NJ: Princeton University Press に基づく。
14. Arroyo, L., and P. Lindert (2017), "Fiscal Redistribution in Latin America since the Nineteenth Century," in Bértola and Williamson (eds), *Has Latin American Inequality Changed Direction?*, pp. 265-66.
15. Mesa-Lago, C. (1978), *Social Security in Latin America: Pressure Groups, Stratification and Inequality*, Pittsburgh, PA: University of Pittsburgh Press および Filgueira, F. (2007), "The Latin American Social States: Critical Juncture and Critical Choices," in Y. Bangura (ed.), *Democracy and Social Policy*, New York: Palgrave/UNRISD, pp. 136-63.
16. クアドロスに関する逸話は Skidmore, *Brazil*, 前掲書、および Barron, J. (1992), "Janio Quadros, 75, Dies; Leader of Brazil Yielded Office in 60's," *New York Times*, February 18 に基づく。
17. Dulles, J. (1967), *Vargas of Brazil: A Political Biography*, Austin, TX: University of Texas Press, p. 9 からの引用。
18. Skidmore, *Brazil*, 前掲書、および Alexander, R. (1962), *Prophets of the Revolution: Profiles of Latin American Leaders*, New York: Macmillan を参照のこと。
19. Dulles, *Vargas of Brazil*, 前掲書、pp. 334-35.
20. Jorrín, M., and J. Martz (1970), *Latin-American Political Thought and Ideology*, Chapel Hill, NC: University of North Carolina Press, 第8章。
21. Alexander, *Prophets of the Revolution*. 前掲書。
22. Navarro, M. (1982), "Evita's Charismatic Leadership," in M. Conniff (ed.), *Latin American Populism in Comparative Perspective*, Alburquerque, NM: New Mexico University Press, pp. 47-67.
23. Tamarin, D. (1982), "Yrigoyen and Perón: The Limits of Argentine Populism," in Conniff (ed.), *Latin American Populism in Comparative Perspective*, p. 41.
24. Mainwaring, S., and A. Pérez-Liñán (2013), *Democracies and Dictatorships in Latin America: Emergence, Survival and Fall*, Cambridge: Cambridge University Press.
25. Levitsky, S., and D. Ziblatt (2018), *How Democracies Die: What History Reveals About Our Future*, New York: Penguin.（S. レビツキー・D. ジブラット著、濱野大道訳『民主主義の死に方：二極化する政治が招く独裁への道』新潮社、2018年）
26. Mainwaring and Pérez-Liñan, *Democracies and Dictatorships in Latin America*,

前掲書、p. 136.

27. 「ポピュリズム」という用語は、この時期の政治が持つ2つの異なる側面を特徴づけるために用いられてきた。1つ目は、カリスマ的政治指導者によって率いられた政治運動を指す。このようなカリスマ的政治指導者は国家主義的な言説を展開し、都市労働者からの絶大な支持を得ていたのである（時には産業資本家とも同盟を結んだ）。2つ目は、一切の仲介なく、「人民」への直接的訴えかけを強調する、特定の種類の政治的言説を指す。詳細は、Cammack, P. (2000), "The Resurgence of Populism in Latin America," *Bulletin of Latin American Research* 19(2): 149-61 を参照のこと。これら2つの側面は、ラテンアメリカの不平等と多数派を占める労働者階層を代表する政党がかつて不在であったことの結果であることに留意されたい。
28. Knight, A. (1994), "Cardenismo: Juggernaut or Jalopy?," *Journal of Latin American Studies* 26(1): 73-107. 特に pp. 80, 84 を参照のこと。
29. "The Return of Populism," *Economist*, April 16, 2006, https://www.economist.com/the-americas/2006/04/12/the-return-of-populism.
30. De la Torre, C. (1994), "Velasco Ibarra and 'La Revolución Gloriosa': The Social Production of a Populist Leader in Ecuador in the 1940s," *Journal of Latin American Studies* 26(3): 683-711.
31. De la Torre, C. (1997), "Populism and Democracy: Political Discourses and Cultures in Contemporary Ecuador," *Latin American Perspectives* 24(3): 12-24.
32. Stein, S. (1982), "Populism in Peru: APRA, The Formative Years," in Conniff (ed.), *Latin American Populism in Comparative Perspective*, pp. 113-34.
33. Haya de la Torre, V. (1945), "El gran desafío de la democracia," lecture in the Municipal Theater of Lima, October 6 (https://www.scribd.com/doc/59039390/1945-Haya-de-la-Torre-El-gran-desafio-de-la-democracia) 著者による英訳。
34. Tamarin, "Yrigoyen and Perón," 前掲書、p. 42.
35. Drake, *Between Tyranny and Anarchy*, 前掲書、p. 192.
36. Allende, S. (1973), "The Last Speech in Radio Magallanes," https://en.wikisource.org/wiki/Salvador_Allende%27s_Last_Speech.
37. O'Brien, P., and J. Roddick (1983), *Chile: The Pinochet Decade: The Rise and Fall of the Chicago Boys*, London: Latin American Bureau.
38. Drake, *Between Tyranny and Anarchy*, 前掲書、p. 164.
39. この部分の記述は主として Grieb, K. (1976), "The Guatemalan Military and

the Revolution of 1944," *The Americas* 32(4): 524-43 に基づく。
40. Handy, J. (1994), *Revolution in the Countryside: Rural Conflict and Agrarian Reform in Guatemala, 1944-1954*, Chapel Hill, NC: University of North Carolina Press.
41. 同上、p. 38.
42. 同上、p. 33.
43. Drake, *Between Tyranny and Anarchy*, 前掲書、p. 166.
44. ほとんどの国際機関とホンジュラス人の61％がセラヤ大統領の罷免はクーデターであるとの見方に賛成した。詳しくは、Pérez, O., J. Booth, and M. Seligson (2010), "The Honduran 'Catharsis,'" *Americas Barometer Insights* 45 を参照のこと。
45. Ruhl, J. (2010), "Trouble in Central America: Honduras Unravels," *Journal of Democracy* 21(2): 93-107.
46. Hetherington, K. (2012), "Paraguay's Ongoing Struggle Over Land and Democracy," *NACLA Report on the Americas* 45(3): 8-10.
47. Ezquerro-Cañete, A., and R. Fogel (2017), "A Coup Foretold: Fernando Lugo and the Lost Promise of Agrarian Reform in Paraguay," *Journal of Agrarian Change* 17(2): 279-95.
48. Szucs, R. (2014), "A Democracy's Poor Performance: The Impeachment of Paraguayan President Fernando Lugo," *George Washington International Law Review* 46: 409-36.
49. Drake, *Between Tyranny and Anarchy*, 前掲書、p. 199.
50. Smith, P. (2005), *Democracy in Latin America: Political Change in Comparative Perspective*, Oxford: Oxford University Press.
51. Collier, R. (1999), *Paths Toward Democracy: The Working Class and Elites in Western Europe and Latin America*, Cambridge: Cambridge University Press.
52. これらの事例は、Bartell, E., and L. Payne (1995), *Business and Democracy in Latin America*, Pittsburgh, PA: Pittsburgh University Press に基づく。
53. Paige, J. (1998), *Coffee and Power: Revolution and the Rise of Democracy in Central America*, Cambridge, MA: Harvard University Press.
54. Weyland, K. (2004), "Neoliberalism and Democracy in Latin America: A Mixed Record," *Latin American Politics and Society* 46(1): 135-57.
55. Drake, *Between Tyranny and Anarchy*, 前掲書、p. 205.
56. これらの事例は、Grugel, J., and P. Riggirozzi (2012), "Post-neoliberalism in Latin America: Rebuilding and Reclaiming the State after Crisis," *Development*

and Change 43(1): 1-21 に基づく。

57. Encarnación, O. (2018), "The Rise and Fall of the Latin American Left," *Nation*, May 9, https://www.thenation.com/article/the-ebb-and-flow-of-latin-americas-pink-tide/.
58. これらのデータは、Roberts, K. (2003), "Social Correlates of Party System Demise and Populist Resurgence in Venezuela," *Latin American Politics and Society* 45(3): 35-57 に基づく。
59. Comás, J. (2002), "Hugo Chávez: 'El neoliberalismo es el camino que conduce al infierno,'" *El País*, May 17, https://elpais.com/diario/2002/05/17/internacional/1021586404_850215.html および Fair, H. (2013), "La revolución democrática en el discurso de Hugo Chávez (1999-2002)," *Textos e Debates Boa Vista* 23: 53-67.
60. 以下の2017年の記事が、チャベス政権の社会プログラムの矛盾について分かりやすく評価を下している。Steve Ellner, "Social Programs in Venezuela Under the Chavista Governments," https://thenextsystem.org/learn/stories/social-programs-venezuela-under-chavista-governments#footnoteref3_ageiws1.
61. MASとその社会運動政党としてのグローバルな重要性については、第6章で詳しく議論する。
62. Rico, M. (2005), "Victoria arrolladora de Evo Morales," *El País*, December 20, https://elpais.com/diario/2005/12/20/internacional/1135033202_850215.html.
63. Farthing, L. (2017), "Evo's Bolivia: The Limits of Change," https://thenextsystem.org/learn/stories/evos-bolivia-limits-change#footnote6_13taebf.
64. IMF (2016), "IMF Executive Board Concludes 2016 Article IV Consultation with Bolivia," https://www.imf.org/en/News/Articles/2016/12/22/PR16577-Bolivia-IMF-Executive-Board-Concludes-2016-Article-IV-Consultation.
65. Reuters (2016), "Bolivia's Morales Says He May Run for Fourth Term despite Referendum Loss," December 18, https://www.reuters.com/article/us-bolivia-politics-morales/bolivias-morales-says-he-may-run-for-fourth-term-despite-referendum-loss-idUSKBN14802G.
66. Encarnación, "The Rise and Fall of the Latin American Left." 前掲書。
67. アルゼンチンでは、保守派のマウリシオ・マクリ政権は1期4年しかもたなかった。任期中に経済成長の促進とマクロ経済安定化の達成に失敗したのである。2019年の大統領選では、マクリはペロン党のアルベルト・フェルナンデスに政権を譲り渡すことになった。なお、フェルナンデスは副

大統領の座に元大統領のクリスティーナ・キルチネルを据えていた。

68. Gethin, A., and M. Morgan (2017), "Brazil Divided: Hindsights on the Growing Politicisation of Inequality," *World Inequality Lab Policy Brief* 2018/3.
69. BBC Mundo (2010), "El legado de los ocho años de Lula en el poder," December 27, https://www.bbc.com/mundo/noticias/2010/12/101214_lula_fin_periodo_presidencial.
70. Encarnación, O. (2017), "The Patriarchy's Revenge: How Retro-Macho Politics Doomed Dilma Rousseff," *World Policy Journal* 34(1): 82-91.
71. Sanchez-Ancochea, D. (2018), "Bolsonaro, nuevo traspié para la democracia en América," *Agenda Pública*, http://agendapublica.elpais.com/bolsonaro-nuevo-traspie-para-la-democracia-en-america/.
72. Llaneras, K. (2018), "Bolsonaro arrasa en ciudades blancas y ricas: un mapa del voto en 5.500 municipios," *El País*, October 25, https://elpais.com/internacional/2018/10/23/actualidad/1540291997_116759.html.
73. Zovatto, D. (2017), "El financiamiento político en América Latina," *Studia Politicae* 40: 7-52.
74. Boas, T. (2013), "Mass Media and Politics in Latin America," 'in J. D omínguez and M. Shifter (eds), *Constructing Democratic Governance in Latin America*, 4th edition, Baltimore, MD: Johns Hopkins University Press, pp. 48-78.
75. González, P. (2013), "Guatemala," in D. Sáchez-Ancochea and S. Martí (eds), *Handbook of Central American Governance*, London: Routledge, p. 405.
76. Eliana Cardoso, E., and A. Helwege (1992), "Populism, Profligacy and Redistribution," in R. Dornbusch and S. Edwards (eds), *The Macroeconomics of Populism in Latin America*, Chicago: University of Chicago Press, pp. 45-70.
77. Bresser Pereira, L.C. (1991), "Populism and Economic Policy in Brazil," *Journal of Interamerican Studies and World Affairs* 33(2): 1-21, p. 7.
78. この点は「Fight Inequality Alliance（不平等と闘おう同盟）」(https://www.fightinequality.org/）共同設立者のベン・フィリップスが一貫して提言していたことである。不平等縮小に向けた社会運動の役割に関するベン・フィリップスの見解は、https://www.youtube.com/watch?v=RrtmziaJBIc&t=176 を参照のこと。
79. De la Torre, C. (2014), "La promesa y los riesgos del populismo," *El País*, August 13, https:// elpais.com / internacional / 2014 / 08 / 14 /actualidad/

1407971608_590649.html.
80. Benites, A. (2014), "Report Says Brazil's Dictato rship Was Responsible for 421 Deaths," *El País*, November 14, https://elpais.com/elpais/2014/11/14/inenglish/1415985145_550698.html.
81. Palma, "Homogeneous Middles vs. Heterogeneous Tails." を参照のこと。前掲書。
82. Gaulard, M. (2011), "Balance sobre la cuestión de la desigualdad en Brasil," *Problemas del Desarrollo* 166(42): 111-34.
83. Human Rights Watch (2010), *Después del Golpe de Estado: Continúan la violencia, la intimidación y la impunidad en Honduras*, https://www.hrw.org/sites/default/files/reports/honduras1210spWebVersion_1.pdf.
84. Johnson, J., and S. Lefebvre (2013), *Honduras Since the Coup: Economic and Social Outcomes*, Washington, DC: Center for Economic and Policy Research, http://cepr.net/documents/publications/Honduras-2013-11-final.pdf.
85. Piketty, T. (2018), "Brahmin Left vs Merchant Right: Rising Inequality and the Changing Structure of Political Conflict (Evidence from France, Britain and the US, 1948-2017)," WID.world Working Paper Series, 2018/7.
86. "Transcript: Donald Trump Victory Speech," *New York Times*, November 9, 2016, https://www.nytimes.com/2016/11/10/us/politics/trump-speech-transcript.html.
87. "France's Le Pen Says the People Revolting against the Elite," *Dayton Daily News*, April 25, 2017, https://www.daytondailynews.com/news/france-pen-says-the-people-revolting-against-the-elite/PnNOnT28n0CDlRJZiX62pN/.
88. Levitsky and Ziblatt, *How Democracies Die*. 前掲書。
89. Bershidsky, L. (2018), "Orban's Economic Model Is Trump's Dream," *Bloomberg*, April 13, https://www.bloomberg.com/opinion/articles/2018-04-13/orban-s-economic-model-in-hungary-is-trump-s-dream.
90. Velasco, A. (2018), "Populism Is Rooted in Politics, not Economics," *Project Syndicate*, https://www.project-syndicate.org/commentary/political-not-economic-roots-of-populism-by-andres-velasco-2018-11.
91. Kulwin, N. (2018), "Steve Bannon on How 2008 Planted the Seed for the Trump Presidency," *New York Magazine*, August 10.

第5章

1. "Inequality... in a Photograph," *Guardian*, November 29, 2017, https://www.

theguardian.com/cities/2017/nov/29/sao-paulo-injustice-tuca-vieira-inequality-photograph-paraisopolis.

2. World Bank (2014), "Está demostrado: con menos desigualdad se tiene menos crimen," http://www.bancomundial.org/es/news/feature/2014/09/03/latinoamerica-menos-desigualdad-se-reduce-el-crimen.
3. Muggah, R., and K. Aguirre (2018), *Citizen Security in Latin America: Facts and Figures*, Rio de Janeiro: Igarapé Institute, p. 10.
4. Szalavitz, M. (2017), "The Surprising Factors Driving Murder Rates: Income Inequality and Respect," *Guardian*, December 8, https://www.theguardian.com/us-news/2017/dec/08/income-inequality-murder-homicide-rates.
5. Sanchez Inzunza, A., and J. L. Pardo Veiras (2017), "¿Por qué en América Latina se mata más?," *New York Times*, June 4, https://www.nytimes.com/es/2017/06/04/por-que-en-america-latina-se-mata-mas/?rref=collection%2Fsectioncollection%2Fnyt-es.
6. Muggah and Aguirre, *Citizen Security in Latin America*, 前掲書、p. 9.
7. Chioada, L. (2017), *Stop the Violence in Latin America: A Look at Prevention from Cradle to Adulthood*, Washington, DC: World Bank.
8. Perlman, J. (2006), "The Metamorphosis of Marginality: Four Generations in the Favelas of Rio de Janeiro," *Annals of the American Academy of Political and Social Science* 606: 154-77. あるいは、Perlman (2010), *Favelas: Four Decades of Living on the Edge of Rio de Janeiro*, Oxford: Oxford University Press を参照のこと。
9. Levenson, D. (2013), *Adios Niño*, Ithaca, NY: Cornell University Press, p. 67.
10. 同上、p. 78.
11. "El Salvador: Homicidios intencionados," https://datosmacro.expansion.com/demografia/homicidios/el-salvador および Caldentey, D. (2016), "El Salvador ya iguala en cifras de muertes violentas a las víctimas de la guerra siria," *La Información*, March 9.
12. Rodgers, D., and R. Muggah (2009), "Gangs as Non-state Armed Groups: the Central American Case," *Contemporary Security Policy* 30(2): 301-17.
13. Segovia, A. (2018), *Economía y poder: Recomposición de las élites económicas salvadoreñas*, San Salvador: F&E, p. 8.
14. Moodie, E. (2012), *El Salvador in the Aftermath of Peace*, Philadelphia, PA: University of Pennsylvania Press, p. 40.
15. Levenson, *Adios Niño*, 前掲書、p. 95.

16. Denyer Willis, G. (2015), *The Killing Consensus: Police, Organized Crime, and the Regulation of Life and Death in Urban Brazil*, Berkeley, CA, and London: University of California Press, p. 9.
17. Levenson, *Adios Niño*, 前掲書、p. 105.
18. Caldeira, T. (2000), *City of Walls: Crime, Segregation and Citizenship in São Paulo*, Berkeley, CA, and London: University of California Press, p. 137.
19. Desmond Arias, E., and D. Goldstein (eds) (2010), *Violent Democracies in Latin America*, Durham, NC: Duke University Press, pp. 201-26.
20. Pardo Veiras, J. L., and A. Sánchez Inzunza (2017), "Los policías de Rio de Janeiro: Servir, proteger, matar y morir," *New York Times*, July 19, https://www.nytimes.com/es/2017/07/10/los-policias-de-rio-de-janeiro-servir-proteger-matar-y-morir/?rref=collection%2Fsectioncollection%2Fnyt-es.
21. Rodgers and Muggah, "Gangs as Non-state Armed Groups." 前掲書。
22. Muggah and Aguirre, *Citizen Security in Latin America*. 前掲書。
23. Gender Observatory for Latin America and the Caribbean, "Femicide or Feminicide," https://oig.cepal.org/en/indicators/femicide-or-feminicide.
24. Christian Aid (2017), *El escándalo de la desigualdad 2: Las múltiples caras de la desigualdad en América Latina y el Caribe*, London: Christian Aid.
25. Gender Observatory for Latin America and the Caribbean, "Femicide or Feminicide." 前掲ウェブサイト。
26. "En 25 años van 1,779 feminicidios en Ciudad Juárez," *Heraldo de México*, February 15, 2018.
27. CEPAL (2019), "In 2018, At Least 3,529 Women Were Victims of Femicide in 25 Latin American and Caribbean Countries," press release, https://www.cepal.org/en/pressreleases/2018-least-3529-women-were-victims-femicide-25-latin-american-and-caribbean-countries.
28. Christian Aid, *El escándalo de la desigualdad 2*. 前掲書。
29. 以下を参照のこと。Boamo, C., and B. Desmaison (2016), "A Wall in Lima Explains Latin America's Gated-community Problem," *The Conversation*, February 11, (https://theconversation.com/limas-wall-of-shame-and-the-gated-communities-that-build-poverty-into-peru-53356) および (https:www.youtube.com/watch?v=mfFoYq5p0co)
30. Caldeira, T. (1996), "Building Up Walls: The New Pattern of Spatial Segregation in São Paulo," *International Social Science Journal* 48(1): 55-66.
31. Caldeira, "Building Up Walls." 前掲書。

32. すべての引用は、Bayón, M. C., G. Saraví, and M. Ortega Breña (2013), “The Cultural Dimensions of Urban Fragmentation: Segregation, Sociability, and Inequality in Mexico City,” *Latin American Perspectives* 40(2): 35-52に基づく。引用文中で用いられている個人名はすべて仮名である。
33. Bayón, Saraví, and Ortega Breña, “The Cultural Dimensions of Urban Fragmentation,” 前掲書、p. 43.
34. 同上、p. 47.
35. 同上、p. 45.
36. 同上、p. 48.
37. Perlman, “The Metamorphosis of Marginality.” 前掲書。
38. Lépore, E., and S. Simpson Lapp (2018), “Concentrated Poverty and Neighbourhood Effects: Youth Marginalisation in Buenos Aires’ Informal Settlements,” *Oxford Development Studies* 46(1): 28-44.
39. Caldeira, “Building Up Walls,” 前掲書、p. 64.
40. ここでの議論は、コスタリカ大学のフリアーナ・マルティネス＝フランソーニと私が以前に共同で行った研究成果に依拠している。特に、“The Relationship between Universal Social Policy and Inequality: A Comparative Political Economy Approach,” UNDP Working Paper, 2019; “Achieving Universalism in Developing Countries,” UNDP Human Development Report Background Paper, 2016、および “Undoing Segmentation? Latin American Health Care Policy During the Economic Boom,” *Social Policy and Administration* 52(6): 1181-1200, 2018.
41. “Salud: tendencias e innovación, un debate que reunió a los protagonistas del sector,” *Infobae*, December 6, 2018, https://www.infobae.com/salud/2018/12/06/salud-tendencias-e-innovacion-un-debate-que-reunio-a-los-protagonistas-del-sector.
42. Larrañaga, O., and M. E. Rodríguez (2014), “Clases medias y educación en América Latina,” PNUD-Chile Working Paper, July.
43. Arcidiácono, M., G. Cruces, L. Gasparini, D. Jaume, M. Serio, and E. Vázquez (2014), “La segregación escolar público-privado en América Latina,” CEDLAS Working Paper 167, p. 21.
44. Nogueira, K. (2018), “VÍDEO: na Câmara, Bolsonaro defendeu esterilização dos pobres,” *DCM*, June 11, https://www.diariodocentrodomundo.com.br/video-na-camara-bolsonaro-defendeu-esterilizacao-dos-pobres/.
45. Queirolo, R., M. F. Boidi, and M. Seligson (2013), *Cultura política de la*

democracia en Uruguay y en las Américas, 2012: Hacia la igualdad de oportunidades, USAID funded report, Vanderbilt University.

46. アルゼンチンのバイア・ブランカ市で2018年8月22日に行われた彼女のTEDトーク (https://www.youtube.com/watch?v=4JDu69Jy41Y) を参照のこと。
47. Inter-American Development Bank (2019), "How Trust Impacts Your Quality of Life," https://www.iadb.org/en/improvinglives/how-does-trust-impact-your-quality-life.
48. Perlman, "The Metamorphosis of Marginality," 前掲書、p. 174、および Perlman, *Favelas*, 前掲書、を参照のこと。
49. Latinobarómetro (2018), *Informe 2018*, Santiago of Chile.
50. マファルダは、恐らく最も人気の高いラテンアメリカの漫画キャラクターである。ホアキン=サルバドール・ラバード=テホン（ペンネームは「キノ (Quino)」）によって生み出された女の子で、ブエノスアイレスの進歩派中流家庭の出身、スープが大嫌いで、人類の未来と世界の平和に心を寄せている、という設定である。本文で取り上げた作品は以下のウェブサイトで閲覧可能。http://www.unitedexplanations.org/2013/06/18/las-35-mejores-vinetas-de-mafalda-de-satira-politica/.
51. Latinobarómetro (2018), *Informe 2018*, Santiago. ラテンアメリカの二大大国がとりわけ憂慮される状況にある。両国では、政府が国民全体の利益のために統治していると考えている国民は僅か10人に1人なのである。
52. Hilbink, L., J. Gallagher, J. Restrepo Sanin, and V. Salas (2019). "Engaging Justice amidst Inequality in Latin America," https://www.openglobalrights.org/engaging-justice-amidst-inequality-in-latin-america/.
53. Viga Gaier, R. (2019), "Brazil's Bolsonaro Says Democracy, Liberty Depend on Military," Reuters, March 7, https://www.reuters.com/article/us-brazil-politics/brazils-bolsonaro-says-democracy-liberty-depend-on-military-idUSKCN1QO2AT.
54. Spinetto, J. P., and B. Douglas (2019), "Military Revival in Latin America Stirs Unease over Past Abuses," *Bloomberg*, January 30, https://www.bloomberg.com/news/articles/2019-01-30/military-revival-in-latin-america-stirs-unease-over-past-abuses.
55. "Ejército, decisivo para pacificar al país: AMLO," *La Razón*, February 19, 2019, https://www.razon.com.mx/mexico/amlo-ejercito-fuerzas-armadas-guardia-nacional-celebracion-dia-coahuila-inseguridad-violencia および Pérez,

A. L. (2018), "Guardia Nacional militarizada: un 'error colosal' de AMLO, dicen expertos," *Newsweek en español*, November 25, https://newsweekespanol.com/2018/11/guardia-nacional-militarizada-amlo/.

56. Spinetto and Douglas, "Military Revival in Latin America Stirs Unease." 前掲書。
57. Muggah and Aguirre, *Citizen Security in Latin America*. 前掲書。
58. World Bank (2018), *Afro-descendants in Latin America: Toward a Framework of Inclusion*, Washington, DC: World Bank.
59. Hasenbalg, C. (1996), "Racial Inequalities in Brazil and throughout Latin America: Timid Responses to Disguised Racism," in E. Jelin and E. Hershberg (eds), *Constructing Democracy: Human Rights, Citizenship and Society in Latin America*, Oxford: Westview Press, 第9章、および Telles, E. (2014), *Pigmentocracies: Ethnicity, Race and Color in Latin America*, Chapel Hill, NC: University of North Carolina Press.
60. Levenson, *Adios Niño*, 前掲書、p. 13.
61. Vasconcelos, J. (1948 [1925]), *La Raza Cósmica*, Mexico City: Espasa Calpe Mexicana, p. 30.
62. Telles, *Pigmentocracies*. 前掲書。
63. Morrison, J. (2015), "Behind the Numbers: Race and Ethnicity in Latin America," *Americas Quarterly*, Summer, https://www.americasquarterly.org/fulltextarticle/behind-the-numbers-race-and-ethnicity-in-latin-america/#:~:text=Indigenous%20and%20Afro%2Ddescendant%20peoples,the%20poorest%20of%20the%20poor.
64. 2009年には、アフリカ系の貧困率が45%だったのに対し、白人の貧困率は20%であった。データは Queirolo, Boidi, and Seligson, *Cultura política de la democracia en Uruguay y en las Américas,* 2012, 前掲書、に基づく。
65. Richmond, S., and G. Drinkwater (2018), "Race Matters: The Reality of Inequality in Latin America and the Caribbean," World Economic Forum Blog Series Christian Aid, January 23, https://news.christianaid.org.uk/race-matters-the-reality-of-inequality-in-latin-america-and-the-caribbean-baabb9a231ee.
66. Zizumbo-Colunga, D., and I. Flores Martínez (2017), "Study Reveals Racial Inequality in Mexico, Disproving its 'Race-blind' Rhetoric," *The Conversation*, December 13. 加えて、Zizumbo-Colunga, D., and I. Flores Martínez (2017), "Is Mexico a Post-Racial Country? Inequality and Skin Tone across the

America," USAID and Vanderbilt University も参照のこと。

67. Fowks, J. (2018), "El racismo y el clasismo en Perú, ante el espejo," *El País*, September 28 および "¿Qué dijo Saga Falabella por esta publicidad considerada racista?," *Capital*, December 4, 2014.
68. Jones, C. (2019), "La publicidad en México perpetúa el racismo y el clasismo," *Nuevatribuna*, May 5.
69. "Los insultos racistas a Yalitza Aparicio, la actriz indígena nominada a los Oscars por Roma," *La Voz de Galicia*, February 21, 2019.「ローマ」の成功は、メキシコはじめラテンアメリカ各国の大多数の人々から称賛されたが、それはメキシコにおける差別と人種間関係を知的な形で織り込んだ作品であったことを一因としている。
70. Wilkinson and Pickett, *The Spirit Level*, 前掲書、p. 168.
71. この段落の記述は、Caumartin, C., and D. Sánchez-Ancochea (2011), "Explaining a Contradictory Record: The Case of Guatemala," in A. Lange, F. Stewart, and R. Venegupal (eds), *Horizontal Inequalities and Post-Conflict Development*, Basingstoke: Palgrave Macmillan, pp. 158-86 の議論に基づく。
72. Jonas, S. (2000), *Of Centaurs and Doves: Guatemala's Peace Process*, Oxford: Westview Press, 第8章。
73. "Gobierno interino de Bolivia anunció ruptura de relaciones con Venezuela," *El País de Uruguay*, November 16, 2019, https://www.elpais.com.uy/mundo/gobierno-interino-bolivia-anuncio-ruptura-relaciones-venezuela.html.
74. Alesina, A., and E. Glaeser (2004), *Fighting Poverty in the US and Europe: A World of Difference*, New York: Oxford University Press, p. 134.
75. Sánchez-Ancochea, D. (2020), "Beyond a Single Model: Explaining Differences in Inequality within Latin America," Kellogg Institute Working Paper no. 434.
76. Tuchin, F. (2018), "Las grandes desigualdades del sistema sanitario en Argentina," *El País*, June 13.
77. Izquierdo, A., C. Pessino, and G. Vulletin (2018), *Better Spending for Better Lives: How Latin America and the Caribbean Can Do More with Less*, Washington, DC: Inter-American Development Bank.
78. Watts, J. (2015), "Latin America Leads World on Murder Map, but Key Cities Buck Deadly Trend," *Guardian*, May 6, https://www.theguardian.com/world/2015/may/06/murder-map-latin-america-leads-world-key-cities-buck-deadly-trend.

79. Sánchez Inzunza and Pardo Veiras, "¿Por qué en América Latina se mata más?" 前掲書。
80. Kinosian, S., and J. Bosworth. (2018), "Security for Sale: Challenges and Good Practices in Regulating Private Military and Security Companies in Latin America," American Dialogue Rule of Law Program Report, https://www.thedialogue.org/wp-content/uploads/2018/03/Security-for-Sale-FINAL-ENGLISH.pdf.
81. 民間警備業界が成長していることは、特に懸念すべき現象である。富裕層は、納税を通して国家機能を強化し、警察による適切な捜査に十分な予算が行くようにするのではなく、個人として身を守ることにお金を使うことを選好しているということだからである。そのため治安当局は、よく訓練された人員をめぐり、多くの場合、高い賃金を支払っている民間警備会社と競争することを余儀なくされている。警察官がこっそりと民間警備会社でアルバイトしている国もあり、そうした国では公的機関（とそれに対する信頼）がさらに蝕まれているのである。
82. データは、OECD Better Life Index (http://www.oecdbetterlifeindex.org/topics/safety/) に基づく。
83. Ingraham, C. (2018), "How Rising Inequality Hurts Everyone, even the Rich," *Washington Post*, February 6.
84. Wilkinson and Pickett, *The Spirit Level*, 前掲書、および Metz, N., and M. Burdina (2018), "Neighbourhood Income Inequality and Property Crime," *Urban Studies* 55(1): 133-50.
85. Putman, R. (2001), *Bowling Alone: The Collapse and Revival of the American Community*, New York: Simon & Schuster.（ロバート・D. パットナム著、柴内康文訳『孤独なボウリング：米国コミュニティの崩壊と再生』柏書房、2006年）
86. Uslaner, E. (2002), *The Moral Foundations of Trust*, New York: Cambridge University Press および Rothstein, B. (2018), "How the Trust Trap Perpetuates Inequality," *Scientific American*, November 1, (https://www.scientificamerican.com/article/how-the-trust-trap-perpetuates-inequality/) を参照のこと。
87. Riley, T. (2012), "The Social Consequences of Inequality," May 13, https://billmoyers.com/2012/05/13/the-social-consequences-of-inequality/.
88. Alfageme, A (2019), "El negocio de la sanidad privada se dispara tras los recortes en el sistema público," *El País*, January 29.

第6章

1. "Pope Francis Canonises Óscar Romero and Pope Paul VI," *Guardian*, October 14, 2018.
2. この段落の記述は部分的に Moodie, *El Salvador in the Aftermath of Peace*, 前掲書、pp. 32-33に基づく。
3. Maier, M. (2016), "Monseñor Romero y la teología de la liberación," *Revista Latinoamericana de Teología* 99: 201-14.
4. Moodie, *El Salvador in the Aftermath of Peace*, 前掲書、p. 33.
5. この「ラテンアメリカ宣言」は、1949年にまずスペイン語で「ラテンアメリカの経済発展とその主要問題（El desarrollo económico de la América Latina y algunos de sus principales problemas)」の表題の下、発表された。これは、https://repositorio.cepal.org/bitstream/handle/11362/40010/4/prebisch_desarrollo_problemas.pdf で閲覧可能である。英語でも翌年、国連によって〔ほぼ〕同じ表題（The Economic Development of Latin America and Its Principal Problems）で公刊された。これも https://repositorio.cepal.org/bitstream/handle/11362/29973/002_en.pdf?sequence=1&isAllowed=y で閲覧可能である。
6. Prebisch, R. (2008), "Más allá de la transformación," *Revista de la CEPAL* 96: 27-71, p. 32.
7. "Documento final de Medellín" (1968年公表) http://www.diocese-braga.pt/catequese/sim/biblioteca/publicacoes_online/91/medellin.pdf.
8. ここに掲げられた人たちが男性ばかりであるのは、「解放の神学」が当初は男性によって支配されていたからである。進歩派の神学者たちがジェンダー問題により大きな注意を払い、女性思想家たちの活動の場を広げるようになるのは、ようやく1980年代になってからであった。
9. Vigil, J. M., "La opción por los pobres: Evaluación crítica," http://servicioskoinonia.org/relat/112.htm.
10. Gutiérrez, G. (1994) [1972], *Teología de la Liberación: Perspectivas*, Salamana: Sígueme, p. 325.（G.グティエレス著、関望・山田経三訳『解放の神学』岩波書店、1985年）
11. Congregation for the Doctrine of the Faith (1984), *Instruction on Certain Aspects of "Theology of Liberation,"* Vatican City.
12. ローマ教皇庁がこうした方針を撤回するまでには30年以上がかかった。アルゼンチン出身の教皇フランシスコは、正式に「解放の神学」を受け入れてはいないものの、グスタボ・グティエレスとともにミサを行い、オス

カル・ロメーロを聖人に列し、エルネスト・カルデナルの司祭資格停止を解き、「解放の神学」の貧困層に寄り添おうとするラディカルな考え方の多くを取り入れたのである。詳細は、Kirchgaessner, S., and J. Watts (2015), "Catholic Church Warms to Liberation Theology as Founder Heads to Vatican," *Guardian*, May 11 を参照のこと。また、スペイン人神学者フアン・タマヨによる、教皇フランシスコと「解放の神学」に関する以下の考察も参照されたい。Tamayo, J. J. (2013), "La teología de la liberación, hoy," *Diario de Córdoba*, September 8.

13. Bentley, L. (1999), "A Brief Biography of Paulo Freire," https://ptoweb.org/aboutpto/a-brief-biography-of-paulo-freire/.
14. Freire, P. (1970) [2000], *The Pedagogy of the Oppressed*, New York: Continuum, p. 72.（P. フレイレ著、小沢有作・楠原彰・柿沼秀雄・伊藤周訳『被抑圧者の教育学』亜紀書房、1979年、および三砂ちづる訳『新訳被抑圧者の教育学』亜紀書房、2011年）
15. Freire, P. (1996), *Letters to Cristina: Reflections on my Life and Work*, New York: Routledge, p. 16.
16. 同上、p. 29.
17. 同上、p. 118.
18. Schulson, M. (2017), "Fifty Years Later, Religious Progressives Launch a New Poor People's Campaign," *Religion & Politics*, https://religionandpolitics.org/2017/11/27/fifty-years-later-religious-progressives-launch-a-new-poor-peoples-campaign/.
19. Blakeley, G. (2019), "How Millennial Socialism Went Global," *New Statesman*, April 17.
20. https://twitter.com/alfgunvald/status/1119864577120985089?s=11.
21. もちろん、エリート支配層に対する抵抗が周期的に起こるようになったのは植民地時代からであるし、それは多くの国々で独立後も続いた。20世紀初頭に起こったメキシコ革命を皮切りに、ラテンアメリカ全域にわたり革命運動を通じた抵抗が見られた。1930年代には、ニカラグアのアウグスト・サンディーノやエルサルバドルのファラブンド・マルティなど神話的な進歩派指導者が蜂起した（が、殺害された）。残念ながら、この地域の社会的抗議や反乱に関する歴史を議論しようとすれば、本一冊がまるまる必要になるであろうから、本節ではその代わりに、一世代前の武装ゲリラ闘争と対比させつつ、反新自由主義運動に焦点を当てることとする。
22. Crowley-Wickham, T. (2014), "Two 'Waves' of Guerrilla-Movement

Organizing in Latin America, 1956-1990," *Comparative Studies in Society and History* 56(1): 215-42.

23. Ruíz Fernández, T. (1977), "El fracaso de la guerrilla en Latinoamérica," *Tiempos de Historia* 30: 84-91.
24. 1970年代には、コロンビアやペルーでも大規模なゲリラ活動が見られた。コロンビアでは、すでに10年以上続いていた紛争が激化し、その結果として長期にわたる低強度の内戦が続くことになった。主要なゲリラ組織と政府との間で和平協定が調印されたのはようやく2016年のことであったが、それが最終的に和平に結びつくかどうかは予断を許さない状況である。ペルーでは、毛沢東思想に感化された左翼革命運動である「センデロ・ルミノソ（輝く道）」が、経済危機の渦中ということもあり、当初は国家の弱体化に成功していた。国軍の苛烈な反撃により無辜の農民が多数殺害されることになったが、このことはセンデロ・ルミノソのさらなる過激化の引き金を引くことにもなった。1980年代末から1990年代初頭にかけてはペルー史の暗黒時代で、社会活動家や進歩派の政治家を含む数多くの人々が、センデロ・ルミノソと国軍との間の激しい戦闘の中で命を落とした。センデロ・ルミノソは徐々に民衆からの支持を失い、1992年に最高指導者アビマエル・グスマンが逮捕されると壊滅した。ペルーの民主主義制度、社会運動、そして進歩派政党が弱体化させられたという意味において、不平等との闘いに対するセンデロ・ルミノソの長期的な影響は、きわめてネガティブなものであった。ペルー史のこの時期における破局的な人権侵害状況に関するとりわけ興味深い報告として、Burt, J-M. (2007), *Political Violence and the Authoritarian State in Peru: Silencing Civil Society*, London: Palgrave を参照されたい。
25. Martí, S., and D. Sánchez-Ancochea (2013), "Central America's Triple Transition and the Persistent Power of the Elite," in Sánchez-Ancochea and Martí (eds), *Handbook of Central American Governance*, pp. 4-23.
26. Stronzake, J., and W. Wolford (2016), "Brazil's Landless Workers Rise Up," *Dissent*, 63(2): 48-55.
27. Ondetti, G. (2006), "Repression, Opportunity, and Protest: Explaining the Takeoff of Brazil's Landless Movement," *Latin American Politics and Society* 48(2): 61-94.
28. Reader, S. (2014), "The Landless Workers Movement Report back from VI Congress," World Development Movement Solidarity Briefing, May, p. 2.
29. Hammond, J. (1999), "Law and Disorder: The Brazilian Landless

Farmeworkers' Movement," *Bulletin of Latin American Research* 18(4): 469-89.

30. Carter, M. (2010), "The Landless Rural Workers Movement and Democracy in Brazil," *Latin American Research Review* 45: 186-217 および Watts, J. (2014), "Brazil's Landless Workers Movement Renews Protest on 30th Anniversary," *Guardian*, February 13.
31. ブラジルは農薬消費量で世界全体の5分の1を占めており、世界最大である。それに加えブラジルは、遺伝子組み換え作物の栽培面積でも（米国に次いで）世界第2位である。Mano, A. (2018), "Brazil Boasts World's Second Largest Genetically Modified Crop Area," Reuters, June 27 を参照のこと。
32. Stronzake and Wolford, "Brazil's Landless Workers Rise Up." 前掲書。
33. Gonçalves, J. (2017), "Cooperativa cumple 20 años; la celebración, en Rio Grande do Sul, será marcada por diversos eventos y talleres," *Resumen Latinoamericano*, November 30.
34. Carter, "The Landless Rural Workers Movement and Democracy in Brazil." 前掲書。
35. 同上、および Reader, "The Landless Workers Movement Report back from VI Congress." 前掲書。
36. Carballo López, M. (2011), "Vem, Teçamo a Nossa Liberdade: Mujeres líderes en el Movimiento sin Tierra (Ceará-Brasil)," unpublished PhD thesis, Universitat Autónoma de Barcelona.
37. Watts, "Brazil's Landless Workers Movement Renews Protest on 30th Anniversary." 前掲書。
38. Betim, F. (2019), "Los 'sin tierra' de Brasil afrontan la embestida de Bolsonaro," *El País*, January 9 および "Bolsonaro atribuye caída de invasiones de tierra en Brasil al porte de armas," *El Diario*, April 16.
39. General Command of the EZLN (1993), "First Declaration of the Lacandon Jungle," December 31. https://en.wikisource.org/wiki/First_Declaration_of_the_Lacandon_Jungle.
40. Rovira, G. (2005), "El Zapatismo y la red transnacional," *Razón y Palabra* 10: 47.
41. Salazar Rodríguez, P. (2014), "20 frases del subcomandante Marcos," *Chilango*, January 1, https://www.chilango.com/cultura/20-frases-del-subcomandante-marcos.

42. Inclán, M. (2018), *The Zapatista Movement and Mexico's Democratic Transition: Mobilization, Success, and Survival*, Oxford: Oxford University Press.
43. Stahler-Sholk, R. (2019), "Zapatistas and New Ways of Doing Politics," *Oxford Research Encyclopedias* (oxfordre.com/politics).
44. 学生運動に関する記述は、部分的に以下の２つの文献に基づく。Donoso, S. (2013), "Dynamics of Change in Chile: Explaining the Emergence of the 2006 Pingüino Movement," *Journal of Latin American Studies* 45(1): 1-29 および Palacios-Valladares, I. (2017), "Internal Movement Transformation and the Diffusion of Student Protest in Chile," *Journal of Latin American Studies* 49(3): 579-607 を参照のこと。
45. BBC Mundo (2011), "En fotos: las protestas de Chile en carteles," https://www.bbc.com/mundo/noticias/2011/08/110822_fotos_carteles_chile_estudiantes_nc.
46. "Crisis de la educación en Chile," Argentinian public TV, June 25, 2011 (https://www.youtube.com/watch?v=TCzrwMKMAi0).
47. Bellei, C., C. Cabalin, and V. Orellana (2014), "The 2011 Chilean Student Movement against Neoliberal Educational Policies," *Studies in Higher Education* 39(3): 426-40.
48. バチェレ政権の教育改革の意義については、支持派と批判派とで意見が真っ二つに分かれた。改革は「市場主義に基づく教育モデルを一部修正するに止まっており……根本的な変革ではなかった」と教員組合の委員長は主張する。一方で、チリ人政治学者のケネス・バンカーは、改革は「教育という領域で市場競争が行われる範囲を若干なりとも狭めることはできたし、さらなるより良い改革への道を開くことになった」と反論している。総括するならば、これは恐らくは、ラテンアメリカで最も新自由主義的で最も不平等な教育システムのひとつに対する、現実的であるがゆえに不完全な手直しであった。新聞報道による分析記事および専門家の見解については、Almazabar, D. (2018), "Expertos analizan: ¿Qué dejó pendiente la reforma educacional del Gobierno de Bachelet?," *Emol.com*, February 7 および Pardo, D. (2018), "Por qué el segundo gobierno de Michelle Bachelet es considerado por muchos el más importante en décadas en Chile," BBC Mundo, March 11 を参照のこと。また、高等教育の無償化を達成しようとする努力に関するより詳細な分析評価については、Delisle, J., and A. Bernasconi (2018), "Lessons from Chile's Transition to Free College," *Evidence Speaks Reports*,

2(43), Economic Studies at Brookings を参照されたい。

49. "Crisis de la educación en Chile," https://www.youtube.com/watch?v=TCzrwMKMAi0. 前掲ウェブサイト。
50. IRS (2007), "El movimiento estudiantil en Chile, o la marcha de 'los pingüinos,'" http://www.institut-gouvernance.org/fr/analyse/fiche-analyse-348.html.
51. Silva, E. (2012), "TheWinter Chilean Students Said, Enough," https://mobilizingideas.wordpress.com/2012/05/02/the-winter-chilean-students-said-enough/.
52. この動画は下記ウェブサイトからぜひ閲覧してほしい。https://www.youtube.com/watch?v=iJAmHgUvd_c&list=RDiJAmHgUvd_c&start_radio=1&t=27.
53. Bellei, Cabalin, and Orellana, "The 2011 Chilean Student Movement against Neoliberal Educational Policies." 前掲書。
54. Harten, S. (2010), *The Rise of Evo Morales and the MAS*, London: Zed, 第3章。
55. Do Alto, H. (2008), "El MAS-IPSP boliviano, entre movimiento social y partido politico," *Análisis Político* 21(62): 25-43.
56. Chaplin, A., and J. Crabtree (2013), *Bolivia: Processes of Change*, London: Zed, p. 97.
57. Do Alto, H. (2011), "Un partido campesino en el poder: Una mirada sociológica del MAS boliviano," *Nueva Sociedad* 234: 95-111.
58. Harten, *The Rise of Evo Morales and the MAS*, 前掲書、pp. 86-87.
59. Anria, S. (2013), "Social Movements, Party Organization, and Populism: Insights from the Bolivian MAS," *Latin American Politics and Society* 55(3): 19-46.
60. Zuazo, M. (2010), "¿Los movimientos sociales en el poder? El gobierno del MAS en Bolivia," *Nueva Sociedad* 227: 120-35.
61. "Historias de vida y testimonios reflejan el origen ideológico y político del MAS," *Periódico Digital de Investigación sobre Bolivia*, November 9, 2015, http://www.pieb.com.bo/nota.php?idn=9974.
62. Anria, S. (2018), *When Movements Become Parties: The Bolivian MAS in Comparative Perspective*, New York: Cambridge University Press, p. 4.
63. Anria, "Social Movements, Party Organization, and Populism," 前掲書、p. 38.
64. 本節の一部は、私がこのテーマに関して最近執筆した論文に基づく。Sánchez-Ancochea (2021), "The Surprising Reduction of Inequality during a

Commodity Boom: What do we Learn from Latin America?," *Journal of Economic Policy Reform* 24(2): 95–118.

65. "The Party is Ending in Latin America," *Financial Times*, October 30, 2014, https://www.ft.com/content/e9d02da2-5e9f-11e4-b81d-00144feabdc0.

66. 国連機関が関わって執筆された López Calva, L., and N. Lustig (eds) (2010), *Declining Inequality in Latin America: A Decade of Progress?*, Washington, DC: Brookings Institution および Cornia, *Falling Inequality in Latin America*. 前掲書、の影響力がとりわけ大きかった。IMFの立場は https://blogs.imf.org/2018/06/21/how-the-commodity-boom-helped-tackle-poverty-and-inequality-in-latin-america/ にまとめられている。

67. López Calva and Lustig (eds), *Declining Inequality in Latin America*. 前掲書。

68. Messina, J. (2017), "Latin America: The Story Behind Falling Inequality," *IADB Ideas Matter*, https://blogs.iadb.org/ideas-matter/en/why-inequality-declined-in-latin-america/.

69. フォーマル雇用の拡大に関する議論については、例えば以下を参照されたい。Berg, "Laws or Luck? Understanding Rising Formality in Brazil in the 2000s," in Lee and McCann (eds), *Regulating for Decent Work: Advances in Labour Studies*; Maurizio, R. (2014), "Labour Formalization and Declining Inequality in Argentina and Brazil in the 2000s: A Dynamic Approach," ILO Research Paper no. 9 および Weller, J., and C. Roethlisberger (2011), "La calidad del empleo en América Latina," *Macroeconomía del Desarrollo* 110, Santiago: CEPAL.

70. Cornia, *Falling Inequality in Latin America*, 前掲書、p. 35.

71. ラテンアメリカでの最低賃金の役割に関する批判的見解は、米州開発銀行の研究を参照されたい。そのうちのいくつかは https://blogs.iadb.org/ideas-matter/en/why-inequality-declined-in-latin-america/ で概観されている。逆に肯定的な見解については、Maurizio, R., and G. Vázquez (2016), "Distribution Effects of the Minimum Wage in Four Latin American Countries: Argentina, Brazil, Chile and Uruguay," *International Labour Review* 155(1): 97-131 および Cornia, *Falling Inequality in Latin America*, 前掲書、を参照のこと。アルゼンチン人経済学者のノラ・ルスティグは、慎重な姿勢を取りながらも後者の立場を支持し、「最低賃金の引き上げと労働組合に友好的な政府が〔賃金格差の縮小に〕同じように役立った国々もある」と述べている。Lustig, N. (2011), "The Decline in Inequality in Latin America: Policies, Politics or Luck?," *Americas Quarterly* 5(4): 43-46 を

参照のこと。

72. World Bank (2013), "One in Every Four Latin Americans is Covered by Programs Such as the Bolsa Família and Oportunidades," http://www.worldbank.org/en/news/feature/2013/07/15/Brazil-Latin-America-covered-social-safety-nets.
73. ボルサ・ファミリアをはじめとするCCT政策を評価する学術文献は非常に多い。その中で便利な参考文献として、IPEA (2009), "Desigualdade e pobreza no Brasil metropolitano durante a crise internacional," Comunicado da Presidência, August 25 および Soares S. (2006), "Distribuição da renda no Brasil de 1976 a 2004 com ênfase no período entre 2001 e 2004," IPEA Texto para Discussão, 1.166 がある。
74. 不平等縮小の政治学については、Evans, A. (2017), "How Latin America Bucked the Trend of Rising Inequality," *The Conversation*, December 17を参照のこと。民主化と社会政策の関係性に関する最良の学術的研究の1つとして、Garay, C. (2016), *Social Policy Expansion in Latin America*, New York: Cambridge University Press が挙げられる。
75. Lewis, P., S. Clarke, and C. Barr (2019), "Revealed: Populist Leaders Linked to Reduced Inequality," *Guardian*, March 7; Lustig, N., and D. McLeod (2009), "Are Latin America's New Left Regimes Reducing Inequality Faster? Addendum to Poverty, Inequality and the New Left in Latin America," Woodrow Wilson International Center for Scholars Working Paper および Milanović, B. (2019), "Market Income Inequality, Left-Wing Political Parties, and Redistribution in Latin America," AFD Research Paper Series, no. 2019-106.
76. Evans, "How Latin America Bucked the Trend of Rising Inequality." 前掲書。
77. Morgan, M. (2017), "Extreme and Persistent Inequality: New Evidence for Brazil Combining National Accounts, Surveys and Fiscal Data, 2001-2015," WID Working Paper Series, no. 2017/12.

第7章

1. Casillas Bermúdez, K. (2018), "Desigualdad: la eterna tragedia de América Latina," *Vice.com*, February 8.
2. Hacker, J. (2011), "The Institutional Foundations of a Middle-Class Society," *Policy Network*, May 6.
3. Kay, C. (2001), "Asia's and Latin America's Development in Comparative

Perspective: Landlords, Peasants and Industrialization," Institute of Social Studies Working Paper no. 336 および "For Asia, the Path to Prosperity Starts with Land Reform," *Economist*, October 12, 2014 を参照のこと。

4. "For Asia, the Path to Prosperity Starts with Land Reform," *Economist*. 前掲書。
5. Cañete Alonso, "Privilegios que niegan derechos." 前掲書。
6. Deininger, K. (2014), "Cultivating Equality: Land Reform's Potential and Challenges," *World Politics Review*, April 8.
7. Roberts, C., G. Blakeley, and L. Murphy (2018), "A Wealth of Difference: Reforming the Taxation of Wealth," IPPR Discussion Paper.
8. "Wealth Inequality in the United States" (https://inequality.org/facts/wealth-inequality/)、および Huddleston, C. (2019), "58% of Americans Have Less Than $1,000 in Savings, Survey Finds," *Yahoo! Finance*.
9. "A Hated Tax, but a Fair One: The Case for Taxing Inherited Assets is Strong," *Economist*, November 23, 2017; "Taxing Inheritances is Falling out of Favour But the Benefits of Cutting these Levies are Overstated," *Economist*, November 23, 2017、および Sánchez-Ancochea and Morgan (eds), *The Political Economy of the Public Budget in the Americas*. 前掲書。
10. IPPR Commission on Economic Justice (2018), *Prosperity and Justice: A Plan for the New Economy*, London: Polity; Wilson, S. (2018), "Land Value Tax: The Least-Bad Tax," *MoneyWeek*, November 3、および Wolf, M. (2006), "A Strong Case for a Tax on Land Values," *Financial Times*, January 5.
11. Piketty, T. (2019), "Wealth Tax in America," https://www.lemonde.fr/blog/piketty/2019/02/12/wealth-tax-in-america/; Saez, E., and G. Zucman (2019), "How Would a Progressive Wealth Tax Work? Evidence from the Economics Literature," http://gabriel-zucman.eu/files/saez-zucman-wealthtaxobjections.pdf、および Yglesias, M. (2019), "Elizabeth Warren's Proposed Tax on Enormous Fortunes, Explained," *Vox*, January 24.
12. Piketty, T. (2014), *Capital in the 21st Century*, Cambridge, MA: Harvard University Press, p. 515 (Kindle edition).（T. ピケティ著、山形浩生・守岡桜・森本正史訳『21世紀の資本』みすず書房、2014年）
13. Barragué, B. (2019), *Larga vida a la Social Democracia: Cómo evitar que el crecimiento de la desigualdad acabe con la democracia*, Madrid: Ariel および IPPR Commission on Economic Justice, *Prosperity and Justice*. 前掲書。
14. Milberg, W., and D. Winkler (2013), *Outsourcing Economics: Global Value Chains in Capitalist Development*, New York: Cambridge University Press,

p.115.

15. Baker, J., and S. Salop (2015), "Antitrust, Competition Policy, and Inequality," *Georgetown Law Journal Online* 104(1): 1-28.
16. IPPR Commission on Economic Justice, *Prosperity and Justice*, 前掲書、p. 150.
17. このテーマに関する文献は、大手メディアでも学術研究でも数多くみられる。例として、Berg, J., and D. Kuzera (2008), *In Defence of Labour Market Institutions: Cultivating Justice in the Developing World*, New York: Palgrave Macmillan; Helm, T. (2018), "Rising Inequality Linked to Drop in Union Membership," *Guardian*, June 10; Standing, G. (2011), *The Precariat: The New Dangerous Class*, London: Bloomsbury（ガイ・スタンディング著、岡野内正監訳『プレカリアート：不平等社会が生み出す危険な階級』法律文化社、2016年）および Van der Hoeven, R. (2000), "Labor Markets and Income Inequality: What Are the New Insights after the Washington Consensus?," UNU-Wider Working Paper no. 209　および　Western, B., and J. Rosenfeld (2011), "Unions, Norms and the Rise in US Wage Inequality," *American Sociological Review* 76(4): 513-37 を参照のこと。
18. Krugman, P. (2015), "Liberals and Wages," *New York Times*, July 17. 途上国での最低賃金に関する研究の概観については、Eyraud, F., and C. Saget (2008), "The Revival of Minimum Wage Setting Institutions," in Berg and Kuzera (eds), *In Defence of Labour Market Institutions: Cultivating Justice in the Developing World*, 前掲書、pp. 100-118を参照のこと。
19. High Pay Centre (2014), *Reform Agenda: How to Make Top Pay Fairer*, London: High Pay Centre; Martínez Franzoni, J., and D. Sánchez-Ancochea (2013), "Falling Inequality in Latin America: How Much? How Sustainable?," *Global Dialogue Newsletter* 3(5): 27-29　および　Pizzigati, S. (2018), "For Minimum Decency, a Maximum Wage," https://inequality.org/great-divide/minimum-decency-need-maximum-wage/.
20. Linker, D. (2014), "Why We Need a Maximum Wage?," *The Week*, April 22; Shotter, J. (2013), "Swiss Poll Stirs Debate on Executive Pay," *Financial Times*, November 12; Wren-Lewis, S. (2014), "If Minimum Wages, Why Not Maximum Wages?," https://mainlymacro.blogspot.com/2014/07/if-minimum-wages-why-not-maximum-wages.html.
21. Ford, M. (2015), *The Rise of the Robots: Technology and the Threat of a Jobless Future*, New York: Basic Books, pp. xii, xvi.（マーティン・フォード著、松

本剛史訳『ロボットの脅威：人の仕事がなくなる日』日本経済新聞出版社、2015年）

22. Paus, E. (2018), "The Future Isn't What it Used to Be," in E. Paus (ed.), *Confronting Dystopia: The New Technological Revolution and the Future of Work*, Ithaca, NY: Cornell University Press, p. 7.
23. OECD (2019), "The Future of Work in Figures," https://www.oecd.org/els/emp/future-of-work/data/.
24. Ford, *The Rise of the Robots*, 前掲書、p. xvi.
25. 関連文献は多数あるものの、とりわけ Amsden, A. (2001), *The Rise of "The Rest": Challenges to the West from Late-Industrializing Economies*, Oxford: Oxford University Press; Chang, H-J. (2002), *Kicking Away the Ladder: Development Strategy in Historical Perspective*, London: Anthem Press および Rodrik, D. (2004), "Industrial Policy for the 21st Century," https://drodrik.scholar.harvard.edu/files/dani-rodrik/files/industrial-policy-twenty-first-century.pdf を参照されたい。
26. Mazzucato, M. (2015), *The Entrepreneurial State: Debunking Public vs. Private Sector Myths*, London: Public Affairs.（マリアナ・マッツカート著、大村昭人訳『企業家としての国家：イノベーション力で官は民に劣るという神話』薬事日報社、2015年）
27. 経済学者のハワード・パックとカマル・サッギは、より厳密な定義を提案しており、それは研究者間で大きな人気を博すようになっている。それによれば、産業政策とは「市場均衡において政府の介入がなかった場合に起こる〔生産構造の変化〕よりも、経済成長（および良い仕事、と私たちは付け加えよう）へのより良い見通しをもたらすことが期待される産業部門に有利になるように生産構造を変化させることを企図する、あらゆる種類の選択的政府介入ないし政策」のことである。詳細は、Pack, H., and K. Saggi (2006), "Is There a Case for Industrial Policy? A Critical Survey," *World Bank Research Observer* 21(2): 267-97 を参照のこと。
28. この問題についての概要は、Sánchez-Ancochea, D., and K. Shadlen (2008), *The Political Economy of Hemispheric Integration: Responding to Globalization in the Americas*, London: Palgrave Macmillan を参照のこと。
29. Martínez Franzoni and Sánchez-Ancochea, *Good Jobs and Social Services*, 前掲書、および Sánchez-Ancochea, D. (2006), "Development Trajectories and New Comparative Advantages: Costa Rica and the Dominican Republic under Globalization," *World Development* 34(6): 996-1015.

30. Perez, C. (2010), "Technological Dynamism and Social Inclusion in Latin America: A Resource-based Production Development Strategy," *CEPAL Review* 100: 121-42 および Martínez Franzoni, J., and D. Sánchez-Ancochea (2013), "The Double Challenge of Market and Social Incorporation: Progress and Bottlenecks in Latin America," *Development Policy Review* 32(3): 275-98.
31. Eatwell, J., and L. Taylor (2000), *Global Finance at Risk: The Case for International Regulation*, New York: New Press.（J.イートウェル・L.テイラー著、岩本武和・伊豆久訳『金融グローバル化の危機：国際金融規制の経済学』岩波書店、2001年）
32. Collins, M. (2015), "Wall Street and the Financialization of the Economy," *Forbes*, February 4.
33. Tannal, J., and D. Waldenström (2016), "Does Financial Deregulation Boost Top Incomes? Evidence from the Big Bang," IZA Discussion Paper Series no. 9684.
34. 以下の議論は主として私とフリアーナ・マルティネス=フランソーニとの学術および政策志向的な共同研究に基づいている。とりわけ、Martínez Franzoni, J., and D. Sánchez-Ancochea (2014), "Should Policy Aim at Having All People on the Same Boat? The Definition, Relevance and Challenges of Universalism in Latin America," Desigualdades.net Working Paper no. 70; Martínez Franzoni, J., and D. Sánchez-Ancochea (2016), "Achieving Universalism in Developing Countries," http://hdr.undp.org/sites/default/files/franzoni_sanchez_layout.pdf および Sánchez-Ancochea, D., and J. Martínez Franzoni (2019), "The Relationship between Universal Social Policy and Inequality: A Comparative Political Economy Approach," background paper for the UNDP Human Development Report 2019 を参照のこと。これら3本の論文には、政治経済学的視点から見たユニバーサルな社会政策と所得分配に関する主要文献をリスト記載している。
35. 資力調査を用いる社会プログラムは、所得が一定以下であることを受給者が証明する必要がある。政府が個票調査を用いたり、低所得世帯の割合が高い地域に対象を絞ったりすることもある。
36. Korpi, W., and J. Palme (1998), "The Paradox of Redistribution and Strategies of Equality: Welfare State Institutions, Inequality, and Poverty in the Western Countries," *American Sociological Review* 63(5): 661-87.
37. Walker, C. (2011), "For Universalism and Against the Mean Test," in A. Walker, A. Sinfield, and C. Walker (eds), *Fighting Poverty, Inequality and*

Injustice: A Manifesto Inspired by Peter Townsend, Bristol: Policy Press, p. 142 からの引用。

38. Ortiz, I., M. Cummins, and K. Karunanethy (2017), "Fiscal Space for Social Protection and the SDGs: Options to Expand Social Investments in 187 Countries," ESS Working Paper no. 48, ILO, UNICEF, and UN-Women.
39. もっとも最近の UBI を擁護する包括的な学術書として、Van Parijs, P., and Y. Vanderborght (2017), *Basic Income: A Radical Proposal for a Free Society and a Sane Economy*, Cambridge, MA: Harvard University Press（P. V. パリース・Y. ヴァンデルボルト著、竹中平蔵監訳『ベーシック・インカム：自由な社会と健全な経済のためのラディカルな提案』クロスメディア・パブリッシング、2022年）を参照のこと。同書およびその他の関連文献に関する書評論文は、Calsamiglia, C., and S. Flamand (2019), "A Review on *Basic Income: A Radical Proposal for a Free Society and a Sane Economy* by Philippe Van Parijs and Yannick Vanderborght," *Journal of Economic Literature* 57(3): 644-58 を参照のこと。
40. Vietor, T. (2019), "2020: Andrew Yang on the Universal Basic Income and Why He Hates the Penny," https://crooked.com/podcast/andrew-yang-on-the-universal-basic-income-and-why-he-hates-the-penny/.
41. Aguirre, E. (2017), "Los impuestos bajos como pilar de la prosperidad," *Expansión*, April 24.
42. Phillips, B. (2018), "How to Move Mountains on Inequality," (https://www.gpidnetwork.org/2018/02/12/how-to-move-mountains-on-inequality/?fbclid=lwAR1ftulD3rPkV_hX00uysJDNT43tXD1nPW0W29UnzjsjzBixvEyehfscwFo) を参照のこと。
43. Scheidel, W. (2017), *The Great Leveler: Violence and the History of Inequality from the Stone Age to the Twenty-First Century*, Princeton, NJ: Princeton University Press.（W. シャイデル著、鬼澤忍・塩原通緒訳『暴力と不平等の人類史：戦争・革命・崩壊・疫病』東洋経済新報社、2019年）
44. 民主主義の役割を肯定する学術文献は多数あるが、最も影響力のある議論を展開している文献の中で、Boix, C. (2003), *Democracy and Redistribution*, Cambridge: Cambridge University Press および Gradstein, M., and B. Milanović (2004), "Does Liberté = Egalité? A Survey of the Empirical Links between Democracy and Inequality with Some Evidence on the Transition Economies," *Journal of Economic Surveys* 18: 515-37 が優れた文献レビューを行っている。

45. 例として、Acemoglu, D., S. Naidu, P. Restrepo, and J. Robinson (2015), “Democracy, Redistribution, and Inequality,” in A. Atkinson and F. Bourguignon (eds), *Handbook of Income Distribution*, vol. 2, London: Elsevier, pp. 1885-966 および Albertus, M. (2015), *Autocracy and Redistribution: The Politics of Land Reform*, New York: Cambridge University Press を参照のこと。
46. Wike, R., L. Silver, and A. Castillo (2019), “Many Across the Globe Are Dissatisfied with How Democracy ls Working,” https://www.pewresearch.org/global/2019/04/29/many-across-the-globe-are-dissatisfied-with-how-democracy-is-working/.
47. 韓国や台湾といった東アジアの国々は例外であった。それでも、再分配のための前提条件のうちのいくつか（上で議論した農地改革など）は、占領下で行われた。さらに、両国は冷戦の最前線に位置しており、数十年にわたり隣国からの脅威に晒されていたのである。
48. Bobbio, N. (1996), *Left and Right: The Significance of a Political Distinction*, London: Polity, pp. 62-63.（ノルベルト・ボッビオ著、片桐薫・片桐圭子訳『右と左：政治的区別の理由と意味』御茶の水書房、1998年）
49. 例として、Bradley, D., E. Huber, S. Moller, F. Nielsen, and J. Stephens (2003), “Distribution and Redistribution in Post-industrial Democracies,” *World Politics* 55: 193-228; Hicks, A. (1999), *Social Democracy and Welfare Capitalism: A Century of Income Security Policies*, Ithaca, NY: Cornell University Press; Huber, E., and J. Stephens (2001), *Development and Crisis of the Welfare State: Parties and Policies in Global Markets*, Chicago: University of Chicago Press; および Pribble, J. (2013), *Welfare and Party Politics in Latin America*, Cambridge: Cambridge University Press および Sandbrook et al., *Social Democracy in the Global Periphery*, 前掲書、を参照のこと。
50. 私はここで単に政党名のことを言っているのではない。私たちが必要とするのは、社会民主主義的な考え方に従って行動する政党である。実際のところ、社会民主主義を名乗っている政党の多くが、現実には偽装した保守政党に成り下がっている。逆に、急進的だと名乗ってはいるものの、実態としては社会民主主義的な政策課題を推し進めている政党もある。
51. Barragué, *Larga vida a la Social Democracia*. 前掲書。
52. Sandbrook, R. (2014), *Reinventing the Left in the Global South: The Politics of the Possible*, Cambridge: Cambridge University Press.
53. この会議は、ケロッグ国際研究所とノートルダム・グローバル開発イニシアチブからの資金提供を得て、レイモンド・オッフェンハイザー、ビクト

リア・パニアグア、ベン・フィリップスと私が共同で開催したものである。そのねらいは、研究者と活動家と政策担当者相互間でもっと活発な議論を促そうというものであった。この三者間の対話は、もっとあってしかるべきである。会議の詳細については、https://kellogg.nd.edu/democracy-and-inequality-americas を参照のこと。

54. 彼らのショート動画は、https://twitter.com/i/moments/1163046913513537536 で閲覧できる。

55. Evans, "How Latin America Bucked the Trend of Rising Inequality." 前掲書。

著者略歴

ディエゴ・サンチェス＝アンコチェア
(Diego Sánchez-Ancochea)

オクスフォード大学国際開発学研究所教授（開発の政治経済学担当)。専門は、中米を中心とするラテンアメリカ政治経済学。主な著作に本書のほか、いずれも Juliana Martínez Franzoni との共著で *Good Jobs and Social Services: How Costa Rica Achieved the Elusive Double Incorporation* (Palgrave Macmillan, 2013)、*The Quest for Universal Social Policy in the South. Actors, Ideas and Architectures* (Cambridge University Press, 2016) がある。

訳者略歴

谷 洋之（たに・ひろゆき）

上智大学外国語学部イスパニア語学科教授。専門はメキシコを中心とするラテンアメリカ経済論。主な著作に、清水達也編『ラテンアメリカ経済入門』（アジア経済研究所、2024年――分担執筆)、『トランスナショナル・ネットワークの生成と変容：生産・流通・消費』（「地域立脚型グローバル・スタディーズ叢書」第2巻、SUP上智大学出版、2008年――リンダ・グローブとの共編）のほか、メキシコ農業部門関連の論文多数。

内山 直子（うちやま・なおこ）

東京外国語大学大学院総合国際学研究院准教授。専門は開発経済学、ラテンアメリカ経済。主な著作に浜口伸明編著『ラテンアメリカ所得格差論：歴史的起源・グローバル化・社会政策』(国際書院、2018年――第3章担当)、*Household Vulnerability and Conditional Cash Transfers: Consumption Smoothing Effects of PROGRESA-Oportunidades in Rural Mexico, 2003–2007* (Springer, 2017年）ほか論文多数。

不平等のコスト

ラテンアメリカから世界への教訓と警告

2025 年 3 月 3 日　初版第 1 刷発行

著　者　ディエゴ・サンチェス=アンコチェア
訳　者　谷 洋之　内山直子
発行者　林 佳世子
発行所　東京外国語大学出版会
〒183-8534 東京都府中市朝日町3-11-1
TEL 042-330-5559
FAX 042-330-5199
E-mail tufspub@tufs.ac.jp
装丁・本文組版　安藤剛史
印刷・製本　モリモト印刷株式会社

ISBN978-4-910635-14-9
Printed in Japan

落丁・乱丁本はお取り替えいたします。
定価はカバーに表示してあります。